在逆境中成长

——大连海事大学逆商论文集

许民强 / 主编

ZAI NIJING
ZHONG
CHENGZHANG

—— DALIAN HAISHI DAXUE
NISHANG LUNWENJI

大连海事大学出版社
DALIAN MARITIME UNIVERSITY PRESS

图书在版编目（CIP）数据

在逆境中成长：大连海事大学逆商论文集／许民强
主编. — 大连：大连海事大学出版社，2023.9
ISBN 978-7-5632-4435-5

Ⅰ. ①在… Ⅱ. ①许… Ⅲ. ①大学生—素质教育—文
集 Ⅳ. ①G640-64

中国国家版本馆 CIP 数据核字（2023）第 142485 号

大连海事大学出版社出版

地址：大连市黄浦路523号　邮编：116026　电话：0411-84729665（营销部）84729480（总编室）
http：//press.dlmu.edu.cn　E-mail：dmupress@dlmu.edu.cn

大连天骄彩色印刷有限公司印装　　　　　大连海事大学出版社发行

2023 年 9 月第 1 版　　　　　　　　　　2023 年 9 月第 1 次印刷
幅面尺寸：184 mm×260 mm　　　　　　　　　　　　　　　印张：13.5
字数：335 千　　　　　　　　　　　　　　　　印数：1～500 册

出版人：刘明凯

责任编辑：高　颖　　　　　　　　　　　　　责任校对：王　琴
封面设计：解瑶瑶　　　　　　　　　　　　　版式设计：解瑶瑶

ISBN 978-7-5632-4435-5　　　定价：41.00 元

前言 ▮▮···

　　逆商是人们在面对困境时的应对方式,其核心为抗挫折能力。在当今复杂的国际形势下,青年面临着更加艰巨的社会挑战,这对他们应对逆境的能力提出了严峻的考验。习近平总书记在纪念五四运动 100 周年大会讲话中指出中国青年要"在担当中历练,在尽责中成长",要"毫不畏惧面对一切艰难险阻,在劈波斩浪中开拓前进,在披荆斩棘中开辟天地,在攻坚克难中创造业绩"。教育部党组也印发了《关于教育系统认真学习贯彻习近平总书记在纪念五四运动 100 周年大会上重要讲话精神的通知》,着重强调"教育引导青年师生勇于砥砺奋斗。要磨炼意志品质,积极开展挫折教育,使青年师生在艰难险阻中不断迎接挑战、面对挑战,培养青年师生从挫折中不断奋起、永不气馁,激励青年师生在披荆斩棘中开辟天地,在攻坚克难中创造业绩"。2021 年,《教育部办公厅关于加强学生心理健康管理工作的通知》提到,"帮助学生掌握心理健康知识和技能,树立自助互助求助意识,学会理性面对挫折和困难"。因此,针对大学生的逆商培养是当前高校发展的重要任务和迫切需求,高校作为育人体系中至关重要的人才输送桥梁,肩负着青年大学生逆商培养的重任。

　　大连海事大学积极贯彻习近平总书记讲话精神、响应教育部的政策号召,提出逆商培养理念,通过系列活动提升学生克服困难、承受挫折的能力,帮助学生直面当下学业、科研、人际、情感和就业等现实困境,以更积极的态度迎接生活的挑战,砥砺前行,肩负起时代赋予大学生的重任。本论文集收录了 42 篇与逆商相关的论文,这是大连海事大学开展逆商培养专项工作的部分研究成果,内容涵盖了逆商理论的文献分析、学生逆商的现状研究、逆商培养的对策方案、逆商在实际教育工作中的应用等多个方面。论文作者们从各自角度为大学生逆商研究建言献策,共同讨论如何促进学生逆商发展,探索新时代高校逆商教育的新途径、新方法。希望能够以本论文集的出版为契机和国内外高等教育领域同行们交流,共同进步。

编者

2023 年 3 月

目录 ▮┃┆⋯

大学生逆商研究的知识图谱分析
——基于 CNKI 期刊论文的文本分析

邓春远／张肃／宫郅良

（大连海事大学　信息科学技术学院）

摘　要：

在中国知网（CNKI）数据库中以"大学生逆商"为主题检索 2002—2021 年发表的期刊论文，运用 CiteSpace 软件，采用文本分析法，绘制关键词共现知识谱系、关键词共现聚类知识谱系和关键词聚类时间线图谱，通过对知识谱系和研究热点的解读，提出新时代大学生逆商教育的对策。

关键词：

大学生；逆商；文献分析

引言

中共教育部党组印发的《高等学校学生心理健康教育指导纲要》提出，要引导学生正确认识义和利、群和己、成和败、得和失的关系，培育学生自尊自信、理性平和、积极向上的健康心态。新形势下，"95 后""00 后"处在良好的教育和生活环境中，以独生子女居多，他们敢于创新，思想活跃，但自我意识强，抗压能力差。在家庭环境、专业学习、择业就业、社会生活等各个方面的综合压力下，大学生极易在高压、高逆境情况下产生心理健康问题。因此，探讨大学生的逆商教育具有一定的时代价值和现实意义。

逆商（英文简称 AQ）全称为逆境商数，又被称为挫折商和逆境商。逆商这一概念首次由保罗·史托兹提出，它指的是面对、摆脱和超越逆境或困境的能力，属于心理学研究范畴。[1] 1999 年，龚力将逆商（AQ）引入我国，国内相关学者从此开始了对逆商的深入研究。随着国家对大学生综合素质和心理健康教育的重视程度的提高，逆商（AQ）已成为评价大学生综合发展的必要素质标准，与情商（EQ）、智商（IQ）、体商（BQ）统称"四商"。因此，梳理我国大学生逆商研究的脉络和发展进路,对大学生逆商教育的理论研究和实践具有积极的意义。有鉴于此,我们以中国知网(CNKI)中大学生逆商研究论文(2002—2021年)为载体,运用 CiteSpace 软件绘制关键词共现知识谱系图,系统性梳理我国高校对大学生逆商教育研究的脉络,并基于数据和文本分析,探讨大学生逆商教育研究的方向和路径。

一、研究思路

(一)数据来源

为探索当前关于大学生逆商的相关研究,本文样本数据的来源为中国知网(CNKI)数据库。为了系统、精准和全面地对文献进行检索,以"篇名=逆商"或"篇名=逆境"或"篇名=挫折商"或"篇名=AQ"且"主题=大学生"为检索条件,检索的时间范围为2002—2021年,总计检索到相关文献223篇,手动剔除硕博论文、报纸、会议、书评和重复文献,最终导出高质量有效样本文献155篇,其中核心期刊22篇,中文社会科学引文索引期刊12篇。

(二)研究方法

首先采用中国知网(CNKI)计量可视化分析对155篇文献进行检索和处理,分析各个样本的特征;其次采用 CiteSpace 软件对样本进行处理分析,时间跨度选择2002—2021年。时间切片以年为单位即(Years per slice = 1),裁剪方法选择关键路径算法。为了更准确和科学地选取样本文献中的高频关键词,阈值选择方法选用了 g 指数方法,并将 k 值设置为25[2],以此获得每段时间切片内有意义的高频关键词和关键文献。

二、大学生逆商研究的基本概述

(一)文献数量的分布情况

通过时间轴看发文量,2002—2021年关于大学生逆商研究的论文年度发文呈现曲折、前进式发展趋势(见图1)。文献的发布大致可以划分三个阶段:第一阶段为2005—2008年,这一阶段发文数量增加较多,2005年教育部、卫生部、共青团中央联合印发《关于进一步加强和改进大学生心理健康教育的意见》,指出大学生应具有较强的心理调适能力。第二阶段为2011—2017年,这一阶段发文数量保持平稳,2011年教育部办公厅印发《普通高等学校学生心理健康教育工作基本建设标准(试行)》,主要对高校心理健康教育工作的教学体系、制度、师资等方面提出要求。第三阶段为2018—2021年,这一阶段发文数量有所下降,2018年中共教育部党组印发《高等学校学生心理健康教育指导纲要》,制定了心理健康教育的指导思想、总体目标、基本原则等纲要。学者开始结合思政课、文化活动等载体展开研究。

(二)作者群体和发文机构

通过对选定的大学生逆商研究的文献作者群体的分析,我们可以看出南京工程学院发文最多,为10篇,其他院校的发文量为1~3篇(见图2)。另外,从文献的研究学科分布来看(见图3),高等教育、教育理论与教育管理、体育学和心理学最多,同时也涉及医学、计算机、社会学及统计学等多个学科。

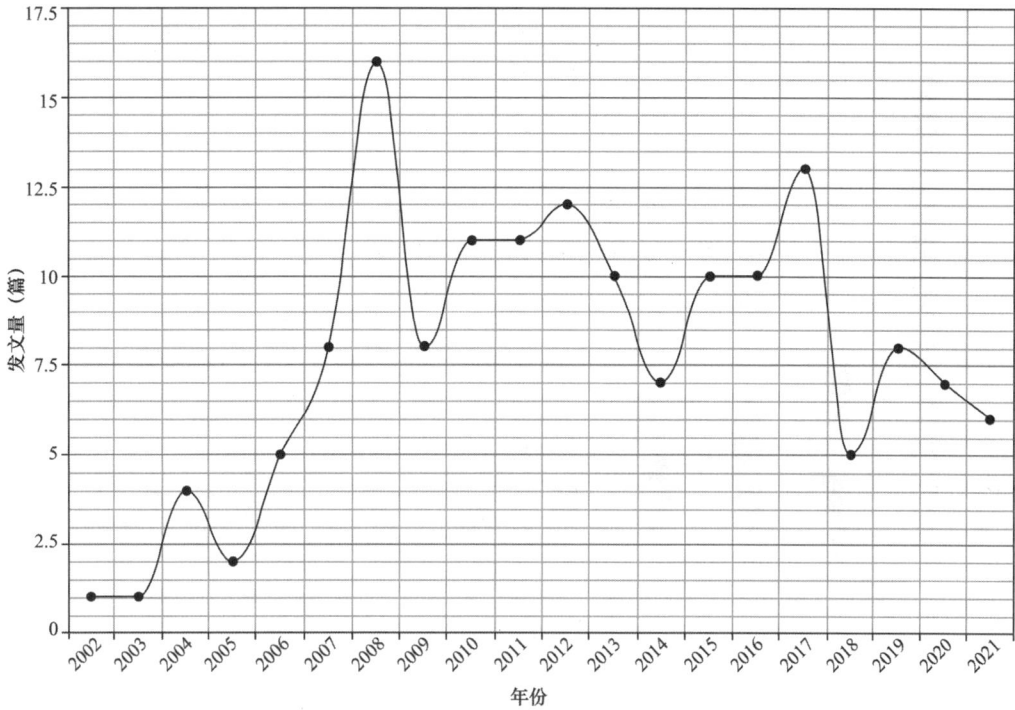

图 1　大学生逆商研究论文年度发文趋势(2002—2021 年)

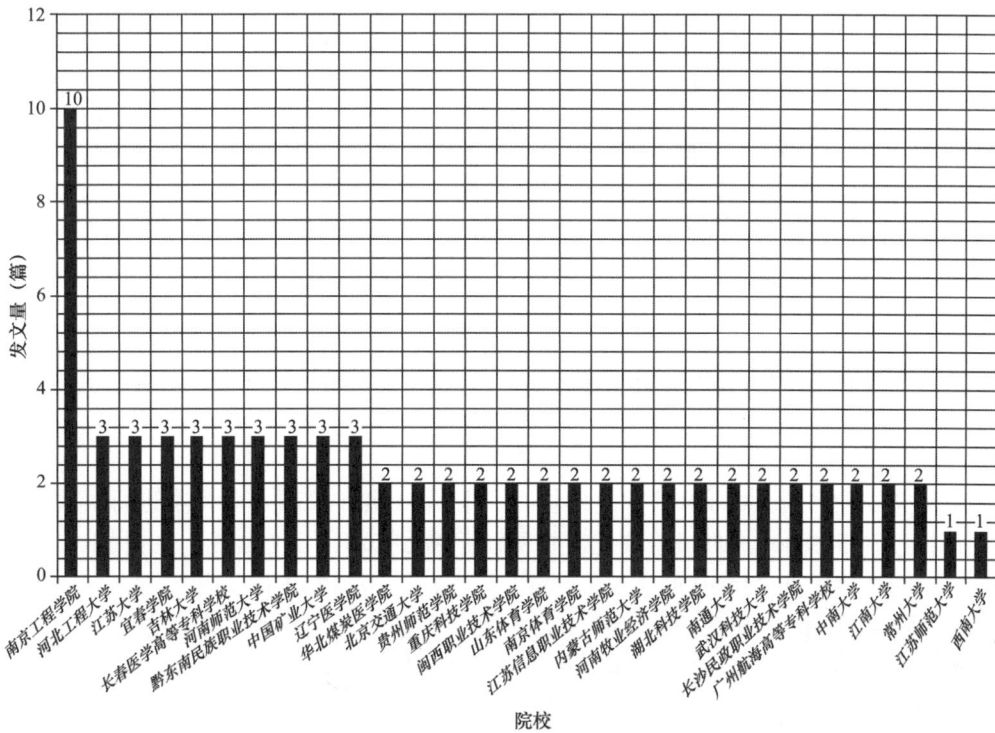

图 2　大学生逆商研究的作者群体

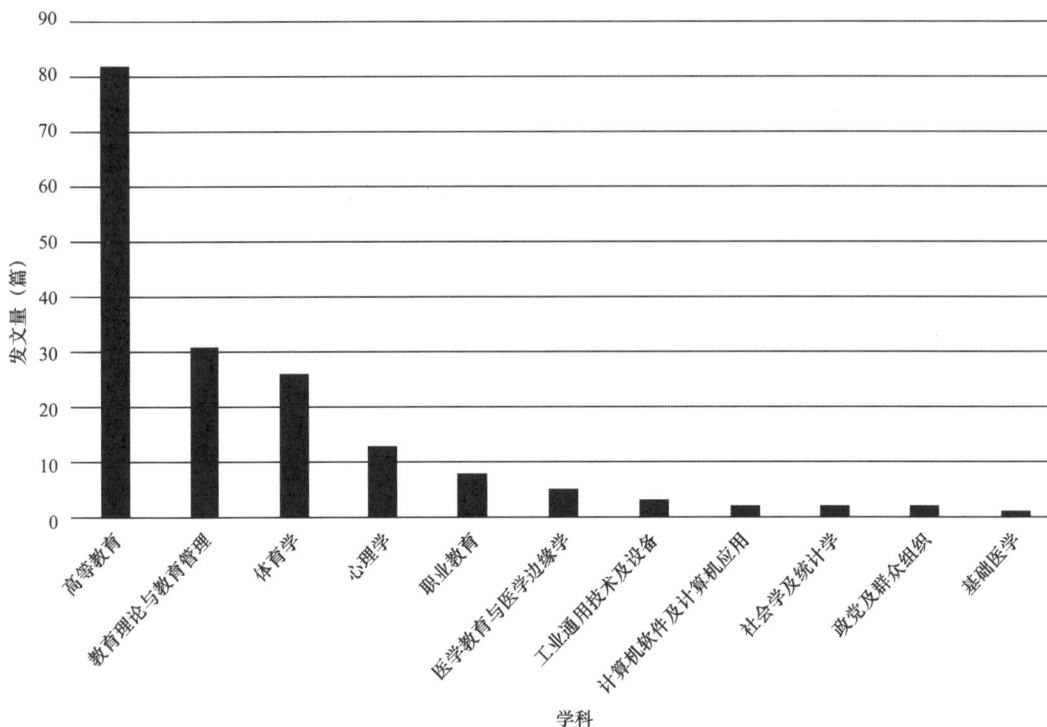

图3　大学生逆商研究的学科分布状况

(三)文献主题可视化分析

通过使用中国知网(CNKI)的"主要主题可视化""共线矩阵可视化"功能,我们可以进一步看到学者所关注和研究的共同主题。大学生逆商研究的主题热点集中在逆商教育、逆境商、当代大学生、逆境商数、逆商培养、体育教学、高职院校等(见图4),其中居于首位的为逆商教育,共30篇文献。通过对"主要主题共线矩阵可视化"的分析(见图5),可以看出逆商教育同大学生就业心理、工程应用型本科、高校体育教学、体育教学、贫困大学生等话题结合研究的较多。

三、大学生逆商研究的知识图谱分析

(一)基于关键词共现知识图谱总体把握大学生逆商研究的主题分布

一篇论文的关键词反映了作者研究的核心和主题,因此本文对文献样本进行了关键词的汇总统计,运用 CiteSpace 软件进行关键词共现分析,得到知识图谱(见图6),并提取在国内大学生逆商研究中使用排名前10的高频关键词(见表1)。根据知识图谱和关键词频次可以看出:逆商教育(频次30)和逆商培养(频次11)是大学生逆商研究的两个重要方面,逆境商(频次10)和逆境商数(频次10)是大学生逆商测量的重要方式和手段,挫折(频次6)和逆境(频次5)是大学生逆商培养的重要环境。

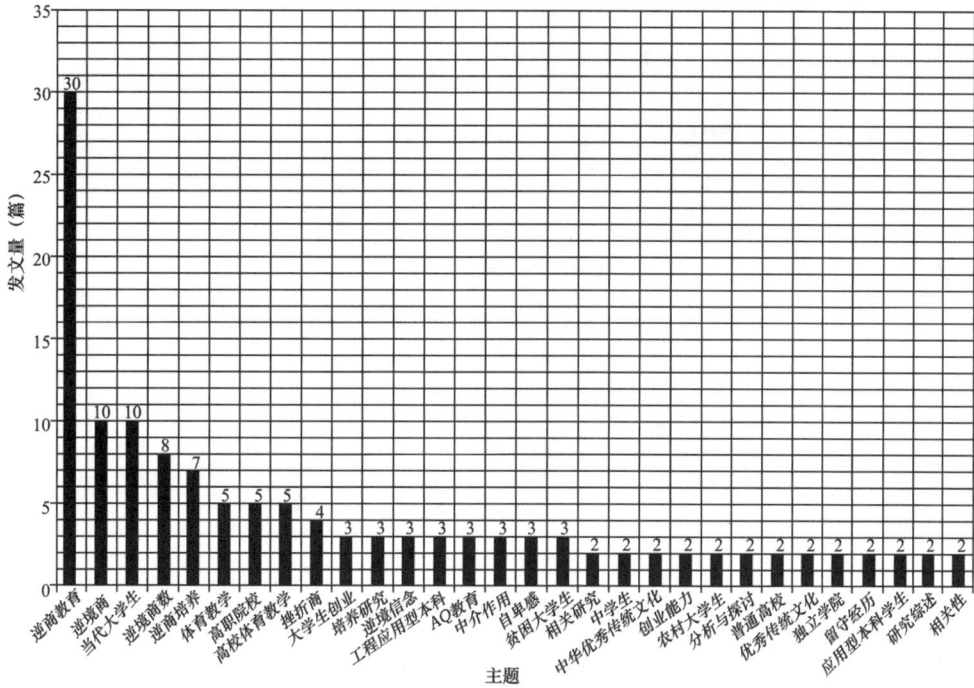

图4　大学生逆商研究主要主题分布状况

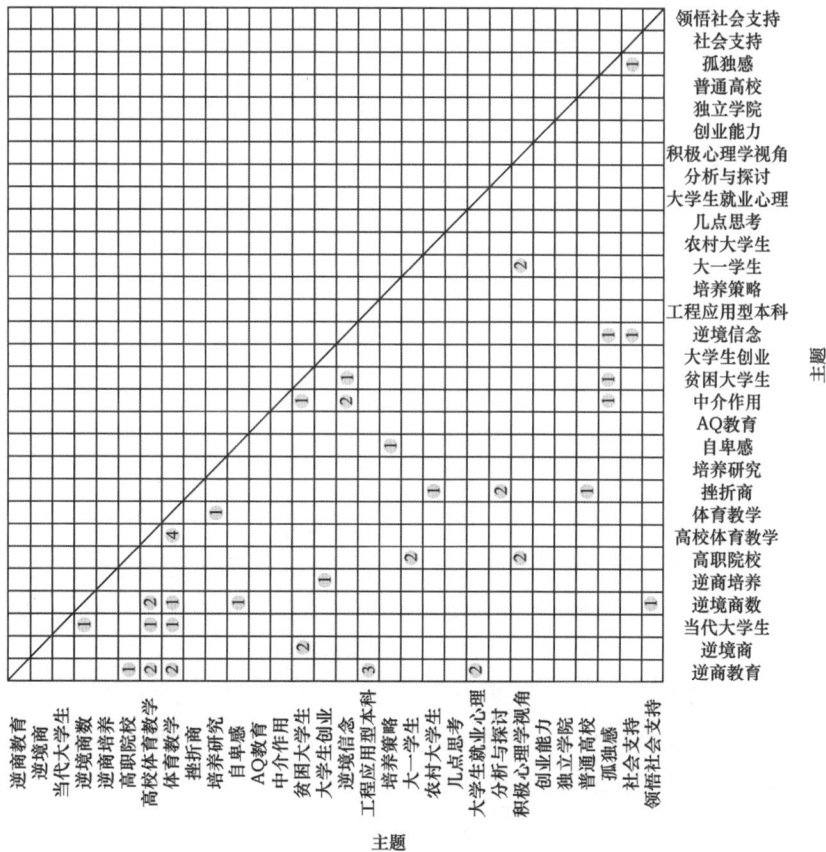

图5　大学生逆商主要主题共线矩阵分布

图6　关键词共现知识图谱

表1　逆商教育研究前10个高频关键词

序号	关键词名称	频次
1	大学生	64
2	逆商	49
3	逆商教育	30
4	逆商培养	11
5	逆境商	10
6	逆境商数	10
7	培养	7
8	挫折	6
9	体育教学	6
10	逆境	5

(二)基于关键词共现聚类知识图谱横向梳理大学生逆商研究的热点

在图6所示的知识图谱的基础上,继续利用 CiteSpace 软件对关键词进行共现聚类分析,得到国内大学生逆商研究的关键词共现聚类知识图谱(见图7)和聚类汇总表(见表2),以此聚焦该领域研究的主题热点。聚类大小由聚类文献数量决定,轮廓值越接近于1说明聚类一致性越高。梳理和阅读聚类内"使用该聚类关键词"最多的5篇文献,归纳下列研究热点:热点一为大学生逆商及其培养和教育;热点二为大学生逆商培养模式研究,如体育训练、拓展训练;热点三为社会支持在大学生逆商教育和培养中发挥的效力。[3]

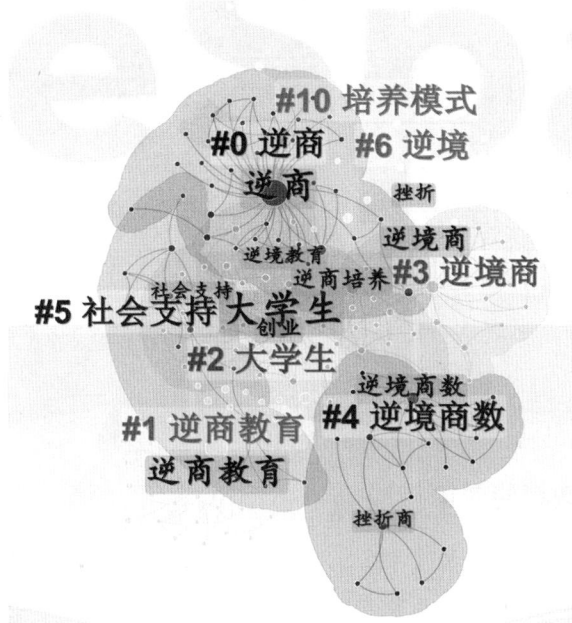

图 7 关键词共现聚类知识图谱

表 2 逆商教育研究关键词共现聚类汇总表

聚类编号	文献数量	轮廓值	聚类标签
#0	39	0.869	逆商;培养;逆商教育
#1	38	0.785	逆商教育;大学生;高职学生
#2	36	0.935	大学生;逆商培养;对策
#3	21	0.897	逆境商;情境教育;专业适应性
#4	19	0.966	逆境商数;智商;自我监控
#5	12	0.95	社会支持;孤独;学生
#6	9	0.972	逆境;挫折;意义
#10	4	0.972	培养模式;抗逆境;初次创业
#13	3	0.991	"逆商"教育;独立学院;培养策略

（三）基于时间线图谱纵向梳理大学生逆商研究的演进路径

通过绘制时间线图谱(见图8)，我们可以发现大学生逆商研究主要有以下几个特点：一是关联性，各个关键词与"大学生逆商"这一主题联系紧密，同体育锻炼、医护人员、学业情况等不同主题研究密切关联；二是递进性，关键词由宏观向微观转变，研究的前期以大学生逆商概念、培养模式、影响因素为主，后续在前期研究基础上逐渐向认知能力、攻击行为等微观主题演进；三是时代性，各阶段出现的关键词与国家、教育、社会热点紧密联系，例如大学生就业、美育、素质发展等。

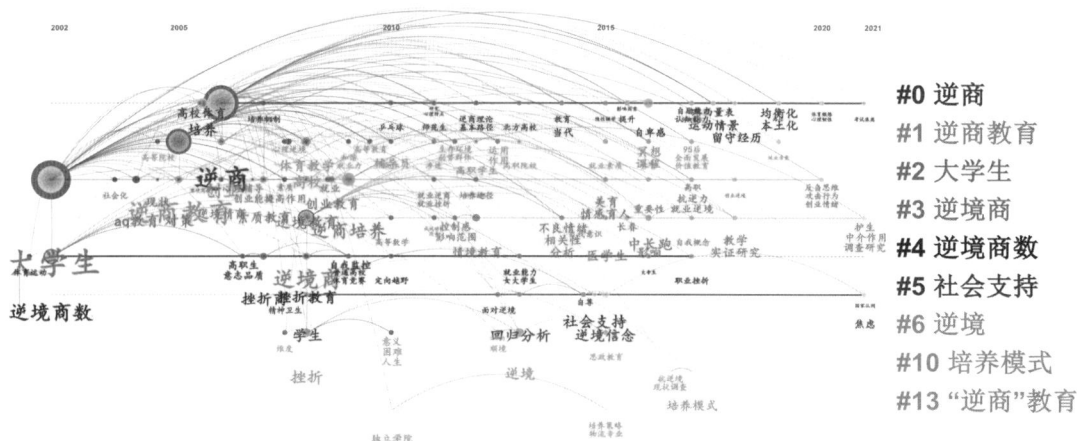

图 8 时间线图谱

四、大学生逆商教育的对策与展望

对关于大学生逆商研究的文献进行统计和梳理,我们可以从总体、横向、纵向三个维度综合把握大学生逆商教育的研究热点和发展脉络。目前高校对大学生逆商教育在定性和定量方面的研究较为成熟,为大学生逆商教育的理论研究和实践应用提供了参考和研究方向。

(一)评估测量:逆商量表研制和应用

国外已有相对成熟的测量个体逆商的量表体系,国内虽有译本,学者李炳全也对量表可信度进行了测量[4],但随着时代的变迁和教育的发展,适合新形势下的国内大学生逆商评估的量表体系尚不完善。在学生管理的实际中,高校会定期组织学生填报心理评估问卷,通过心理评估系统筛选重点关注对象。逆商评估也是心理评估的一个专项活动,但目前各高校缺少大学生逆商单项评估的系统和体系。

(二)课程育人:发挥课堂教学的优势

高校可以充分发挥课程育人的优势对大学生进行逆商教育,主要从以下五个方面着手:一是巩固和完善心理健康教育课体系,继续发挥心理健康教育和心理评估的优势;二是激发体育课活力,让学生身体和心理"动"起来,将体育第一课堂延展至日常第二课堂;三是强化就业指导课和职业生涯规划课对大学生的逆商教育作用;四是利用好思政课这一主渠道的育人功效,将逆商教育融入思想政治教育;五是专业课协同育人,在专业课学习中渗透逆商教育。

(三)日常涵育:高校辅导员是主力军

辅导员作为学生在成长成才过程中的知心朋友和人生导师,与学生的日常生活和学习联系紧密,因此辅导员是学生逆商教育的重要一环。辅导员需要综合掌握学生的家庭环境、情绪、日常动态、学业情况等,精准把控需要关注、关心、关爱的学生群体,系统性地开展逆商教育和思想政治教育。除此之外,高校辅导员可以聚焦于将劳动活动、科技竞赛、实习就业等实践活动同逆商教育相结合,将体育锻炼、文艺活动等校园文化同逆商培养相结合,多角度、多方位地让学生在受挫和受到压力的情况下自我控制和自我调节。

(四)结构分析:找准影响逆商的因素

在对大学生逆商的研究中,逆商量表是评估学生逆商水平的有效手段之一,但影响学生逆商能力的因素是复杂和多样的。[5]有学者将逆商与情商、学业情况、职业决策、自卑感、自我效能感等多个因素进行了相关性分析,发现大学生的发展压力和压力调试是动态变化的,在众多研究中,相关性分析和结构分析为针对性地开展大学生逆商教育提供了参考。因此可以通过挫折激励、情景激励等个性化和有针对性的主题逆商教育,提升大学生逆商。然而这个过程并非一蹴而就的,需要家庭、学校和专业机构的通力合作。

参考文献

[1] 郗咏欢.国内高校大学生逆商教育研究综述[J].武汉职业技术学院学报,2014,13(5):116-120.

[2] 刘存华,莫宗赵,周莹.我国学生逆商研究的回顾、反思与展望:基于179篇CNKI文献的统计与分析[J].现代教育科学,2019(11):145-150.

[3] 李炳全,陈灿锐.逆境商量表在中国606名学生中的信效度检验[J].中国心理卫生杂志,2008(8):605-607.

[4] 王欢芳,蒋娉婷.大学生逆商现状及培养模式构建[J].创新与创业教育,2017,8(6):100-104.

[5] 俞超.基于逆商现状调查谈大学生抗挫折能力培养[J].安徽工业大学学报(社会科学版),2019,36(4):99-100,102.

大学生逆商培养及高校开展逆商教育研究

周昕然

(大连海事大学　公共管理与人文艺术学院)

摘　要：

大学生的逆商水平对于学生个人、社会乃至国家而言具有重要意义,基于此,各高校应加强对大学生逆商培养的重视。本文首先提炼逆商培养的意义与必要性,并对大学生逆商培养的现状进行梳理,在此基础上,探析影响逆商培养的关键因素,利用 SWOT 模型对现阶段高校开展大学生逆商教育的优势、劣势,以及所面临的机遇与威胁展开研究,最后提出针对性建议。

关键词：

逆商培养;大学生;SWOT 分析

一、大学生逆商培养的概述

对大学生逆商培养进行研究,首先需要明确逆商的定义,并对大学生逆商培养的意义和必要性展开分析。

(一)概念界定

逆商是指人在面对困难、失败或身处逆境时的应对能力和心理状态,即一个人面对挫折、摆脱困境和超越自我的能力。逆商的英文是 Adversity Quotient,一般被译为逆境商,它的英文简称为 AQ。逆商理论的提出者是美国的保罗·史托兹,他认为智商(IQ)与情商(EQ)是人成功的基础性因素,AQ 则是影响最终结果的关键性因素。AQ 水平可以分为高、中、低三个层次,分别对应生活中的"攀登者""半途而废者""放弃者"。心理学家认为一个人的事业能否成功,逆商起到决定性的作用。研究表明,高 AQ 可以在后天的培养中得到。[1]如图 1 所示,保罗·史托兹认为逆商有四个关键因素:控制感(Control)、归属感(Ownership)、影响范围(Reach)和持续时间(Endurance),英文简称为 CORE。

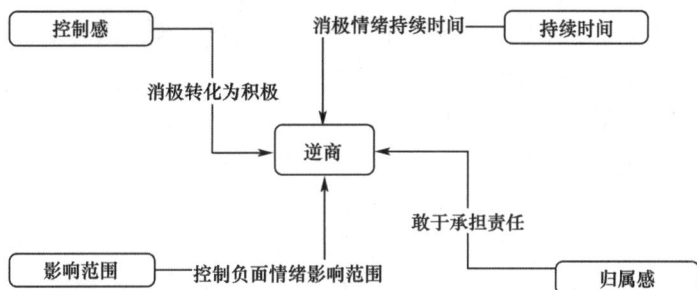

图 1 逆商的四个关键因素

(二)大学生逆商培养的意义

大学生群体作为建设新时代中国的中坚力量,其全面发展的能力是推动时代发展的关键。逆商是一个人全面发展的基础,因此,逆商培养对学生个人、社会乃至国家而言具有重大的意义,各大高校应该提高对在校大学生逆商培养的重视程度。

1. 逆商培养对学生个人成长的意义

有心理专家断言,100%的成功=20%的智商+80%的情商和逆商。[2]大学生毕业后进入社会,很大一部分毕业生很难适应快节奏、竞争激烈的社会,在追求成功的道路上备受挫折。如果逆商水平较低,那么这些学生的心态将极易产生问题,甚至钻牛角尖。学者杨玉仁研究得出:在面临逆境时,有 43.51%的大学生选择得过且过;有 30.45%的大学生直接放弃;有15.68%的大学生会勇于尝试,珍惜每一次机会;有 10.36%的大学生会借助外界力量的帮助摆脱困境的束缚。[3]因此,高校应加强对在校大学生逆商的培养,提高其面对挫折、摆脱困境和解决困难的能力,这将有助于他们在迷茫中坚定自我、在逆境中保持清醒,从而在困境中突出重围,保持良好的心态并迎来人生路上的柳暗花明。

2. 逆商培养对社会发展的意义

加强对大学生逆商的培养,一方面,可以使大学生的精神世界得到丰富,从而使其调节自身心态的能力得到提高,这有助于他们未来取得成功,而千千万万个人的成功将会推动社会整体的进步;另一方面,大学生作为朝气蓬勃的群体,如若有较高的逆商水平,拥有面对困难而临危不惧、面对逆境却迎难向上的精神风貌,将会感染身边的人,从而营造出充满正能量的良好社会氛围。

3. 逆商培养对国家建设的意义

习近平总书记在党的十九大报告中强调:"加强社会心理服务体系建设,培育自尊自信、理性平和、积极向上的社会心态。""少年强则国强",加大对大学生逆商培养的工作力度有助于国家蓬勃发展。一方面,对于一个国家而言,青年的精神面貌代表着国家的整体形象,逆商水平较高的大学生具备坚毅顽强的精神和永不言败的魄力,这有助于国家良好形象的塑造;另一方面,当今国际局势纷繁复杂,作为国家的后备力量,当代青年更应该肩负起民族复兴的时代重任,而高逆商的大学生在实现自我超越的路上会更为顺畅,从而在各自领域里熠熠生辉,为中国梦的实现贡献出一份力量。

(三)大学生逆商培养的必要性

随着时代的发展,社会竞争越来越激烈,人际关系也变得复杂。大学生群体的数量增加、面临多源压力和自身社会经验不足等问题,使高校有必要进一步加强对大学生逆商的培养。

1.大学生群体的数量不断增加

近些年,大学生人数逐年攀升。如图2所示,2020年,我国普通本专科学生人数达到3 285.3万人,与2010年相比,增长了1 053.5万人;近年来,普通本专科学生人数的增长率逐年升高,2020年其增长率已达到8.37%。一方面,不断增长的大学生人数将会造成更大的竞争,升学压力、就业压力会越来越大;另一方面,随着大学生基数的增大,出现心理问题的学生数量也随之上升,如若处理不当,将造成严重后果。大学生作为新时代青年,应具备全面发展的能力,而心理健康是这一切的基石,各大高校应该重视对大学生逆商的培养,使他们拥有调整心态、保持健康心理的能力。

图2 2010—2020年普通本专科学生人数(数据来源:中国统计年鉴)

2.大学生群体面临多源压力

大学生从入学到就业期间承受着多方面较大的压力。大部分刚入学的新生是跨省就读,离开了熟悉的家乡,独自面对新环境、处理新的人际关系等因素都会成为其压力的来源,除此之外,大学与高中截然不同的课程与学习方法使得部分同学还未开始自我心态调整,就要承受来自学业的压力。临近毕业的同学将面临职业方向选择与职业生涯规划等问题带来的压力,加之近几年由于多种因素导致经济增速放缓,毕业生的就业率受到了一定程度的影响,大学生就业难成为大学生压力的重要来源之一。在多重压力的作用下,部分逆商较低的学生极易陷入迷茫之中。

3.大学生群体自身社会经验不足

大学生普遍处于青涩年少时期,对社会整体的了解较少,人生经验严重不足,缺乏解决问题的能力。因此,在面对挫折与困难时,他们很难保持良好的心态。逆商较低的大学生在面对逆境时,由于缺乏处理问题的信心与决心,极难保持心态的稳定,很容易陷入自我怀疑、自我否定的泥潭中,更有甚者患上严重的心理疾病。2019 年,北京大学第六医院黄悦勤教授团队发表在《柳叶刀·精神病学》(*The Lancet Psychiatry*)的研究报告首次给出了中国心理健康调查得到的患病率数据:我国抑郁症的终生患病率为 6.9%,年患病率为 3.6%。《中国国民心理健康发展报告(2019—2020)》显示,青少年抑郁症检出率为 24.6%。由此可见,加强对在校大学生的逆商培养具有一定的必要性,因为大学生拥有高逆商意味着拥有在困境中调节自我心态的能力,从而降低心理疾病发病率。

二、大学生逆商培养的现状

大学生面临着来自学业、人际关系以及就业等多方面的压力,对此高校应定期开展与逆商培养相关的教育活动,从而提升大学生的逆商水平。

(一)大学生所面临的逆境

现如今,社会竞争激烈,人际关系复杂,大学生不论是在校园里还是步入社会后,都会遇到一些难以预料的困难或未曾经历的逆境。本文将大学生所面临的逆境分为以下三类。

1. 学业逆境

大学生们初入校时满怀憧憬,但事实上大学生活和他们想象中的并不完全相同,在这种情况下,新生极易产生心理落差。一方面,大学的学习方法与高中时期相比有一定差异,部分大学生一旦脱离了老师、家长的督促就很难进行自主学习,导致学习成绩大幅下降,最后出现多门课程挂科的现象;另一方面,大部分学生在选择专业时对所选专业不够了解,若老师的授课内容或授课方式与自己期待的有一定差距,那么这部分学生会极易产生抵触情绪,对学习丧失兴趣,从而对成绩造成影响。面对大幅下降的学习成绩,这些学生将感受到来自同学的压力,陷入自我否定、自我怀疑的自卑情绪中。

2. 人际关系逆境

除学习方面的压力之外,大学生们还将面临人际关系方面的压力。一方面是来自与室友相处时关系维护不好的压力。大学生大多选择住在学校随机安排的宿舍,来自不同地区的学生的生活习惯会有所不同,此外,每个人在性格上也会有差异,大家在同一个宿舍生活,必然要经历一段时间的磨合,在这期间,一些冲突和矛盾是难以避免的。另一方面是来自大学生与异性交往过程中产生矛盾所带来的压力。由于大学生正处在成长阶段,心理发展尚不成熟,在处理情感方面往往缺乏经验,当面对求偶不顺、感情不和等问题时,容易产生消极情绪,甚至引发心理方面的疾病。

3. 就业逆境

就业逆境是指毕业生在面临激烈的职场竞争及多次求职无果的失败后,对人生与未来逐渐产生消极、迷茫的情绪。如图 3 所示,从 2012 年到 2022 年,我国高校毕业生人数逐年增加,2022 年毕业生规模首次破千万。我国就业形势日益严峻,就业竞争越来越激烈,加之受社会、经济等各方面因素的影响,就业岗位数量相应减少。由此可见,我国大学生就业前景不容乐观。在这样的环境之下,大学生一旦走出校园就要面临人生方向选择与求职的压力,若不以良好心态面对,极易产生焦虑的情绪。

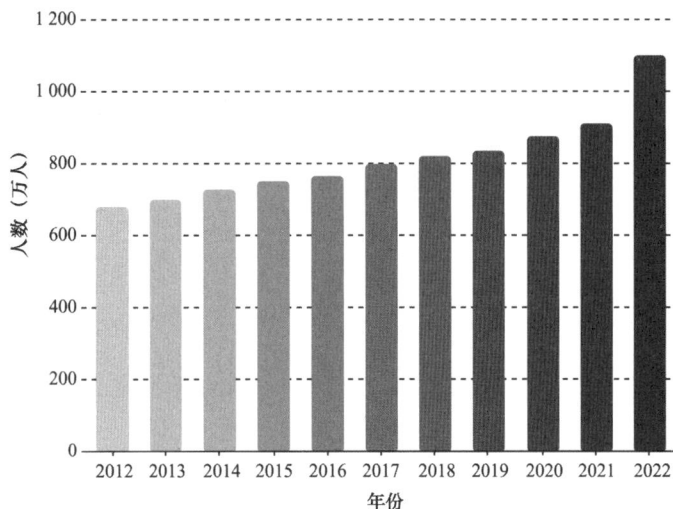

图3 2012—2022年高校毕业生人数

(二)高校逆商教育的开展现状

近年来,青少年的心理健康问题受到来自社会各界的关注,各高校积极开展与大学生逆商教育相关的活动,具体形式分为以下几类。

1. 开设心理健康课程

各高校在大学生的课程安排上,针对刚入学的新生开设心理健康教育课程,老师们通过授课的方式来提高学生自我情绪调节的能力,培养其积极向上的学习态度。课堂的教学内容一般会涉及逆商培养,也就是培养学生在面对困难、挫折时的应对能力。老师通过系统的课程教学,与学生进行课上、课下的交流,使学生认识到逆境是通往成功的必经之路,从而鼓励学生在日常生活中注重自身逆商的培养。心理健康课程的开设可以防止刚入学的新生们在遇到压力后找不到情绪排解的路径与方法,有助于他们的身心健康。

2. 开展主题中队会

部分高校会定期举办与逆商相关的中队会,辅导员一般选择在大学生刚入学与毕业前这两个时间点,有序开展相关工作,教育、引领学生在遇到挫折和挑战时正确地看待失败,以此来提升学生应对逆境的能力。主题中队会的具体内容包含个人经验分享、讲述励志故事以及学习感想交流等具体活动。这些活动不仅能够帮助学生在交流中收获成功的经验,同时也可以鼓舞那些受到挫折的学生,让他们调整心态、重拾信心、战胜逆境。

3. 开设心理咨询室

高校心理咨询室是帮助高校师生解决生活、工作、人际关系等方面的心理问题,进行情绪调节的场所。随着社会经济与教育水平的进步,很多高校设有心理咨询室。学生在遇到困境后产生心理问题时,可以去学校设立的心理咨询室向专业的老师寻求帮助,在专业的治疗与帮助下调节情绪,重拾信心。在排解压力的同时,学生还能提高自身应对挫折的能力,有助于在下一次遇到困境时能够坦然面对。

4. 开设相关体育课程

部分高校对体育锻炼与逆商培养之间的关系展开了研究,结果证明对学生进行适当的体育训练可以提高其逆商。[4]例如,攀岩运动对改善与提高大学生抗挫折能力有着积极正向的影响。[5]其他研究同样证明积极参加体育运动可以有效地排解压力和缓解负面情绪,有助于缓解学生面对困境的心理负担。由此可见,大学开设内容丰富的体育课程,不仅可以对大学生的身体健康产生积极影响,对大学生逆商的培养也有一定的正面影响。

(三)高校开展逆商教育的现存问题

现阶段,高校所开设的逆商教育课程大部分都只是浮于表面、走过场,教师们并没有真正深入地与学生沟通交流,不注重学生的心理活动,更没有将素质教育、心理教育融入课堂中,具体表现为以下几点。

1.逆商教育课程缺乏系统性

逆商教育课程在设置上缺乏系统性,大多数高校的逆商教育课程放在心理健康课程中穿插讲授,并没有专门设置系统性的逆商培养课程。在此情况下,授课教师没有充足的教学课时讲授逆商课程,相关内容只能一带而过,并没有与学生展开深入探讨,这将导致教学效果与教学目标产生偏差,学生不能从中学习到实质性内容,对其逆商培养没有产生明显效果。

2.逆商教育课程缺乏针对性

高校在对逆商教育课程设计上缺乏针对性,课程内容笼统且浮于表面。由于社会环境愈发复杂多变,大学生所遇到的困境种类也将是纷繁复杂的,相对应地产生的教育需求也是不一样的,这就需要设置具有针对性的课程、讲座或是举办相关活动给予他们正向引导,来缓解大学生的心理压力,提升他们承受和缓解压力的能力。

3.逆商教育课程缺乏实践性

大部分高校对逆商教育课程的安排都只有理论层面的教学,缺乏具体的实践活动。逆商教育如果只是理论教学而没有实践,学生们从课程中学到的将只是理论知识,很难从实践中深入了解,看似提高了心理素质,实际上多是"纸上谈兵",当真正面对突如其来的事故时很难做到知行合一。

三、影响大学生逆商培养的因素探析

想要形成一套行之有效的逆商培养方法,首先应该厘清现阶段影响大学生逆商培养的关键因素。

(一)社会对大学生逆商培养的影响

每个人的活动都是在社会中进行的,离不开社会的影响。大学生亦如此,虽然还未正式步入社会,但无法避免来自社会的一些负面影响,这将会对他们的逆商培养产生阻碍作用。社会对大学生逆商培养的影响来自以下几个方面。首先,社会竞争愈发激烈,具体表现为就业困难,大学生数量逐年增多,来自同辈的压力越来越大。其次,我国正处于社会转型时期,矛盾频发、贫富差距问题突出等现象出现,浮躁风气蔓延,大学生的心智还未完全成熟,很容易受到社会不良风气的影响。例如,社会上存在的拜金主义、功利主义和享乐主义等非正能量思想,将会影响大学生的价值观的形成,使他们只愿"躺平"享乐,丧失艰苦奋斗的决心,更难提升其逆商水平。最后,随着信息网络时代的到来,各类信息在网络上四处散布,在面对鱼龙混杂的信息时,意志不坚定的大学生容易沉迷网络、轻信谣言,最后误入歧途。

(二)学校对大学生逆商培养的影响

学校是学生步入社会前接受身心教育的场所,在校期间是学生形成正确的人生观、价值观的关键时期,因此,学校对大学生逆商培养起到关键性作用。部分学校只关注学生学业方面的教育,过分追求升学率、就业率的提高,忽视了对学生思想道德修养与心理健康方面的教育,这不仅不利于大学生逆商的培养,还将增加学生的心理负担。除此之外,学校中个别教师在个人品德方面出现问题,这也会对学生的心理健康产生严重的负面影响,如果不严肃处理最终必然导致师生关系的恶化,严重阻滞逆商教育的开展。

(三)家庭对大学生逆商培养的影响

家庭对一个人的成长起着重要作用。家庭氛围、家庭教育方式和家庭人际关系,都会对孩子的逆商培养有一定的影响。当今社会,部分父母对子女的教育仍存在一定问题。一方面,现在的大学生们大多是独生子女,在家备受亲人的宠爱,从小就对亲人过分依赖,缺乏独立解决问题的能力,在遇到挫折和逆境时,大多会选择消极逃避。另一方面,家庭的氛围对于孩子的性格培养尤为重要,孩子如果长期处于关系紧张的家庭生活氛围下,会极度缺乏安全感,在遇到逆境时更容易产生悲观情绪。但是近年来我国离婚率一直居高不下,越来越多的孩子不得不面对父母感情破裂,并将长时间处于十分紧张的家庭氛围中。这种成长环境不仅对孩子逆商的培养产生严重的消极影响,更会对部分孩子的心理造成伤害。

四、高校开展逆商教育的相关对策建议

(一)利用 SWOT 模型分析逆商教育

基于上述对大学生逆商培养的现状以及所存在的问题的研究,利用 SWOT 模型对大学生逆商培养所面临的优势、劣势、机遇与威胁进行分析。如图 4 所示,随着国家经济的迅速发展,我国的教育投资力度逐年加大,相应的硬件设施日益完善,与此同时,教育工作者的综合素质得以提升,这使得逆商教育的开展具有一定的优势。除此之外,逆商教育的本质是培养青少年迎难而上、艰苦奋斗的精神,这完全符合我国自古传承的民族精神。但是由于逆商这一概念在我国提出得较晚,在这方面的研究存在不足、缺乏创新性,逆商教育暂时还未形成系统的体系,这使得逆商教育在开展过程中存在一定的劣势。

社会大环境不断地变化,对逆商教育而言,一方面孕育出一定的机遇,另一方面也产生或多或少的威胁。例如,近年来社会各界对于学生心理问题的关注程度不断提升,这促进了逆商教育的开展。随着社会越来越开放,各种外来思潮席卷而来,对逆商教育将会产生一定的影响。同时,在我国以应试教育为主流的大背景下,传统的师生之间缺乏沟通也会对逆商教育的开展产生一定的影响。

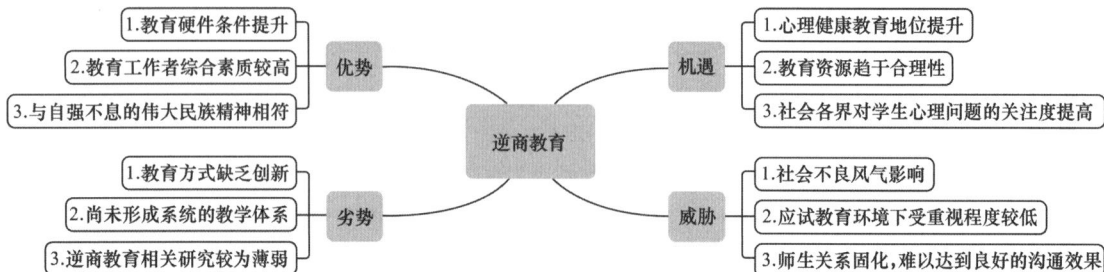

图 4　逆商教育的 SWOT 分析模型

(二)高校开展逆商教育路径的建议

根据上文对逆商教育的分析,从发挥优势、克服劣势、利用机遇、化解威胁等四个方面,对高校开展大学生逆商教育提出相应的建议。

1. 发挥优势

首先,要充分利用高校相关的硬件设施。随着我国经济的发展,国家对高校的硬件设施的投入越来越大,因此,在开展逆商教育的过程中,要充分利用好这一有利的因素。例如,各高校一般设有心理咨询室,并配备了相关专业人员。应当充分利用这一平台资源,通过加大对心理咨询室正面宣传的力度、加强对咨询者隐私的保护等方式,引导大学生们在有心理问题时,第一时间选择去心理咨询室进行心理咨询,最大限度地减少低逆商造成的不良后果。

其次,要充分发挥各高校丰富的人才资源。各高校都拥有从事心理相关研究的教师队伍,应该充分发挥他们的作用,例如,相关教师开展逆商教育讲座,举办座谈会等。无论是逆商教育的研究、逆商教育课程的设计还是相关课程的授课,心理学专业的教师都将发挥至关重要的作用。

最后,将逆商教育与思想政治教育相结合。逆商教育侧重于培养大学生面对苦难不轻言放弃的精神与摆脱困境的能力,这与我国自强不息的民族精神相符。高校在对大学生进行思想政治教育的同时,也应该将逆商教育融入其中。

2. 克服劣势

首先,逆商教育需要形成系统的教学体系。各高校需要对逆商相关课程进行合理安排,使逆商教育课程成为大学生的必修课程之一,在教育队伍中自上而下地提高对逆商教育的重视程度。

其次,要对逆商教育方式进行创新。任课教师需要创新教学方式,在授课过程中尽量采用受大学生欢迎的方式进行教学,拉近师生关系,形成有效沟通。除此之外,课程内容需要做到社会实践与理论知识相结合,使大学生可以提前了解社会,增强自身实践能力与就业能力。

最后,加大对逆商教育方面的研究。现阶段与逆商教育相关领域的研究较为薄弱,高校应成立相关的研究小组,针对各个高校学生自身的情况进行具体研究。例如,通过采取问卷调查的方式,对初入学的大学生的逆商水平进行考察,根据考察结果对逆商课程的教育方式与侧重点进行针对性研究。

3. 利用机遇

现阶段社会各方高度重视心理问题,在这种大环境下,高校更应加大对大学生逆商教育的力度。社会各界高度关注大学生的心理健康教育,学生家长对此也高度关注,高校可以借此搭建起社会、学校和家庭三方联合的培养模式。以新生入学教育、家长会议等形式,加强学校与学生家长的沟通交流,利用好社会正能量并开展相关会议与活动,让家长们加入大学生逆商培养的过程中,为学生营造良好的成长氛围,这样更有利于提升大学生的逆商水平。

4. 化解威胁

首先,校园内应营造良好的舆论环境。高校要做好大学生的思想政治工作,使大学生树立正确的世界观、人生观、价值观与理想信念,让其在面对社会不良风气与纷乱的外来信息时可以保持理智的态度并能进行独立思考。

其次,要转变固有思想,充分认识逆商教育的重要性。中国长期实行应试教育,一直把学业放在首位,在长时间里忽视了大学生的心理健康以及体育健康,这使学校、家长及学生很难转变固有思想。基于此,高校应当首先转变思想,在关注学生学业的同时,应该进一步提高对大学生体育锻炼情况与心理状况的重视程度。

最后,要加强老师与学生的沟通。只有师生双方有效地沟通才会达到良好的效果,从而增进师生之间的感情。例如,举办班级会议、开展经验分享会等各类互动活动都可以有效加强双方沟通的频率,逐渐形成良好的沟通模式。学生们在面对学业或生活上的困难、问题时,可以及时与老师进行交流,老师通过解惑以及精神上的鼓励使学生得到一定程度的帮助。

参考文献

[1] 郑晓燕,刘彪.研究生逆商培养的必要性及途径探索[J].北京教育(德育),2020(11):81-83,87.

[2] 张梅芳.重视"逆商"培养,构建完美人格[J].江苏教育研究,2013,195(15):48-50.

[3] 杨玉仁. 当代大学生逆商教育研究:以兰州市部分高校为例[D].兰州:兰州财经大学,2019.

[4] 陈鑫源. 体育锻炼行为对大学生逆商的影响研究[D].长春:吉林大学,2021.

[5] 赵园园. 攀岩运动对大学生抗挫折能力影响的研究:以西南交通大学攀岩课程为例[D].成都:西南交通大学,2015.

[6] 赵天娇. 排球教学对学生逆商培养的研究:以西北师范大学为例[D].兰州:西北师范大学,2016.

[7] 董辉.高职生的逆商与乐观心态培育[J].北京工业职业技术学院学报,2021,20(2):76-80.

[8] 宋庆秋.田径运动对提升中学生逆商的价值探索[J].体育科技文献通报,2019,27(12):135-136.

[9] 刘存华,莫宗赵,周莹.我国学生逆商研究的回顾、反思与展望:基于179篇CNKI文献的统计与分析[J].现代教育科学,2019(11):145-150.

[10] 黄婷婷. 基于全面发展目标的大学生逆商教育路径研究[J].兰州教育学院学报,2017,33(12):93-94.

[11] 刘征文,李燕燕.地方院校大学新生逆商状况调查研究:以SL学院为例[J].太原城市职业技术学院学报,2017(2):62-64.

[12] 石祥."卓越计划"背景下的大学生逆商教育[J].中国成人教育,2013(18):45-47.

[13] 张婷婷. 大学生逆境应付方式研究[D].上海:上海师范大学,2011.

社会工作视域下
大一新生逆商培养路径探究

郭艳琪 / 毛浩然 / 王若瑾
（大连海事大学　公共管理与人文艺术学院）

摘　要：

当代大学生常会遇到被情绪困扰、人际关系处理不好、适应不了学习和生活的节奏等问题，如何帮助大学生正确面对挫折、有效解决矛盾是个值得探讨的话题。本研究对部分学生进行逆商现状的调查，结果显示大一新生在面对逆境时掌控感、担当力、影响力、持续性等方面较欠缺。因此，运用社会工作专业方法对大一新生针对性介入，提出构建常态教育模式、完善应急干预机制、倡导体验式教育模式、加强重点干预引导和专业方法系统介入等逆商培养路径，以提高大学生的逆商水平。

关键词：

大一新生；逆商；社会工作

逆商是保罗·史托兹用了几十年时间来研究和理解的人应对逆境的能力，他提出逆商的四个维度，即 CORE（Control 掌控感、Ownership 担当力、Reach 影响力和 Endurance 持续性），逆商作为一种新的概念框架，是具有科学依据的工具。[1]

逆商是新时代大学生成长、成才的必备素质，也是促使大学生正确地面对困难的必要条件。学者李洋通过分析如何改变逆商的内因和外因，探究提高大学生逆商的可行路径，以提升大学生的整体素质。[2]针对大学生逆商和其他因素之间的关系，高峰等学者探讨大学生逆商与考试焦虑的关系以及学业自我效能感对两者关系的中介作用，发现大学生逆商、学业自我效能感与考试焦虑之间均显著负相关，逆商与学业自我效能感显著正相关。[3]贾涛等学者则从大学生创业逆境出发，得出造成大学生创业成功率低的重要因素是缺乏逆商教育的结论，并进一步探讨在创业孵化中大学生逆商的培养途径和方法。[4]学者张哲斐提出逆商养成的三条路径：家庭的潜移默化、社会的积极引导和学校的适当培养。[5]通过对大学生的细化，郑晓燕等学者指出高校研究生在心理健康发展阶段上仍处于关键的塑造期,并结合大的环境背景,强调了学生心理健康的重要性,并以高校教育为着眼点,建议从增加逆商教育课程内容、创建逆商情境教育、开设心理咨询室积极开展心理疏导、提高教职工的逆商能力等四个方面加强研究生的逆商教育。[6]范祥科等学者则针对大一学生干部提出了逆商的培养策略,通过帮助他们树立正确的面对逆境的信念、向他们提供心理咨询服务、建立家校社三合一的逆商教育体系,增强他们的心理承受能力,锤炼他们走出逆境的坚强决心和毅力,进而培养学生干部的逆商。[7]

社会工作是在利他主义价值观的指导下,运用微观和宏观的社会工作方法进行的助人活动,其本质是提供服务。社会工作的工作领域较为广泛,有学校社会工作、青少年社会工作、家庭社会工作等,服务人群也从以往的贫困群体转变成有需要的人群,服务范围也在逐渐扩大。目前,很多社会工作者也针对大学生群体的问题展开研究。大学生正处于成长的关键时期,趋于独立是这个群体的鲜明特征,他们可能会遇到情绪问题、情感问题、人际关系问题、特殊群体问题和生活适应问题等,这些都会给大学生带来很大的挑战。因此,解决大学生的常见问题也为社会工作提供了更广阔的工作空间和发挥专业价值的平台,而社会工作者的专业性为大学生群体问题的解决提供了专业知识的支撑,他们采取更规范的行动,更科学地为大学生解决常见问题。

由此可见,不同的学者在大学生逆商的现状、培养策略、不同类型大学生逆商的比较等方面进行了研究,并且取得了一定的成果,对本研究具有重要参考意义。而社会工作作为一门专业和职业,社会工作者可以运用个案、小组的工作方法,对大学生的特定问题展开干预,如:针对大学生的逆商展开工作。本研究聚焦大学生,以大连海事大学公共管理与人文艺术学院的学生为调查对象,研究不同年级学生的逆商水平。通过对比,发现大一学生的逆商较低。在此基础之上,对大一学生展开重点关注及研究,运用社会工作专业方法,从宏观和微观两个角度出发,提出大学生逆商水平提升的策略。

一、研究对象和研究方法

(一)研究对象

本研究以大连海事大学公共管理与人文艺术学院部分学生共 351 名作为研究对象,生源来自全国不同的地区,采取线上填与问卷的形式进行调查,最终回收有效问卷 339 份,研究对象具体信息如表 1 所示。

表 1　调查样本构成

研究变量		人数	百分比
性别	男生	106	31.3%
	女生	233	68.7%
年级	大一	82	24.2%
	大二	129	38.1%
	大三	36	10.6%
	大四	3	0.9%
	研一	57	16.8%
	研二	28	8.3%
	研三	4	1.2%

（续表）

研究变量		人数	百分比
专业类别	理工科	11	3.2%
	文科	328	96.8%
家庭常住地	城镇	205	60.5%
	农村	134	39.5%
是否为独生子女	是	141	41.6%
	否	198	58.4%
是否为学生干部	是	114	33.6%
	否	225	66.4%

（二）研究方法

本研究采用保罗·史托兹编制的"逆境反应量表"评定大学生逆商水平，该量表具有较好的信效度（见表2）。此量表共30道题，由30个情境、60个条目组成，包括四个维度：掌控感、担当力、影响力、持续性。"逆境反应量表"主要以20个逆境、40个条目测量个体对逆境的控制和归因以及逆境对个体的影响范围和时间；同时还包括10个顺境的相关的测量。量表采用1~5点计分，得分越高，则表示逆商越高。[8]

表2　大学生逆商的研究结果

研究变量		个案数	$M+SD$	t/F 值	$Sig.$
全体样本		339	130.97±13.88		
性别	男	106	130.83±14.33	−0.128	0.898
	女	233	131.04±13.70		
是否为独生子女	是	141	130.95±13.45	−0.026	0.979
	否	198	130.99±14.21		
家庭常住地	城镇	205	131.66±14.61	1.133	0.258
	农村	134	129.92±12.66		
专业类别	理工科	11	137.00±12.88	1.467	0.143
	文科	328	130.77±13.88		
是否为学生干部	是	114	130.60±13.61	−0.356	0.722
	否	225	131.16±14.04		
年级	大一	82	129.32±13.41	0.499	0.899
	大二	129	131.45±13.94		
	大三	36	130.42±13.86		
	大四	3	131.67±23.35		
	研一	57	132.79±14.79		
	研二	28	128.68±8.84		
	研三	4	144.25±26.91		

注：M=平均数；SD=样本标准差。

二、研究结果分析

(一)大一学生逆商的总体状况

从表2数据可以看出,在抽取的公共管理与人文艺术学院学生逆商调查中,学生的总体逆商为130.97±13.88,为中等逆商值,在面对逆境时具有一定抗挫折能力。但大一学生的平均逆商为129.32±13.41,低于平均逆商值,意味着大一学生尽管逆商处于中等水平,能够解决一般的逆境问题,但与高年级学生相比,心智仍有欠缺,难以应对较大的困难。因此有必要针对大一学生重点进行挫折教育。

此外,根据统计数据我们还可以得出,不同情况学生的逆商没有显著性差异(排除调查样本量较小的因素),此结果说明目前新时代大学生受外界因素干预较小,性别、家庭常住地、专业类别、年级和是否为学生干部对于逆商总体的影响并不显著,进一步说明新时代大学生在教育、成长及心理方面的平等。时代的发展弱化了性别差异、城乡差异、独生子女差异等因素在大学生教育中的影响。但尽管影响并不显著,我们仍可以从 t/F 值的高低分析出农村学生的逆商和大一学生及研二学生的逆商较低,因此要尤其针对农村的大一新生开展必要的挫折教育。

(二)大一学生不同维度的逆商特点

在抽取的公共管理与人文艺术学院学生逆商调查中,不同类型大学生逆商状况对比见表3。

表3 不同类型大学生逆商状况对比

维度			掌控感	担当力	影响力	持续性
研究变量		个案数	M+SD	M+SD	M+SD	M+SD
全体样本		339	3.40±0.54	3.17±0.32	3.22±0.44	3.31±0.50
性别	男	106	3.42±0.58	3.18±0.37	3.21±0.41	3.26±0.49
	女	233	3.39±0.53	3.16±0.30	3.23±0.46	3.33±0.50
是否为独生子女	是	141	3.42±0.58	3.15±0.32	3.24±0.45	3.28±0.52
	否	198	3.38±0.52	3.18±0.35	3.20±0.44	3.33±0.48
家庭常住地	城镇	205	3.42±0.58	3.18±0.33	3.24±0.46	3.32±0.52
	农村	134	3.36±0.48	3.15±0.30	3.18±0.42	3.29±0.47
专业类别	理工科	11	3.45±0.39	3.22±0.40	3.44±0.45	3.59±0.48
	文科	328	3.39±0.55	3.17±0.32	3.21±0.44	3.30±0.50
是否为学生干部	是	114	3.38±0.53	3.17±0.33	3.18±0.44	3.33±0.45
	否	225	3.40±0.55	3.17±0.32	3.25±0.44	3.30±0.52
年级	大一	82	3.31±0.46	3.14±0.32	3.19±0.39	3.29±0.45
	大二	129	3.42±0.60	3.20±0.35	3.25±0.45	3.28±0.52
	大三	36	3.33±0.51	3.18±0.30	3.19±0.39	3.34±0.54
	大四	3	3.43±0.76	3.20±0.36	3.07±0.91	3.47±0.47
	研一	57	3.45±0.51	3.18±0.35	3.28±0.51	3.35±0.49
	研二	28	3.39±0.50	3.07±0.16	3.09±0.33	3.31±0.46
	研三	4	3.92±0.93	3.20±0.34	3.60±0.70	3.70±0.78

1. 大一学生的逆境掌控感较低

从表3可以得出,所选取的公共管理与人文艺术学院学生的总体掌控感相对较强,为3.40±0.54,即大部分学生在面对逆境时对自己及事件能够有一定的掌控能力,能以相对理性、积极的态度面对并解决问题。但大一学生的逆境掌控感均值3.31±0.46,在所有年级中处于最低水平,意味着部分大一学生对于逆境状态还没有一定的主导和掌控能力,在逆境中处于被动状态甚至存在无法掌控的无力感,无法积极地采取措施以改变当前的逆境状态。

2. 大一学生的逆境担当力最差

本次调查的研究对象中,担当力是四个维度中得分最低的,为3.17±0.32,即学生普遍对于逆境的归因能力和担当能力较差,面对逆境时无法准确判断出导致逆境的原因,不善于承担逆境所带来的后果和责任。而大一学生此项的得分仅为3.14±0.32,是所有得分值中最低的,因此急需针对大一学生的逆境担当力重点介入,让他们学会把逆境作为特定事件,寻找出现逆境的原因,增强责任感,勇于面对挫折,解决问题,化解逆境。

3. 大一学生的逆境影响力略低

本次调查的影响力维度总体均值为3.22±0.44,大一学生的得分为3.19±0.39,也略低于总体水平,说明大一学生在逆境事件中被影响的范围较广。影响力得分越高,在看待逆境时就越会把它看作一个特定事件,不会因此而影响到自己的其他事情或生活的其他方面。而大一学生由于心理不够强大,涉世未深,较少遇到较大的事件,可能会对某件不完美的事或挫折耿耿于怀,遇到逆境后无法正确对待,影响到生活和学习的方方面面。因此,有必要重点对他们进行介入,将逆境对其的影响程度降到最低。

4. 大一学生的逆境持续性较强

大一学生的逆境持续性维度均值为3.29±0.45,低于均值3.31±0.50,意味着大一学生在遇到逆境后会很难走出来,受到影响的时间较长,一段时间内都会处在挫折与逆境的阴影之下,受到的创伤很难消除,因此也需要重点关注以便减少持续性影响。

三、结论与建议

针对本次对公共管理与人文艺术学院学生逆商水平的调查,本研究将从宏观与微观两个角度总结,并提出建议。宏观方面,针对该学院学生整体的逆商情况提出覆盖全体的建议及措施;微观方面,针对本次调研发现的不同情况的学生出现的逆商问题提出适用于小范围、有重点的改善措施。希望通过整体把控与重点干预相结合的方式,提升该学院学生整体逆商水平,提高学生的综合素质。

(一)构建常态教育模式,引导学生自我调控

大学生的心智还未完全成熟,且此年龄段正处于和社会的接轨时期,他们面临学业、工作、恋爱、独立生活等重要人生节点,易受到外界的影响而产生挫败感,所以高校应该广泛开展大学生常态化的心理健康教育,帮助大学生培养健康积极的心态、稳定的情绪、良好的抗挫折素质,使逆商素质培养在学生面对挫折时发挥重要作用。高校可以充分利用心理健康月、心理健康讲座、心理健康课程等契机,普及心理健康知识,常态化、有针对性地发放心理健康问卷,发现学生在不同时期的心理问题,采取异质性、阶段性的干预手段,增强学生应对逆境和处理问题的能力。本次调查结果反映了学生在担当力及影响力维度评分较低的情况,因此应更加注重将勇于直面逆境、承担责任的相关教育内容融入常态化心理教育,提高学生的心理韧性,减

轻逆境事件对学生生活的影响,引导大学生走出"玻璃心"处境,促使其勇于完成任务和承担责任。

(二)完善应急干预机制,构建完整育人体系

学校在调查大学生心理健康状况的同时,要特别注意阶段性筛选和对重点人群的关注。应具备完善的应急干预机制,以便更早发现问题学生,及时确保学生的人身安全。学院可以从以下三方面着手:第一,组建细致化、多层级、有效率的干预体系,确保体系覆盖到每个学生,以便在发现问题时可以准确上报,及时采取干预措施;第二,搭建责任防护塔,指定负责人,将责任落实到宿舍、班级、中队、学院,提高学校对全体学生的关注度,确保在发现问题学生后实现信息快速、有效的传递,并采取个别化的干预策略;第三,搭建线性层级预警和传达体系,为学生做好隐私保密工作,建立学生心理健康档案,并通过家校合作,确保学生的人身安全和心理健康,提升其抗挫折能力和综合素质。

(三)倡导体验式教育模式,磨炼学生意志品质

高校要积极组织学生开展逆商类心理健康活动,例如班会、情景剧比赛、情绪树洞、治愈歌曲征集等,一方面为学生提供情绪发泄和寻求帮助的渠道,为存在心理问题的学生提供帮助,另一方面也为学生提供自我展示、逆商心理健康知识宣传的平台,从而加强学生自我展示、思维创新等综合能力的开发。

(四)以问题群体为重点,加强重点干预引导

调查结果显示,农村学生不论从整体逆商还是逆商的各维度来看都明显低于整体学生的平均水平,尤其在大一学生中更为突出。大一的城市学生相对见多识广,社交与应变能力较强,更容易适应新环境,而部分农村学生较为自卑、敏感、内向,遇到逆境及挫折时不愿向人倾诉,内心较为封闭,应对挫折的能力较差。因此,高校需要重点关注此类群体,开展成长教育提升小组活动,建立农村新生的互助团体,使他们可以互相倾诉、互相鼓励。高校也可以邀请城市学生一同参与,拉近城市学生与农村学生之间的距离,让学生们敞开心扉,充分融合、加深了解,帮助农村学生尽快适应大学生活,在社交与应变能力方面进一步提升,理性、积极、乐观地看待挫折与逆境。

(五)以社会工作为依托,专业方法系统介入

在本次调查中,大一学生的总体逆商水平与其他年级的相比较低,且低于平均水平,在逆商的掌控感、担当力、影响力、持续性四个维度上也都低于平均值,所以针对大一新生开展逆商教育是非常有必要的。如何提高学生逆境掌控感、增强逆境担当力、减小逆境影响力程度、降低逆境持续性影响成为社会工作介入的重点。大一学生刚刚步入新的环境,许多事情或挫折是第一次经历,不知道如何应对逆境,因此,社会工作者可以充分运用小组工作方法,针对大一学生群体,以上述四个维度为主题,开展主题逆商教育小组活动。

第一,帮助组员客观、正确地认识逆境。引导组员把挫折看成阶段性的事件,保持稳定的情绪处理逆境,提高组员辨别逆境的能力,进而提高组员对逆境的掌控感;第二,帮助组员认识到逆境并不完全是由内部或者外部因素造成的,要通过内部和外部两个方面进行归因,提高组员理性归因的能力,增强组员对逆境的担当力;第三,通过"优点轰炸法""榜样示范法"帮助组员提高应对逆境的自信心,增加组员面对并战胜逆境的勇气,帮助组员认识到自己有能力去解决遇到的问题,达到减小逆境对新生的影响力程度的目的;第四,培养组员正确对待和处理逆

境的能力,掌握处理逆境的技巧,学会自我掌控、自我调适,降低逆境对新生的持续性影响;第五,通过阶段性发放问卷的方式对组员的改变程度和小组的活动成效进行评估,不断调整活动方案,以确保组员在面对逆境时发生持续的、正向的改变。虽然大一学生的逆商各维度的指标都较低,但大一学生具有较高的可塑性,所以要特别重视对大一学生开展逆境干预,做好他们大学生涯和人生之路的引路人,帮助其树立正确的世界观、人生观、价值观。

习近平总书记在全国高校思想政治工作会议上提出,要"坚持不懈促进高校和谐稳定,培育理性平和的健康心态,加强人文关怀和心理疏导,把高校建设成为安定团结的模范之地"。我们要按照习近平总书记的要求,重视对当代大学生逆商的培养,锻炼大学生的意志品质,完善大学生的人格塑造,培养更多有理想、有才干、敢担当、勇打拼的新时代优秀大学生。

参考文献

[1] 保罗·史托兹. 逆商:我们该如何应对坏事件[M]. 石盼盼,译. 北京:中国人民大学出版社,2019.

[2] 李洋. 关于新时代大学生逆商的现状调查[J]. 国际公关,2020(11):156-157.

[3] 高峰,李鑫依,才华,等. 大学生逆商和考试焦虑的关系:学业自我效能感的中介作用[J]. 牡丹江师范学院学报(社会科学版),2021(5):96-103.

[4] 贾涛,费均玲. 逆商让当代大学生从容应对创业逆境[J]. 学校党建与思想教育,2015(2):81-83.

[5] 张哲斐. 浅论大学生逆商养成[J]. 法制与社会,2016(24):246-247.

[6] 郑晓燕,刘彪. 研究生逆商培养的必要性及途径探索[J]. 北京教育(德育),2020(11):81-83+87.

[7] 范祥科,简才永. 高职院校大一学生干部的逆商培养策略探析[J]. 佳木斯职业学院学报,2017(3):3-4.

[8] 李炳全,陈灿锐. 逆境商量表在中国606名学生中的信效度检验[J]. 中国心理卫生杂志,2008(8):605-607.

"三全育人"视域下大学生逆商培养"金字塔模型"的构建与实践

王新婷

（大连海事大学 法学院）

摘 要：

在"三全育人"教育理念的指引下，大学生逆商培养作为促进学生健全人格培育和全面发展，落实高等教育立德树人根本任务的重要环节，人才培养质量、高等教育改革、学生成长成才。以"三全育人"理念为依据，建立大学生逆商培养"金字塔模型"，构建潜在意识培植的萌芽阶段、分析能力形成的发展阶段、处理手段优化的提升阶段以及大学生逆商培养目标达成的形成阶段四个层级，每个层级包含相应要素。该模型为大学生逆商培养提供了具象阐释，并为高校开展大学生逆商培养提供了三方面的实践路径参考。

关键词：

"三全育人"；大学生；逆商培养；"金字塔模型"

习近平总书记指出："压力是青年成长的动力，而在青年成长的关键处，要紧时拉一把、帮一下，则可能是青年顶过压力、发展成才的重要支点。""加强社会心理服务体系建设，培育自尊自信、理性平和、积极向上的社会心态。"这些论述充分体现出党和国家对于青年成长过程中的困难的高度重视，以及加强对心理健康培育的社会导向。当前，大学生多为"00后"，缺乏人生阅历，面对学业、就业、人际、情感等困难和逆境时，部分学生压力调整能力较弱、情绪把控能力不强，这给培育学生健全人格、全面发展带来了一定的阻力，亟须高校开展相应教育引导工作。

在20世纪90年代，美国心理学家保罗·史托兹提出了逆商（AQ）这一概念，它指的是一个人面对挫折、摆脱和超越逆境或困境的能力，并将其划分为四个部分，分别是掌控感（Control）、担当力（Ownership）、影响力（Reach）和持续性（Endurance），即CORE。而当前，学界对于大学生逆商培养的相关研究多集中在具体工作的经验，如创业教育[1]、体育教学[2]等方面，缺少大学生思想政治教育、大学生发展理论框架的支撑。因此,开展大学生逆商培养体系构建与实施路径的研究,既是高校人才培养的必然要求,也是高校实际工作中疏解学生成长困惑的实践之举。

一、"三全育人"视域下大学生逆商培养的价值定位

作为新时代高校落实立德树人根本任务、发挥人才培养核心职能的思想政治教育工作理念,"三全育人"为高校思想政治教育工作提供了育人主体、空间、时间的策略指南,其内涵包括全员育人、全过程育人、全方位育人。在"三全育人"视域下探索大学生逆商培养工作,既能促进高校立德树人根本任务的实现,也能促进大学生全面发展、健康成长,推进大学生思想政治教育变革。

1. "三全育人"的价值是大学生逆商培养的根本要求

"三全育人"是高校落实立德树人根本任务的关键举措。作为大学的立身之本,培养优秀人才体现了大学办学的初心使命,是对办好人民满意的高等教育的社会回馈。在大学生逆商培养的过程中,高校应切实遵循人才培养的教育规律和原则,有效弥补当前大学生思想政治教育、心理健康教育的缺位点、遗漏点,助推大学生塑造健全人格、树立正确的世界观、人生观、价值观、磨砺意志品质,进而实现立德树人的根本任务。

2. "三全育人"的理念是大学生逆商培养的顶层设计

"三全育人"的理念要求打通时间、破除空间、调动主体积极性,克服教育工作实施过程中来自各方面的阻力,这就需要高校统筹推进、相互补充、协同育人,共同发挥育人的合力。大学生逆商培养作为一项系统工程,既要把握工作目标的先导性,也要注重工作方案的落地性。而将"三全育人"理念和大学生逆商培养进行融合,多方牵引、分块落实、划层推进,可以构建大学生逆商培养的工作机制。

3. "三全育人"的实现是大学生逆商培养的成果展现

习近平总书记在给中国石油大学(北京)克拉玛依校区毕业生的回信中指出:"前进的道路从不会一帆风顺,实现中华民族伟大复兴的中国梦需要一代一代青年矢志奋斗。"当前大学生成长成才道路上面临着众多艰难险阻,而以"三全育人"目标的实现去推进大学生逆商培养与学生成长成才的同向同行,才能更好地培养学生的责任担当能力、危机应对能力、人际交往能力,真正达成提高学生综合素质、促进学生全面发展的目标。

二、大学生逆商培养"金字塔模型"的构建分析

在大学期间,学生将会在思想锻造、专业学习、工作投入、活动参与、求职经历等方面接受训练、教育,这是对大学生的综合素质打磨、雕琢的过程。本研究在岑逾豪"大学生成长的金字塔模型:基于实证研究的本土学生发展理论"[3]的理论基础上,结合"三全育人"工作理念,构建了大学生逆商培养"金字塔模型"(见图1)。大学生逆商培养"金字塔模型"立足于培养学生全面发展的立德树人根本任务,可分为四个阶段,分别是萌芽阶段、发展阶段、提升阶段和生成阶段。该模型以逆商的四部分内容作为不同阶段的培养重点内容,体现全方位育人;以低年级到高年级的过程作为培养时长保证,体现全过程育人;以教育者施教侧重方向作为培养角色定位,体现全员育人。

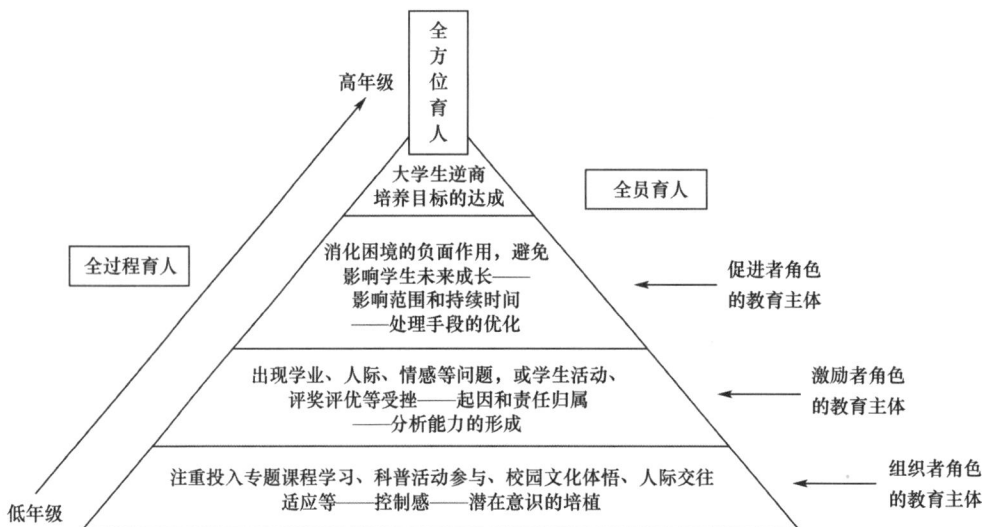

图1 大学生逆商培养"金字塔模型"

1. 萌芽阶段:潜在意识的培植

低年级阶段,大学生逆商培养主要依靠学生参与各类高校教育教学活动,最终获得能够具备控制周边情境的信念感。高校要重点组织专题课程、科普活动,引导学生积极在校园文化中体悟、在人际交往中适应。这些既包括了学生培养方案中的心理健康教育课程教学计划,又包括了学校学生工作部、团委、各学院组织开展的,以文体活动、社会实践、志愿服务为主的,学生有序或自发参加的各类集体性课外教育与实践活动,如新生军训、文艺晚会、体育竞赛、社会实践、公益服务等。此外,学生与寝室、班级同学以及老师的人际交往和沟通也是一个重要经历。上述这些教育教学活动能够提升低年级学生的参与度,在活动过程中学生可以明确成长过程中可能产生的困难、逆境,从而形成潜在意识,对于其后续的成长和发展起到打牢地基的作用。

作为"金字塔"的开端,高校承担的是"组织者"这一角色,必须确保学生参与的多维度、多频次,如果学生参与的活动内容不系统、教育的目标不清晰,在逆商培养之外游离,那么就会导致学生仅仅了解逆商的概念和价值,但无法养成战胜困难的意志品质。

2. 发展阶段:分析能力的形成

学生在完成低年级阶段对于逆商的潜在意识培植之后,就要建立明确责任、承担后果的意愿。在这个时候,学生已经经历了低年级时各类别、各形式的教育教学活动,在进一步的成长过程中,学生就会经历受各方面因素影响而产生的一些现实困境、挫折,比如奖助学金未能顺利评定、学生干部竞聘未能成功、考试成绩不理想、恋爱受挫等。在这一阶段,学生需要明确逆境产生的起因和责任归属。一方面,高校需要引导学生学会分析逆境产生的内外部原因,包括自身疏忽、团队配合不当或是外部条件不成熟等,形成原因分析能力进而得到正确的结果;另一方面,高校需要教育学生勇于承担责任、敢于及时采取相应措施,免于陷入一蹶不振、自暴自弃的境地。

在此"金字塔"层级,由于大学生活的丰富性、复杂性,学生将经历较长的时间。高校此时主要承担的是激励者的角色,做好个体的正向疏导和细致咨询,引导学生向上向好,形成不断奋发进取的动力,提升自我效能、自我激励感,促进学生形成正确的逆境认识,进一步提高逆商。

3. 提升阶段:处理手段的优化

高年级阶段,学生面临更为关键的成长发展节点,如就业、读研、出国等,如果未能具备良好的逆境应对方法,逆商培养缺位,那么将对其人生产生较为不好的影响,且影响比较持久。在这一阶段,大学生逆商教育就要侧重于具体事件的解决办法的实践,强化大学生的社会实践能力和社会适应能力,比如在考研失利后,高校应引导学生转变思路,从就业入手,结合自身实际情况进行学习和锻炼,避免学生陷于最终既未能成功考研,也未能找到心仪工作的困境。这个阶段可以帮助大学生更好地进行实践和锻炼,也是推动大学生实现自我价值,促进高校育人工作、社会稳定运转的重要环节。

由于大学生已经趋近成熟,高校更要注意在这一过程中的个体差异,做好个体咨询的帮扶工作,探索出好的逆商培养的方式方法,形成"一生一策"的精细化育人体系,帮助不同类型的大学生使用不同的方式方法应对逆境,这对于大学生树立信心,勾画人生蓝图有重要意义。

4. 生成阶段:大学生逆商培养目标的达成

在高校完成上述各阶段层级的培养后,大学生逆商培养目标初步达成,促使大学生在其成长过程中能够自觉接受困难和逆境,形成积极向上的世界观、人生观、价值观,养成坚毅勇敢的意志品质、涵养广博客观的思想认识、完善独立自主的人格,同时强化解决实际问题的能力,进而实现德智体美劳全面发展。

三、大学生逆商培养"金字塔模型"的实践路径

高校是构建大学生逆商培养"金字塔模型"的主导者,需要采取多种措施确保教育目标的达成。

1. 打通渠道、丰富方式,推动大学生逆商培养全方位沉浸

库尔特·勒温的群体动力学指出,群体所在的物理环境、社会环境、心理环境都会对群体产生影响。大学生逆商培养全方位沉浸,就是要确保各方面环境都发挥育人效能,在多个维度、多个层面上做到渠道并进、方式互补。

一方面是打通理论与实践教育渠道。要把大学生逆商培养作为高校开展心理健康教育工作、思想政治理论课的重要内容,形成理论课程教学与日常实践指导齐头并进的局面。高校要确保开展逆商的专题理论学习教育,引导学生明确这一教育培养内容的科学性、系统性,提升学生对逆商的重视程度。同时,高校要整合实践资源,构建"党委统筹领导、学生处扎实推动、各学院着力实施、学生广泛参与、社会大力支持"的逆商实践育人协同体系,引导学生在校园内外丰富人生阅历,进而找到在逆境中解决问题的方法。此外,高校还应通过心理案例分析、团体辅导、活动体验等方式,丰富育人手段。另一方面是促进线上与线下教育融合。当前,高校逆商教育环境深受网络的影响,必须探索符合当前形势的逆商培养路径。高校既要整合网络优势,在新媒体平台做好师生互动学习平台,也要利用MOOC、雨课堂等平台打造逆商培养精品课程,形成"互联网+逆商培养"的心理育人机制,使大学生逆商培养在内容和形式上更具活力与感染力。

2. 纵向延伸、精准施策,推动大学生逆商培养全过程覆盖

大学生逆商培养的全过程覆盖,重点就是要遵循"金字塔模型"中各阶段的育人规律,把握工作重点和学生需求,采取相适应、相匹配的逆商培养模式,并保障各个层级的有效衔接。

高校要根据各年级学生的特点开展相应的逆商培养工作。在低年级阶段,高校应侧重引

导学生建立对逆商的自我认知,使学生对目标设定树立正确的意识,以帮助学生对大学期间以及未来人生发展阶段的困难、逆境进行全面了解;在大学中期,高校教育工作者需要把正学生思想和行动的航向,当学生面对来自人际交往、社团工作、荣誉评定等多方面的挫折、压力时,引导学生调整好心态,让其既不将全部责任归咎于外界甚至产生过激行为,也不妄自菲薄、一蹶不振,提升责任担当能力;在高年级阶段,当学生面临就业、考研、出国的压力时,高校应帮助学生掌握和使用正确的调节方法和处理策略,助力学生成长成才。此外,大学生的成长环境、家庭背景及个体性格存在差异,高校在开展上述工作时更需做到"精准滴灌""因地制宜",重视针对个体的分类指导,确保以学生为中心,从学生实际出发,切实提高大学生逆商培养的实效性。

3.优化机制、汇集资源,推动大学生逆商培养全员联动

大学生逆商培养的全员联动,就是要整合校内外资源,结合教育主体的角色属性,创建侧重点突出、针对性鲜明的全员育人合力清单。

一方面,要建立高校育人体系。大学是大学生逆商培养的主阵地,要挖掘以心理健康教育专任教师、辅导员、学生工作部门管理人员等为要素的大学生逆商培养队伍。同时要充分发挥学生自我教育、自我管理、自我服务的作用,在学生社团中加强对学生进行正确看待压力、逆境的专题辅导,心理社团也要切实担负起相关责任,开展育人活动,如知识宣传、团体辅导等,培育大学生逆商培养的意识和能力。另一方面,要促进家校协同育人。家庭教育是学校教育的基础,也是学校教育的补充和延伸。[4]根据阿斯汀的 IEO(输入–环境–输出)模型,学生的知识技能、行为人格的形成(输出)是由学生个性、家庭背景等入学前情况(输入)和大学生入学后接触的校园文化、体制机制、教育经历(环境)共同作用的。因此,把握好家庭背景的输入是大学生逆商培养至关重要的一环,高校需要引导家长树立正确的教育观念,并针对学生个体情况建立档案,构建家校互通、反馈合作机制,共同提升育人水平,从而促进大学生逆商的提升。

参考文献

[1] 贾涛,费均玲.逆商让当代大学生从容应对创业逆境[J].学校党建与思想教育,2015(2):81-83.

[2] 李吴磊.在体育教学中对学生进行逆商教育的研究[J].教育探索,2014(7):73-75.

[3] 岑逾豪.大学生成长的金字塔模型:基于实证研究的本土学生发展理论[J].高等教育研究,2016,37(10):74-80.

[4] 王晓敏."三全育人"理念下高校心育工作实践探索[J].中学政治教学参考,2021(48):23-25.

正念训练在大学生逆商培养中的适切性分析

阎婧祎／高杨／戴悦

（大连海事大学 学生心理发展服务中心）

摘 要：

逆商是个体面对压力、挫折时的反应与应对方式，大学生逆商水平关系到个人的成长成才，同时也关系到高校高素质人才培养目标的实现。本文以正念训练为核心，探讨其主要功能及在大学生逆商培养中的适切性，为高校逆商培养工作提供必要的参考。

关键词：

正念训练；大学生；逆商培养

大学生是社会主义事业的建设者与接班人，肩负着重要使命。然而，随着科技与经济的快速发展，社会竞争加剧，大学生的心理健康问题日益突出，心理危机频发，高校育人工作面临着前所未有的挑战。因此，提升大学生的心理素质，增强大学生的抗压、抗挫折能力是当前亟待解决的问题。大学生逆商培养工作的模式多样、方法多元，其中，正念训练是当前心理学与心身医学领域中前沿的理论与方法，能够帮助大学生提高逆境应对能力和心理弹性，维护其心理健康。

一、正念的定义

正念（Mindfulness）最早源于佛教禅修，其巴利文名为 Sati，有觉知和注意的内涵。中文的"念"字，上面是"今"，下面是"心"，可以理解为"一个在当下的心"[1]，这也是正念的状态。因此，正念是指以开放、不带评判的态度关注当下，注重内在的想法、感受和身体感官体验，以及外部环境中正在发生的事情。在正念的众多定义中，最广泛被引用的是"有意识、不带评判地觉察当下"，它是由正念减压疗法（Mindfulness Based Stress Reduction，简称 MBSR）的创始人乔·卡巴金博士提出的。另一位正念学者杰克·康菲尔德的定义更为简洁，即"有爱意的觉知(Loving Awareness)"[2]。他将正念比作一只鸟的两个翅膀,先是觉察,之后对觉察到的现象要有一个爱意的回应。正念中的核心概念是"当下",即此时此地。当人们能够生活在当下,体验内在的感受和生命的存在,就能够更清晰地看到身边的人以及身心所需,从而更好地应对各种处境。否则,人们就容易迷失在某些念头、担忧、计划或懊悔中。

从正念的定义出发,可以将其扩展为七个正念要素,包括不评判、耐心、信任、初心、无为或不争、接纳和放下。这七个要素是需要培养的核心态度,具体含义为:一是不评判(Non-judging),即不依据过去的经验对自身的情绪、想法、病痛等身心现象做价值判断,只是纯粹地觉察它们,从而更深刻地了解事物的本质;二是耐心(Patience),即对当前的各种身心状况保持耐心,与它们和平相处;三是信任(Trust),即相信自己的智慧和能力;四是初心(Beginner's mind),即以赤子之心面对每一个身心现象,保持好奇、开放的态度,不带有任何先入之见;五是无为或不争(Non-striving),即不强求想要的结果,只是无为地觉察当下发生的一切身心现象;六是接纳(Acceptance),即接受现状,愿意如实地关照当下自己的身心现象,不加以排斥或抓取;七是放下(Letting go),即对已经过去的经验和情境,不执着和贪恋,安住在此刻的生命经验中。[3]以上七个要素构成了正念的全部内涵,同时也是正念训练的核心思想。通过培养这些正念态度,我们可以更好地觉察和理解自己的身心现象,减少负面情绪的干扰,提高心理健康水平和生命质量。

二、正念训练的基本功能

当今社会,经济和科技的迅猛发展,给人们的生活带来了便捷和资源,但同时也带来了诸多挑战。人们的身心健康水平和应对逆境的心理能力有所下降,引发了焦虑、抑郁等心理困扰。心理家威廉·莫尔顿·马斯顿曾指出,现代生活的忙碌和压力可能是当代最常见的暴力形式之一,让人陷入各种矛盾和担忧,屈服于这个时代的暴力。那么,如何应对新时代的挑战以及与压力共处呢?在大学生群体中,正念训练可以起到提升大学生逆商的作用,帮助他们更好地应对生活中的逆境。正念训练的基本功能如下:

1. 改善身心健康

现代社会中,竞争日益激烈,人们为了获得认可,必须努力学习和工作,竞争失败则会陷入逆境,这种压力也往往导致人的身心失衡。逆商与个体的身心健康水平密切相关,在逆境中,人们往往处于应激状态,陷入"战斗-逃跑"的反应状态中,焦虑、警觉地面对环境中的一切。由此产生的压力使人在身心两方面都感到难以承受,从而导致健康问题。对此,奥地利著名的存在主义心理学家维克多·弗兰克尔指出,在刺激和反应之间存在一个空间,在这个空间中,我们有选择自己反应的力量。结合现代科学研究方法,学者们发现,正念可以提高人的身心健康水平,特别是在减轻压力和焦虑方面有明显的作用,这对个体提高抗逆力有积极的作用。[4]

在长时间承受压力或压力过度时,人体的免疫力降低,身体健康受到影响。但正念训练可以降低人体内的皮质醇水平,即压力荷尔蒙的水平,使个体能够更好地应对外界危机。[5]另外,正念训练对情绪调节也有显著影响。实验研究证明,经过8周正念减压课程的学习,大脑中情绪脑的活跃度降低,从而情绪更平稳,焦虑、抑郁等症状得到缓解。同时,相关脑神经科学研究结果表明,正念训练可以提高大脑前额叶皮质的灵活弹性,驱动神经可塑性的正面转变,明显提升个体的情绪调节能力,增强免疫系统功能,使身心更加健康平衡,减轻压力,减小创伤经验的负面影响。[6]

因此,正念训练在维护身心健康方面的作用不可否认,特别是在逆境中,个体的身心健康和逆商水平是双向作用的,即一个人的身心越健康,其应对挫折的能力就越强,可以说逆商是身心健康的基础。反过来,个体逆商水平越高,说明其心理弹性越好,也越有能力获得更健康的身心状态。

2. 提高专注水平

在经济和科技的双重作用下,人类的生活方式发生了巨大的变化。尽管这些变化带来了诸多好处,但也带来了危机和隐患,其中一个重要的影响就是专注力的分散。哈佛大学心理学博士马特·基林斯沃斯的研究发现,现代人有47%的时间没有集中精力思考眼前正在做的事情,思维经常游离。清华大学的有关研究表明,中国人平均每天查看手机超过150次。然而,专注力与自我效能感和主观幸福感密切相关,散乱的注意力对个体获得自我效能感和主观幸福感产生负面影响。[7]同时,在逆境中,个体的专注力直接影响其管理情绪和解决问题的能力。因此,有必要通过一些方式来调节个体的专注力,以提升其逆境应对能力。

在教育和临床领域中,正念训练是一种高效的方法。在逆境中,正念训练可以增强个体对情境的觉察和感悟,使其找到解决问题的策略。正念训练可以让人获得平静专注的能力,使个体的情绪保持稳定,降低其在应激状态下身心的负面反应,从而增加应对挫折的生命智慧。同时,当个体的专注力提高了,学习和工作绩效也会自然提升,获得成就感的同时降低了挫折感。正念呼吸是实现这一功能的主要方式,在印度、中国、巴西及非洲一些国家等的古老文化中,呼吸训练已有数百年的历史。例如,中国的武术对“气”的探索以呼吸为核心。呼吸是锚定点,也是个人稳定和临在的基础。通过反复练习,个体可以获得专注力。此外,脑神经科学的研究发现,正念呼吸平衡了自主神经系统的两个分支。当个体将有意识的注意力放在无意识的呼吸循环上时,大脑内部也启动了深层协调的功能。因此,这种训练方式可以帮助个体更加专注,恢复精神能量,在学习和工作中获得出色表现,为应对挫折打下良好基础。

3. 增进幸福体验

苏格拉底曾说过,“未经审视的生活是不值得过的”,这意味着有觉察的生活可以增强个体内在的主观幸福感,是应对逆境的必要心灵储备。正念的核心功能是增强个体对自我的省察和内在觉知,同时倡导接纳和不评判的态度,帮助个体了解自我内在的认知与情感冲突,学会与之共存,获得幸福感,维护身心健康。这种幸福感也体现在慈悲心、同理心的提升方面,特别是在人际关系中。当前,社会物质水平越来越高,个体感官需求容易获得满足,但幸福体验却日渐稀缺。经济的快速发展使得社会竞争愈发激烈,人们在追求成功的过程中,常常会受到朋辈比较的影响,产生焦虑和压力等情绪,导致心态失衡,主观幸福感降低。幸福感是个体心理功能的体现,也是其应对人生逆境的重要基础。正念训练可以帮助个体恢复内在的和谐与平衡,增强与自我的联结,让人们安住于当下,感受生命的喜悦和美好。同时,正念训练也将内在的善意扩展和延伸到与他人和世界的关系中,增进社会和谐。作为正念训练的核心练习,慈悲心练习可以改善人际关系,让人们意识到自我的存在不是孤立的,并在人际关系中获得幸福感。[8]同时,正念训练还可以帮助个体提高心理弹性,增强应对逆境的能力。

除了上述功能外,正念训练还有助于个体在逆境中重新恢复身心平衡,培养对自己和他人的善意和慈悲心,以及创造与世界和谐共处的智慧,这也是提高抗逆能力的重要途径。正念训练还能够创造内在空间,帮助个体从行动模式转换到存在模式。通过暂停和呼吸等调节方法,建立一个更加清晰、更具同理心的心理状态[9],这在应对挫折的过程中非常重要,可以缓解紧张和焦虑情绪,避免冲动行为造成的不良后果。

三、正念训练对大学生逆商培养的适切性

20世纪末,美国心理学家保罗·史托兹提出了逆商的概念,即人们面对困境的反应方式和摆脱逆境的能力。[10]培养学生逆商,提升抗挫折能力是高等教育,特别是高校心理健康教育工作的责任与使命。正念是一种根植于东方文化的古老哲学,不同于其他的抽象的哲学思想,它的有效性已被现代科学验证,并发展出切实可行的方法。在大学生逆商培养工作中,正念训练很好地契合了能力培养目标,具有较强的科学性和可操作性。正念训练与逆商培养的契合点贯穿人才培养的全过程,其适切性可从以下几个角度分析:

1. 从逆商培养的目标角度

在日益加剧的社会竞争压力下,大学生们往往感到彷徨、焦虑、自我压抑,导致各种健康和行为问题,例如情绪障碍、成瘾行为、自伤、自杀等。因此,逆商培养的目标为,培养坚韧、果敢、灵活、乐观、豁达、身心和谐、能够应对生命逆境的新时代大学生。[11]然而,在当前的大学教育中,教育者和大学生都以专业知识和技能为目标,以成功为导向。这种教育不一定能够培养出身心健康和谐、有能力应对生命逆境的人。因此,教育者需要反思要培养怎样的人,以及如何更有效地提升大学生的逆商。

现代教育者应该意识到时代与教育之间的冲突,并采取应对策略,既适应时代特点与社会需求,同时又以受教育者的全面发展为先。正念的理念为现代大学教育和大学生逆商培养提供了重要支持和科学可行的方法体系。正念训练从人的本质出发,将人类个体看作"心-身-环境"于一体的系统,以人的终极发展为目标,整合资源,提升个体的幸福感。正念训练注重个体的心灵福祉,关注个体内在现实和身心体验,旨在发展其心理涵容度,提升其抗逆力。教育者以正念的理念和方法开展大学生逆商培养,能够更好地引导学生关注身心感受,实现身心平衡与内外和谐。同时,受教育者接受正念训练,可以更好地利用资源帮助自己顺利度过人生发展的重要阶段。特别是面对挫折和应激事件时,用正念的具体方法自我调节,可以帮助大学生从逆境中走出,重拾稳定的自我状态、希望和信念。

因此,从大学生逆商培养的根本目标来看,正念训练作为一种工作方法具有较高的适切性。现代教育者应该认识到这种方法的重要性,采取相应的策略将其引入教育中,以提高大学生的综合素质和抗逆力,使其成为坚韧、果敢、灵活、乐观、豁达、身心和谐,有能力应对生命挫折的新时代大学生。

2. 从逆商培养的方式角度

大学生逆商培养的方式应该是多元化的,包括知识讲授、身心体验、实习实践等多种形式,且应与逆商培养的内容和目标密切相关。培养大学生健康的心智、强壮的体魄和应对逆境的能力是逆商培养的主要目标。因此,需要采用切实可行的培养方式。传统的大学生能力素质培养以知识讲授为主要形式,注重认知能力的提升和知识储备的增加。长期以来,这种培养方式形成了一种相对统一的教育观和方法论,即老师口传心授,学生靠记忆和领悟掌握知识与技能。这种培养方式有利有弊,利在于大学生对知识的掌握较为牢固,能形成清晰的知识框架;弊则在于体验的缺乏和素质提升效果不明显。对于大学生逆商培养工作来说,知识传授和身心体验同样重要,双管齐下才能真正起效。

在注重身心体验的逆商培养方式中,正念训练是一种具有代表性的方法。同时,正念训练

也是一种发展观,强调身体在个体心理素质培养中的重要作用,身心整合才能促进个体的真正改变。从培养方式的角度来说,将正念训练融入大学生逆商培养工作中具有较好的适切性。正念的态度和训练,能够帮助大学生体验和觉察到头脑中被限制的观念,并帮助他们对自我经验保持开放的态度。同时,正念训练不仅关注个体头脑中的想法,更注重身体与环境的要素,以对身体与环境的体验来加深个体对内在的感悟,促使其在行为上进行调整和改变,弥补了认知培养的不足。[12]此外,正念训练突破了课程学习的边界,可以拓展和应用到大学生的日常生活之中。

因此,正念训练以身心体验性的学习方式,帮助大学生更好地觉察和认识自我,充分利用感官信息,并以开放的态度觉察念头、情绪和行为的模式,保持对世界的热忱,汲取生命的力量,应对逆境挑战。

3. 从逆商培养的内容角度

逆商是个体发展的基石,关系到个体的健康、成功和福祉。根据学者对逆商内容结构的划分,结合大学生的心理发展特点和"最近发展区"理论[13],可以将逆商培养的内容细化分解为三大部分、十种能力。第一部分是"正视挫折",包括理性认知能力、情绪调节能力和压力管理能力;第二部分是"摆脱困境",包括决策力、适应力、意志力和复原力;第三部分是"超越困境",包括沟通能力、创新能力和审美能力。[14]这十种能力构成了大学生逆商培养的核心内容。逆境中的应对能力不仅是个体综合素质的体现,还会对大学生未来的职业生涯发展产生重要的影响。

在逆商培养的十种能力方面,正念训练与其相融合,并起到了积极的促进作用。例如,在理性认知能力的培养上,正念训练通过适当的引导和不断的练习,可以帮助大学生客观地觉知自我,改变不合理的认知,进而自我悦纳,获得更稳定、和谐与健康的自我状态;在情绪调节能力方面,正念训练更是具有正向促进作用。长期的正念训练帮助大学生觉察自身情绪反应,配合认知的调整和身体的调节来重塑情绪情感模式,在学习、工作和生活中,重建具有适应性的调节机制。经过一段时间的练习,大学生能够更加平和、自在、灵活地回应强烈的情绪。在复原力方面,正念训练能够增强大学生的心理弹性,扩展对负性事件的认知,在逆境中也能够更加稳定从容,更好地修复创伤,超越逆境。[15]

根据上述观点,可以得出结论:正念训练和大学逆商培养之间存在紧密联系,丰富了高素质人才培养的工作体系。此外,正念训练还拓展了逆商培养的范畴和视角,将个体的心理健康置于心、身、环境的系统之中,有助于突破传统人才培养的理论和实践局限,实现教育创新。

参考文献

[1] 王淑珍.正念:基于东方文化的心理治疗方法[J].社会心理科学,2016,31(2):64-68.

[2] 郭璞洋,李波.正念是什么:从正念内涵研究发展角度的思考[J].心理科学,2017,40(3):753-759.

[3] 彭彦琴,居敏珠.正念机制的核心:注意还是态度?[J].心理科学,2013,36(4):1009-1013.

[4] 李英,席敏娜,申荷永.正念禅修在心理治疗和医学领域中的应用[J].心理科学,2009,32(2):397-398,387.

［5］邱平,罗黄金,李小玲,等.大学生正念对冗思和负性情绪的调节作用［J］.中国健康心理学杂志,
2013,21(7):1088-1090.

［6］杨予西,郭瞻予.正念与主观幸福感关系论析:兼论情绪调节自我效能感的中介效应［J］.沈阳师范
大学学报(社会科学版),2014,38(3):155-157.

［7］熊韦锐,于璐.正念疗法:一种新的心理治疗方法［J］.医学与社会,2011,24(1):89-91.

［8］刘斯漫,刘柯廷,李田田,等.大学生正念对主观幸福感的影响:情绪调节及心理弹性的中介作用
［J］.心理科学,2015,38(4):889-895.

［9］冯宇,段文杰.学校正念干预的基本形式及特点［J］.中国临床心理学杂志,2017,25(5):991-994.

［10］保罗·史托兹.逆商:我们该如何应对坏事件［M］.石盼盼,译.北京:中国人民大学出版社,2019.

［11］林启修.基于心理韧性理论的大学生逆商培养研究［J］.教育探索,2020(5):67-72.

［12］侯达森.基于逆商理论的大学新生抗挫折能力培养研究［D］.大连:大连理工大学,2011.

［13］马跃,陈长香,张妍娜,等.影响大学生逆商的外部因素分析［J］.中国健康心理学杂志,2007(3):
238-240.

［14］梅烨.逆商的内容结构及其相关因素研究［D］.广州:暨南大学,2013.

［15］薛本洁.疫情防控背景下大学生心理韧性、特质正念与情感状态研究［J］.滁州学院学报,2022,24
(3):87-90.

浅析大学生对逆商的认知
水平及其影响因素

于馨

（大连海事大学　航运经济与管理学院）

摘　要：

逆商教育是大学生思想政治教育中一个非常关键的组成部分,对于大学生的健康成长起着至关重要的助推作用。在新时代视域下,逆商是大学生发展过程中必须具备的素质。鉴于此,本文通过对大连某高校在校的大学生群体进行的调查问卷分析,研究大学生对逆商的认知水平及其影响因素,提出了关于做好大学生逆商教育的一些建议,以期从源头上做好新时代大学生心理健康工作,培养大学生面对问题和解决困难的能力,促进他们成长成才。

关键词：

逆商;大学生;影响因素

党的十八大以来,中国特色社会主义进入了新时代。面对"两个大局",时代给予青年新的嘱托,要求新时代大学生要肩负起推动国家和民族发展、实现中华民族伟大复兴这一历史使命。习近平总书记指出,"广大青年要坚定理想信念,志存高远,脚踏实地,勇做时代的弄潮儿",这句话表明了青年在社会主义建设中的重要地位。

目前,"00后"已是大学校园内的一大主流群体,活力四射、精力充沛是这一代大学生的特点。随着国家经济社会的快速发展,优越的物质条件与稳定的生活水平大大减少了他们自己直接面对困难和挫折的机会,导致当真正面临问题和挑战时他们会不适应,产生畏难情绪。十九大报告强调,要"加强社会心理服务体系建设,培育自尊自信、理性平和、积极向上的社会心态"。目前全面加强对大学生群体的逆商培养,提升大学生整体抗压素质和自我抗挫折能力,成为推进高校思想政治教育的一项重要工作。在实际学生管理工作中,只有全面分析研究大学生逆商的认知水平,才能寻找到一条有效提升我国大学生逆商教育的切实可行的路径,从而有导向、有目的地培养大学生的意志品质,塑造大学生的德行认知,进而帮助大学生以更为正向的心态积极面对所遇到的困难,不断促进高等教育立德树人这一根本任务的实现。

一、新时代大学生逆商现状分析

(一)大学生逆商现状

逆商全称为逆境商数(Adversity Quotient),简称 AQ,有时也被译为逆挫折商数或逆境商。它主要用来反映人们在面对各种重大的逆境时产生的各种思维反应模式或处理方式。逆商理论概念最早是由美国心理学家保罗·史托兹在 20 世纪 90 年代提出来的。他将逆商理论概念拆分为四个部分,即掌控感(Control)、担当力(Ownership)、影响力(Reach)、持续性(Endurance),用以衡量人们克服困难、突破逆境的一种能力。大量实验数据表明,在当今这个到处充满挑战逆境的残酷世界环境中,事业的成功和人生获得的成就不仅取决于一个人的智商和情商,在一定程度上还取决于一个人的逆商。结合新时代大学生的特点,逆商的这四个关键部分直接影响了大学生个体的自我抗挫折潜能,从而间接决定了大学生能否科学、理性、严谨、准确地分析、判断其陷入逆境背后的根源与本质。要切实促进大学生能够在面对一切困难与人生挫折时始终保持坚韧不拔、勇往直前的品质,做出成熟、理智、机敏、果断的反应行为并在实践中尽快逐步摆脱心理困境,应深入研究大学生对逆商的认知水平及其影响因素,这样才能找到提升大学生逆商的有效途径及方法。提升新时代大学生逆商可以从内部和外部两个方面进行探究。

内部方面着眼于大学生自身成长的特点进行探究。大学生正值青春年少,面对学业压力重、毕业选择迷茫、生活环境不适应、人际交往困惑等困境与重压,一时很难做到积极应对与及时处理,容易沉陷逆境不能自拔,抗挫折能力与调控能力较差。因此,积极开展大学生逆商培养的思想政治教育工作,促使其在逆境中形成积极的心态、良好的应对方式十分必要。

外部方面着眼于使大学生产生挫败感的社会背景进行探究,主要包括三方面:一是从国家层面,青年强就是国家强,提升大学生逆商以积极应对复杂的时代压力;二是从社会层面,培养学生的抗逆能力,有利于构建积极向上的和谐社会;三是从学校层面,大学生逆商的培养是思想政治教育的重要内容,重视大学生逆商教育可以助力其身心健康持续发展。

(二)逆商研究的现状述评

(1)基于大学生逆商的对象研究。林少惠、陈俊(2011 年)[1]关注贫困大学生逆商与成就动机的特点及相互关系。李玉栓、郑娟(2014 年)[2]通过对逆商与领导活动的关系分析,揭示了逆商对领导实践的影响体现在集体认可的工作目标、良好的工作氛围、环境适应能力的提升。高亚文、梅星星(2017 年)[3]探讨了初次创业大学生的抗逆境教育;王馨瑶(2018 年)[4]探索了工读学生的父母教养方式、感恩与逆商三者之间的关系。

(2)大学生逆商的研究路径。马跃、陈长香、张妍娜等(2007 年)[5]应用路西量表探讨影响大学生逆商的外部因素有家庭(家庭教育方式)、学校(人际关系、老师表扬、学习压力来源)和社会(就业前景)三方面。李炳全、陈灿锐(2008 年)[6]对逆商量表进行信效度检验,结论为其可用于评定中国学生的逆商。敖洁、邓治文、吴利存(2009 年)[7]将自我监控能力视为影响逆商的重要内部因素,研究大学新生的逆商和自我监控能力的关系。费燕敏(2015 年)[8]从注意、记忆和解释三个角度研究低逆商大学生的认知加工偏向。

(3)探索大学生逆商的研究成果。何梅(2008 年)[9]探讨了积极的心理干预对大学生逆商有明显提高。杨玉仁(2019 年)[10]对当代大学生逆商教育的研究表明了大学生对逆商的认识存在不足,青少年思想政治教育应将逆商教育作为重要组成部分。

二、大学生对逆商的认知水平及其影响因素研究

新时代视域下大学生在成长过程中面临很多问题,比如学习压力、家庭问题、情感困惑等。以这些问题为出发点,通过对研究的部分对象和老师进行了初步的访谈和调研,基本掌握了大学生对逆商教育的一些了解和看法,最终确定了问卷调查的形式和问卷的内容。通过对大连某高校部分大学生采用问卷调查的方式进行资料收集,共收集有效问卷 256 份,据此定量分析新时代大学生对逆商的认知水平及其影响因素。

(一)基本概况

根据调查问卷的结果,参与者中独生子女占比 62.5%,无留守经历的占比 97.8%,城市学生与农村学生比例约为 3∶5。绝大多数大学生对逆商这个概念有一定程度的了解,只有极个别大学生对逆商没有概念。通过调查数据可以看出,大学生的逆商教育与社会、家庭、学校以及大学生自身有着密切的联系。

首先调查参与者的主要压力来源,前五位分别是学习科研、社会(就业)、社交(情感)、家庭、经济。

关于"当您遇到逆境时"的调查,95%以上的参与者的心理反应并不是直接放弃,多为感到压力与挑战(58.6%),心态平和、顺其自然的大学生占比为 28.9%。关于"遇到逆境时的具体做法",如图 1 所示,43.75%的大学生表示会寻求帮助,34.50%的大学生表示会自信迎接挑战,而 15.50%的大学生表示会被迫面对,6.25%的大学生表示会直接放弃。

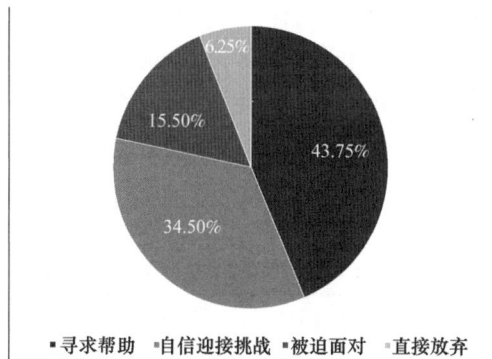

图 1　大学生遇到逆境时具体做法调查

情绪的发泄方式主要为向亲友求助、通过活动疏导、自我对话疗愈和哭泣,顺其自然与强忍也是较为常见的,而咨询专业医生也在答案中,不过所占比例较低。关于"经历过逆境后的影响",如图 2 所示,大多是希望提高承受能力,56.00%的大学生希望通过逆境的磨炼让自己变得更加强大,37.50%的大学生更加懂得生活的不易,珍惜眼前美好,只有少数同学会长时间情绪低落(2.30%)甚至自暴自弃、情绪崩溃(4.20%),这两类学生需要被重点关注,必要时应让其接受专业的心理医生的帮助。

经历过逆境后的影响

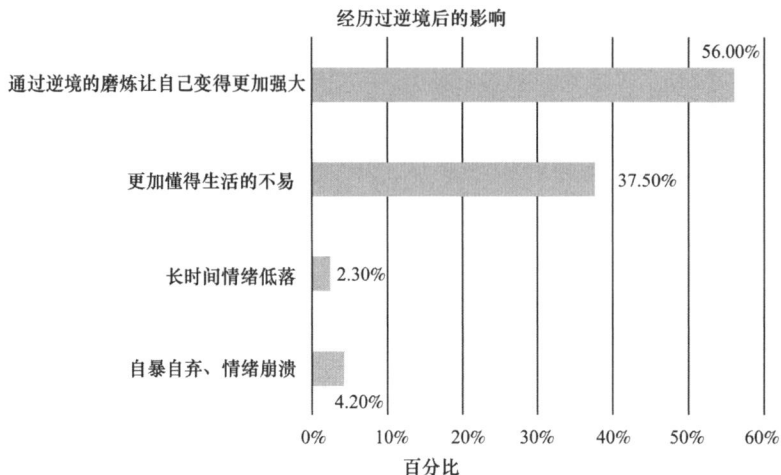

图 2　大学生经历过逆境后的影响调查

从逆商四个角度(控制感、起因和责任归属、影响范围、持续时间)出发,其矩阵题平均分为 3.57,表明调查问卷参与者总的来说逆商良好,总体认知水平较高。但也可以看出参与者控制感整体稍有欠缺,体现在如"我在正式考试或测验时所取得的成绩不如平时""会议上发言时,我不如别人镇定自然""尽管我已经把讲稿记得很牢,可是在讲演的时候却总要出些差错"等反馈上,这可能与个人性格、家庭背景、成长过程和能力发展等有关。

其次探寻逆商的影响因素,关于家庭、人际关系、学习压力、社会(就业)压力的矩阵题平均分分别为 3.62、3.21、3.28、3.00,得分越低表明影响程度越大。显然社会(就业)压力是影响逆商的首要因素,这可能与参与者大多面临毕业与就业的选择有关;而人际关系和学习压力影响程度相差不多,表明参与者人际交往和学习研究方面的能力相差不大,但也都会对他们产生困扰;而家庭成为影响逆商的最弱因素,可能与新时代家庭氛围较为和睦,教育方式转变为鼓励型,以及人们思想、行动更加开放独立有关。

最后关于提升大学生抗逆能力的有效措施的问卷结果如表 1 所示。一半以上的参与者认为"多读书、多思考,提升冷静处理问题的能力"是有效的措施,"参加学生组织,平时注意对自身能力的培养""参加校园活动和社会实践""学校加强心理健康宣传教育"也被认为是有效的提升抗逆能力的措施,而"参加心理咨询的相关课程"是认可度最低的措施,值得思考。

表 1　您认为提升大学生抗逆能力的有效措施(多选题)

提升大学生抗逆能力的有效措施	频数	频率
学校加强心理健康宣传教育	128	50.0%
参加校园活动和社会实践	138	53.9%
参加心理咨询的相关课程	86	33.6%
多读书、多思考,提升冷静处理问题的能力	178	69.5%
参加学生组织,平时注意对自身能力的培养	156	60.9%

(二)新时代大学生逆商培养存在的问题

1.社会层面

在社会主义现代化不断发展的今天,国家经济和科技水平也在快速发展,人们的生活方式和思维方式都发生了很大变化。面对互联网各类信息的传播和诱惑,一方面部分大学生沉溺于网络游戏、交友平台无法自拔,或防范意识差,容易掉入网贷的陷阱;另一方面部分大学生心智尚不成熟,享乐主义、拜金主义、功利主义之风很容易侵袭他们的身心,极大地消磨他们的意志,进而使他们变得三观不正、立场不坚定、人云亦云、颠倒是非。随着时间的推移,部分大学生消极堕落、坐享其成、互相攀比,导致他们性格孤僻,心理出现严重的偏颇,更加不愿意与别人交流,这些严重地阻碍了他们的日常交往,极大地影响了他们的正常生活,根本不利于对他们逆商的培养。

2. 学校层面

尽管上述的调查呈现的是大学生抗逆能力较强的结果,但需要注意幸存者偏差,简单粗暴的传统教育模式已经不再适用于新时代大学生。素质教育与生命教育应当深入人心。真正将素质教育、生命教育贯穿于课堂教学中去,这无疑为大学生的成长成才奠定了更加深厚的基础。部分学生因为在情感、学业、人际交往等方面遇到问题而产生极端思想甚至轻生的念头。若能格外关注此类学生,积极、及时地帮助他们做好心理疏导和教会他们如何正确处理身处逆境时面临的问题,重视其心理健康教育和逆商教育培养,相信其未来会更好。

3. 家庭层面

中国的家庭教育的确存在一些问题。随着社会经济的不断发展,家庭生活水平也快速提高,物质条件早已不再成为困扰因素;同时,"90后""00后"大多是独生子女,在其成长过程中家长给予了无微不至的照顾,"溺爱式"教育使孩子成长过程中得到的庇护太多,吃的苦相对很少,遇到问题与困难时往往选择依赖他人,导致部分学生基本不具备独立解决问题的能力,当然在遇到挫折时也缺乏基本的承受力。另外,大多数的当代大学生成长没有跳脱学校这个圈子,人生阅历较少,社会经验不足,应对困境的能力更是较弱。所以当真正遇到问题与困难时,部分大学生就产生了一种逃避和消极悲观的思想,害怕独自面对困难,直接选择逃避困难。除此之外,部分家庭存在思想观念落后的情况,父母的教育跟不上时代的节奏,不重视孩子心理问题,缺乏科学有效的方法,比如体罚式打骂、缺乏耐心、过分溺爱、零引导这样的教育方式不利于孩子的成长。

三、大学生逆商培养的建议

根据上述研究分析,尝试性地提出以下几个关于大学生逆商培养的建议。

(一)加强信仰教育,强化大学生的社会适应能力

以爱国主义为核心的民族精神是中华民族战胜一切艰难险阻和强大敌人的力量源泉和精神动力。新时代大学生应积极继承和发扬以爱国主义为核心的民族精神,要深入学习党史、新中国史、改革开放史、社会主义发展史,以史为鉴,开创未来。学习革命先辈以及为中国进步发展做出贡献的榜样人物,发挥榜样的正向价值导向及激励作用。做到学史明理、学史增信、学史崇德、学史力行,进一步将爱国之情转化为实际行动。大学生在正式步入社会时势必会遇到很多挫折,这使得在校大学生对于就业产生一定的恐慌心理,再加上大学生缺少实践经验,适应社会环境的能力比较差,面对社会的竞争往往会措手不及。大学生要树立坚定的理想信念和远大的理想抱负,善于在各种社会实践过程中锻炼自己,提高自身的综合能力和解决问题的能力,正视学习与生活中经受的挫折,尽快提升自己适应社会的能力。

（二）加强生命教育,积极营造良好的逆商培养环境

生命教育,即培育对生命的尊重、珍爱与信念。通过生命教育帮助大学生体会生命的意义,进而敬畏生命、尊重生命,促进大学生以积极正向的生命观健康成长。大学生遇到挫折时畏难甚至产生轻生的念头,这些表现都是缺乏逆商教育和生命教育的表现。为大学生开展生命教育,也能为逆商教育营造一个很好的基础条件,培育大学生正确的人生观,让他们在学习及生活中找到归属感和存在感,实现生命的价值。

同时,重视心理健康教育咨询工作和素质拓展工作也能有效地为逆商教育提供保障。设立心理健康咨询室,在大学生遇到挫折时能为他们提供心理健康咨询服务,努力解决大学生在学习生活中所遇到的问题,做好大学生挫折教育,培养大学生面对生活时的信心与耐心,增强大学生的获得感和幸福感;做好素质拓展的意义主要体现在能让学生动起来、活起来,充分给予学生理论应用于实践的机会。同时体育活动能提高学生的身体素质,也是学生户外情感沟通的有效途径。体育活动以训练和运动为基础,以培养情感为目标,激发大学生的团队意识和团队精神,锻炼大学生的意志品质,进而促进大学生全面发展。

（三）加强德育教育,激励大学生磨炼意志品质

"国无德不兴,人无德不立",中国传统文化非常重视立德修身。习近平总书记也曾指出:"广大青年要肩负历史使命,坚定前进信心,立大志、明大德、成大才、担大任,努力成为堪当民族复兴重任的时代新人。"新时代大学生要学会修身立德,提升自己面对困难的勇气和战胜困难的能力,要向老一辈革命者学习敢于吃苦、不怕吃苦的精神,要时常把自己放到逆境中摸爬滚打,培养自己的德行意志。处理好每一次磨炼,战胜每一个困难,体会每一个过程,将压力转化为动力,感受艰苦奋斗、勇于拼搏的精神在生活中的意义,同时学会反思和总结,积累走出困境带来的经验,最终养成良好的德行,这样才能走得更稳、更远。

四、结语

教育是立国之本,逆商教育则是新时代大学生培养的一个重要课题,要想取得更大的进展,全社会、高校、家庭、学生要携手并进。可口可乐公司原总裁古兹维塔在总结自己的成功经验时讲了这样一句话:"一个人即使走到了绝境,只要你有坚定的信念,抱着必胜的决心,你仍然还有成功的可能。"高校思想政治教育工作者应时刻关注时代发展方向,结合时代背景与社会要求,切实做好逆商的教育与培养工作,提高逆商教育在思想政治教育中应用的可行性。

参考文献

[1] 林少惠,陈俊.贫困大学生的逆境商与成就动机[J].中国心理卫生杂志,2011,25(9):691-694.

[2] 李玉栓,郑娟.领导者逆境商数与领导的有效性[J].安徽师范大学学报(人文社会科学版),2014,42(6):770-774.

[3] 高亚文,梅星星.初次创业大学生抗逆境教育培养模式探讨[J].创新与创业教育,2017,8(4):102-105.

[4] 王馨瑶.工读学生父母教养方式、感恩和逆境商的关系及教育对策[D].郑州:河南大学,2018.

[5] 马跃,陈长香,张妍娜,等.影响大学生逆商的外部因素分析[J].中国健康心理学杂志,2007(3):238-240.

[6] 李炳全,陈灿锐.逆境商量表在中国606名学生中的信效度检验[J].中国心理卫生杂志,2008,22(8):605-607.

[7] 敖洁,邓治文,吴利存.大学新生逆境商数及挫折教育策略探析[J].高等教育研究,2009,30(7):77-81.

[8] 费燕敏.低逆商大学生的认知加工偏向研究[D].扬州:扬州大学,2015.

[9] 何梅.积极心理干预对大学生逆商的影响[J].中国学校卫生,2008(9):852.

[10] 杨玉仁.当代大学生逆商教育研究:以兰州市部分高校为例[D].兰州:兰州财经大学,2019.

高校德育视野下的逆商培养"五原则"

李安诺

(大连海事大学 理学院)

摘 要:

逆商,即逆境商数,是人才基本素质必不可少的组成部分。培养青年大学生的逆商是高校德育的重要一环。本文基于高校德育视野,提出德育引领"五原则"逆商培养新路径,形成高校逆商培养的新良性机制。

关键词:

高校德育;逆商;培养路径

近年来,"佛系青年""躺平""摆烂"等网络热词风靡于青年大学生群体,在这些自嘲或自我标榜的"贴标签"行为的背后,是青年人逐渐模糊自我与理想。他们逃避挫折与压力,以放低追求来达到自我与生活的"和解",表现出淡漠、低迷的生活态度,群体呈现为逆商低于标准的状况。

高校作为育人体系中至关重要的人才输送桥梁,在培养青年大学生逆商方面肩负重任。结合《中共中央关于制定国民经济和社会发展第十四个五年规划和二〇三五年远景目标的建议》明确提出的建设高质量教育体系的目标任务,强调"德育为先,五育融合"是完成新时代高校育人根本任务的必然选择。在该视野下,大学生逆商培养路径的创新发展是当前高校德育推进的重大理论实践课题。本文基于对当代青年大学生"躺平"行为的根本动机进行深度分析,提出德育引领"五原则",以期为青年大学生逆商培养提供新思路。

一、多方面综合研讨,剖析"躺平"行为根源

当代青年大学生以"00后"为主,他们成长于改革开放的时代背景下,小康社会的全面建成更是标志着中国家庭的经济水平有整体性的提升。这意味着,分析青年大学生群体"躺平"

行为的根本动机需要更综合的视野。

(一)思想差异,家庭培育失衡

"00后"成长的家庭背景基于社会进入物质生活相对富裕的新时代,其父母基本为"泛70后"一代,即他们出生于1965—1985年这20年内。这两代人都出生在具有划时代意义的中国历史转折时期:改革开放时期与实现中华民族伟大复兴的关键时期。[1]两代人成长的大环境与所受到的家庭教育截然不同,造就了两代人的思想都极具时代特色,存在着明显差异。这引起了同一个家庭中交流上的一定冲突,"独生子女"这一具有时代特色的群体更是引起了教育方式的大变革。其突出表现为家长以提供较好的生活为主,普遍溺爱孩子,较多采取生活包办方式,以"知识改变命运"为教育核心,偏重孩子的学习成绩,严抓孩子的知识教育,忽视孩子在自我生活能力、人际交往能力、心理健康等方面的培育,同时家长与孩子之间沟通效率低。孩子进入大学阶段则暴露出独立生活水平差、处理问题想法单一,极易出现悲观处理与冒进解决两种极端情况,他们无法正面挫折,更无法积极挖掘自身能力以打破困境。[2]

另外,要特别关注的是,在"00后"大学生群体中,由农村留守儿童与城乡单亲家庭孩子成长起来的大学生的基数不容小觑。这两类大学生在成长过程中都有父母一方或双方的教育严重缺失的问题。不全面的家庭教育为他们带来的甚至可能是"用一生来治愈童年"的伤痛,一般表现为拥有过强的自我保护机制,或敏感多疑,或过度放纵,呈现出逆商极高与逆商极低的两个极端并存现象。

(二)压抑天性,中学教育单一

"00后""90后"大学生同样经历了一个以压抑天性为代价,为了升学而学习,为了进入更好的大学而拼搏的中学时期。封闭且教育模式单一,目标泛泛而简单的中学时期昭示着:压抑的情绪未能及时得到宣泄,其后必将剧烈反弹,在青年大学生身上该反弹表现为"青春期叛逆"滞后。青春期未能够及时释放的情绪与对自由的极度渴望,在大学时期极易爆发,转化为过度强调自我的享乐主义思想,并有一定可能恶化为得过且过。在这种不健康的心理影响下,虚度光阴可能是较轻的情况,严重时可能出现抑郁、焦虑、幻想等心理疾病,更有甚者会发生轻视自我或他人生命的情况。

(三)信息爆炸,网络引导偏激

在一个"互联网+"的新时代,网络的双刃剑作用不容忽视。由于互联网的便捷性与私密性,信息大爆炸下无法完全控制的"言论自由喷井"中鱼龙混杂,而当代大学生在尚未建立完整的判断体系与形成积极正向的价值观的情况下,早早接触互联网,在"键盘侠""水军"的不良引导下,"网络愤青"层出不穷,"理智有失,道德有背"的暴戾之气横生,思想偏激。[3]更为严重的是,这种歪风邪气大大消费了青年大学生对社会的信任,他们中的一部分人不愿进入社会,逃避困难,甚至对人生的意义产生怀疑。碎片化的信息更是以极大的破坏力影响着当代大学生耐心做事、潜心钻研的风气,加之"饭圈文化"的盛行,当代大学生的价值体系失之偏颇,越来越多地表现为热衷"吃瓜",不愿吃苦,对名利趋之若鹜,而对努力无动于衷。随波逐流而失去自我主观判断能力的青年大学生自然表现出实力与目标无法相匹配,从而出现无法忍受挫折的低逆商表现。

(四)社交弱化,人际交往低能

家庭教育的失衡与中学教育模式的单一造成了青年大学生自我价值求同的困境,以至于其心理认同感更多的是来源于互联网。于是更多青年大学生表现出"宅""社恐"等不愿社交甚至害怕社交的态度,这极大降低了青年大学生群体的社交需求与社交能力。[4]社交弱化的后果加速了青年大学生情感的进一步缺失或者转移,他们沉迷于虚拟世界,存在交友障碍,课堂上活跃度低,不敢与老师、辅导员等交流,在面对挫折时手足无措,陷入孤立无援的被动境地。

（五）竞争激烈,环境压力郁结

在当今社会人才竞争日益激烈的社会背景下,当代大学生面临着一定的学业压力与就业压力。一定程度上不可否认的"不良内卷"的存在,是压在大学生身上的又一重担。如果大学生无法及时排解这类压力,更容易陷入消极、迷茫与自我否定的状态。近年来压力过大引起的青年大学生自杀案件在令人心痛的同时,也是呼吁重视逆商培养的有力佐证。

二、德育引领"五原则",创新逆商培养路径

基于高校的坚定政治立场与根本任务,秉持高校德育中的继承和创新的原则,本文提出以下"五原则"创新逆商培养路径。

（一）方向性原则:源清流净,治本为先

中医讲究"急则治其标,缓则治其本"。提升大学生逆商,这是一个思想转变、能力培养的缓慢过程,绝非一朝一夕可轻易达到的,因此,高校方面应当以治本为先,绵绵用力,久久为功,止于至善。只有先提高青年大学生对逆商的正确认识,补足大学生成长过程中相关知识的缺失,让其充分了解逆商在心理健康、追求自我、实现价值等多方面的重要意义,转变思想,把握好根本方向,才能为其提高逆商与自我建设提供不竭动力。

（二）理论联系实践原则:知行统一,正面教育

开设相关公开课程,让逆商培养正式以一门课的形式走入学生视野,让逆商培养深入人心,使青年大学生充分意识到提高逆商是刻不容缓的大事。坚持理论联系实践的原则,既要开设相关理论知识学习课,使学生充分学习逆商的基础知识,了解逆商的重要意义和提高路径,也要开展相关实践活动课,通过更为活泼的教育方式给学生提供一个集体平台,从而帮助学生缓解心理压力,提高社交能力,充分认识自我,摒弃原有陋习,在践行中感悟个性化逆商提高路径,做到知行统一。

充分结合思政热点对青年大学生进行正面教育,以党史学习教育、科技兴邦、经济发展、文化弘扬、国际政治等综合学习教育提高青年大学生的政治觉悟,提高大学生的思想站位。引导青年大学生在中华民族五千年的文化长河中寻找生存本源,在国际视野下的高速发展中探索人生意义,将自我价值与我们党、我们国家,甚至全人类的发展结合。青年大学生要明确个人的发展目标,有干劲、有拼劲、有担当、有责任、求真务实,进而实现以人生理想的高站位支撑高逆商发展的目标。

（三）整体性原则:博采众长,通力合作

高校德育视野下的逆商培养新路径务必讲求建立完善、科学的工作体系,发挥各种途径与环节的德育功能,强调整体,博采众长,力争达成多方的通力合作。

分工明确:成立各级德育逆商工作领导小组,牵头指导德育逆商工作。以管理部门与主要职能部门为主,其他部门积极配合,构建各方交流的枢纽,守好逆商培养主战场。

家校联合:跟学生家长做好沟通,转变一些家长偏颇的教育理念,提高家长对德育逆商的重视;呼吁家长加入联合教育,给予子女坚定有力的支持与肯定,尊重新时代青年的新想法。家校联合,提倡给予意见但不过度干涉的指导教育,以春风化雨的形式将逆商培养融入家庭,营造良好的沟通氛围,引导学生逐步形成独立自主的生活态度。

校企联合:利用高校拥有大量优秀校友以及友好合作伙伴的优势,为大学生架构起一条提前了解职业发展、职场交流、相关专业工作内容的桥梁,以校企合作为学生日后的发展探路。

联动互联网:紧跟时代潮流,建设校园逆商培养品牌。以大学生喜闻乐见的形式推广逆商培养的日常教育,逐渐引导大学生将更多精力专注于自身发展与个人提升,理智控制个人言论与行为,并严格规范自我,将"网络不是法外之地"的理念牢记于心。

自我革新:发挥学生党团组织的影响力,强调教育与自我教育相结合的原则,提倡大学生进行自我革新。在学校和大学生之间建立一种民主、平等、彼此尊重、相互学习的教育与被教育关系。支持并加强在大学生中的党团建设,发挥学生党团组织在学生群体中的影响力,激发学生的自主能力,推行良性竞争,增强学生的学习主动性,不断开阔眼界,为逆商培养提供本源力量。

(四)层次性原则:百人百性,因材施教

认同百人百性,千人千面,尊重人与人之间的差异,对于群体中必然存在的小群体表示认同,坚持层次性原则,因材施教,特别要注意隐私保护与人格维护。

定期进行心理测试,提前干预存在心理问题倾向的大学生。着重维护学生自尊,体谅相关学生不愿暴露个人内心可能潜在问题的心理,以心理老师的专业性进行基础摸排,以隐晦谈话的方式进行直接摸排,以长期追踪心理变化进行长效摸排,在多重保障力求维护学生自尊的前提条件下,及时干预以防学生心理防线受损,并着重关注相关学生的逆商提高,必要时制定个性化指导方针,真正做到因材施教。

以未发现异常前不影响其日常生活,不做特殊对待为前提,在定期心理测试中重点关注农村留守儿童与城乡单亲家庭孩子成长起来的大学生,一经发现潜在问题,视学生个人情况给予适当帮助。应以人文关怀为主,在不过分探究隐私的条件下提供心理援助。

充分利用互联网的私密性,建立线上"树洞",在保护学生隐私的同时,以专业的心理老师咨询为主要方式,为学生提供线上情绪缓解基地、压力释放基地、自我调整与求助专业人士基地。

(五)严格要求与热情关怀相结合原则:宽严得体,关怀为主

高校作为教育者要全面关心学生的"五育"发展,坚持"德育为先"的根本站位,对学生教育采取刚柔并济、宽严得体的态度。考虑逆商培养属心理建设,对学生的教育应以关怀为主;强调分寸,非必要时不强制,必要时不犹豫;尊重差异;体谅逆商培养过程缓进,但不纵容错误。

三、结语

在新时代背景下,高校需要向国家各行各业稳定输送高质量人才,逆商作为人才素质的重要参数,其地位不容小觑。在"德育为先,五育融合"的教育大背景下,逆商培养应当立足德育视野进行统筹规划,继承与创新相结合,真正补足当代青年大学生的素质短板。

参考文献

[1] 蔡朝阳.父母的觉醒:兼谈泛 70 后一代父母的时代使命[J].教育研究与评论,2017,(3):17-22.

[2] 侯海艳.当代大学生逆商培养系统的构建[J].濮阳职业技术学院学报,2018,31(6):98-99.

[3] 张军琪."00 后"大学生成长轨迹与思想政治教育耦合策略[J].教育教学论坛,2021(19):161-164.

[4] 钟晓虹.青年大学生"佛系人生"的心理学分析[J].中国民航飞行学院学报,2021,32(2):64-67.

在逆境故事中的疗愈
与超越
——叙事疗法在大学生逆商培养中的应用

高杨／阎婧祎／刘超越
(大连海事大学　学生心理发展服务中心)

摘　要：

大学生群体是我国最重要的人才储备资源,承载着中国未来发展的希望。然而在"内卷"和"精神内耗"的外部社会环境与形成"自我同一性"或"矛盾冲突"的内部心理环境双重影响下,大学生的处境可谓内忧外患。如何帮助大学生培养抗挫折的能力,提高大学生逆商是教育工作者不得不思考的一个问题。本文尝试通过心理健康教育的视域,运用叙事疗法的理念和技术,帮助大学生群体重建逆境故事,促进其心灵成长和人格完善。

关键词：

逆境;逆商;大学生;叙事疗法

引言

党的二十大报告指出"人才是第一资源",明确了人才对于我国未来发展的重要性。大学生作为接受高等教育的群体无疑是我国重要的人才资源之一,肩负着振兴中华、开创未来的重任。大学生群体多处于 17~24 岁的年龄段,正是一个人从青涩走向成熟、"自我同一性"逐步形成、人格走向完善的重要心理发展阶段,有的时候遇到人生逆境,难免会钻牛角尖、产生轻言放弃的念头甚至误入歧途。如何引导他们正确面对挫折、提高逆商,进而成为祖国的栋梁之才是每一个高校教育工作者值得思考的问题。

叙事疗法是后现代主义心理学思想的重要体现,提倡在故事中疗愈。该疗法聚焦于资源,着眼于未来,非常适合运用在大学生逆商培养工作中。当大学生处于逆境之中,他如何看待自己当下的处境,是磨炼自己收获成长,还是自认倒霉随波逐流?不同的视角会看到不同的结果。笔者运用叙事疗法,倾听个案中大学生的逆境故事,帮助大学生将自己与问题分开,使其在自己的逆境故事叙事中以新的视角看到自己的努力、见证自己的成长、寻找新的资源,促使逆境故事在大学生心中被改写、被重建。一个悲伤无助的故事变成了一个励志成长的故事,大学生的内心世界也从崩溃坍塌转变到积极重建。在这个过程中,学生的心理品质得到提升、心理潜能得到突破、在逆境中生长的能力得到增强,逆商水平也相应提高了。

一、叙事疗法的基本理论

(一)叙事疗法的起源

叙事疗法是后现代主义思潮与临床心理学结合的产物,诞生于20世纪80年代,其创始人和代表人物为澳大利亚临床心理学家迈克尔·怀特(Michael White)及新西兰的戴维·埃普斯顿(David Epston)等。在后现代文化思潮的影响下,怀特等人认识到当代的心理治疗学派所持的科学决定论、因果论的论断与治疗方式都不能非常有效地帮助来访者解决问题。他们在长期的家庭治疗实践中发现,来访者症状背后的原因是复杂的,而且往往是由来访者自己主观建构的,经常是不同角度的人发现问题的真相也不一致。[1]他们认为,个人的经验从根本上说是模糊的,即它的意义不是天生的或是显在的,而是被语言建构出来的,所以能够通过语言在会谈中消解。至此,一种以后现代主义思想为理论基础,把语言有目的地作为心理治疗工具的治疗方法——叙事疗法便产生了。[2]

叙事疗法认为,人类活动和经历更多的是充满了"意义"和故事,而不是逻辑论点和法律条文,它们是交流意义的工具。叙事治疗师布鲁纳指出:"故事一开始就已经包括开始和结束,因而给了我们框架,使我们得以诠释现在。"[3]

(二)叙事疗法的理念

所谓叙事疗法,是咨询者运用适当的方法,帮助来访者找出遗漏片段,以唤起来访者改变内在力量的过程。叙事疗法对"人类行为的故事特性",即人类如何通过建构故事和倾听他人的故事来处理经验感兴趣。[4]

其基本理念具体表现在以下几个方面[5]:

(1)语言建构了现实,而非对现实的描述和反映。每个人的记忆都是有选择性的,来访者在叙述自己经历的时候也是有选择性的,咨询师不应该通过对语言的分析发现其所代表的那个真实的世界,只能是去认识用语言表达出来的意义和世界。

(2)"问题"是一种叙事,而非一种"存在"。传统心理治疗把问题看成个体身上客观存在的"精神实体",而叙事疗法认为"问题"只是人们在特定历史文化条件下建构起来的一种叙事,并非一种客观实在,因此也会随着时代的不同产生不同的界定。

(3)心理问题产生的原因在于个体叙事与社会的主流叙事之间的冲突或矛盾。叙事疗法的目的就是帮助来访者解构受主流故事控制的旧故事,重新建构一个来访者真正希求的、具有个人力量的新故事。

(三)叙事疗法重建逆境故事的工作思路

当大学生走进咨询室时,他们往往带着不为人知的逆境故事,在对咨询师的诉说中,他们的消极情绪得以宣泄,进而可以坦诚地面对当下无助的境遇。但是,在咨询伊始,我们发现在来访学生选择和诉说其逆境故事的时候,为了维持故事的主要方向和符合故事的主题,往往遗漏一些片段。而这些被遗漏的片段恰恰可能包含着希望、力量与选择的资源。咨询师在学生不断的诉说中,引导其发现这些遗漏的片段,帮助学生发现新的故事线索。于是,学生的逆境故事开始松动,他可以用新的发现去重新审视这一挫折经历,尝试重建自己的逆境故事。当然,这个新的故事必须建立在对过去事件客观理解、对未来事件现实评价的基础上。当学生在新的故事中发现生活中积极、有益的经验,就可以将这些经验串联、扩展,以应对当下的逆境,进而把这些超越逆境的新经验迁移到生活中,未来再次遇到挫折时,也能提高自己的抗逆力和耐挫力。

举例来说,一个学生走进咨询室时可能在不断地抱怨自己的父母不理解自己,强制干预自己的生活。在刚开始的咨询中,他不断地发泄着自己的负面情绪和对生活的失控感、无力感;接下来,在咨询的过程中,在咨询师的引导下他开始察觉自己和父母的互动模式,回忆起父母对自己的支持和爱,尝试理解父母的感受,也意识到通过自己的力量可以尝试去创造一个沟通的空间解决当下的问题,并在不断的尝试中积蓄力量,直到重新建构一个更好的、更强大的自我和一个新的故事。在这个新的故事中,他超越了逆境,实现了自我成长。

二、叙事疗法的基本技术

叙事疗法没有一套固定的咨询流程,叙事疗法咨询师针对不同的来访者和问题采取的策略也不相同,在一定程度上反映了后现代理论的立场特点。类似于社会建构论的"家族相似性",叙事疗法也有一些共同的基本的操作技术以区别于传统的心理治疗模式。

(一)问题外化

问题外化是叙事疗法最具特色的治疗技术,它是怀特在多年的家庭治疗经验的基础上提出来的。学生在遭遇人生逆境时,往往会深陷其中不能自拔,认为自己是造成不幸的根源,进而自我否定、自我厌弃。而叙事疗法的观点认为,人是人,问题是问题,问题永远无法界定人的整个存在,也就是身处逆境不代表人的失败。这就使得叙事疗法并不直接针对问题本身,而是认为问题是由"有问题的叙说"所造成的。[6]

在实践工作中,咨询师会使用技巧性的问话把问题变成与来访者分开的实体,这样的话,内在品质就由原来认为的不易改变变得容易改变。例如,咨询师会问:"这种情况是何时出现的?""当问题来干扰你时,你会做什么?"将来访者从逆境中剥离出来,使他们以旁观者的视角审视自己的生活。

(二)寻找例外

寻找例外也就是寻找来访者身上的闪光点,即丰富来访者的支线故事。这些闪光点是来访者生命中曾经经历过的积极的体验。问题外化之后,来访者与问题分离开,看清了自己与问题的关系,为咨访双方寻找"例外事件"奠定了基础。当然,有可能在问题外化的过程中"例外事件"就已经出现了。

在寻找到"例外事件"后,咨询师应和来访者一起探讨这种"例外事件"的意义,帮助来访者制订目标与计划,促使来访者开启美好生活新篇章。咨询师应问"你是怎样做到的?""你能做什么来解决这件事?"等问题,来访者在回答这些问题的过程中渐渐发现自己其实可以有更美好的生活故事。

(三)重构故事

叙事疗法的目标并不是寻找"例外事件",而是通过寻找"例外事件"打开通向新故事的大门。咨询师与来访者一起在"例外事件"的基础上重新建构并用更多的"例外事件"丰富一个新故事。这个新故事与原来的逆境故事相比,压迫性较低,开放性较强,可提供新的选择。在叙事咨询师看来,故事不是描述生活而是建构生活,来访者说的故事什么样,他的生活就是什么样。因此建构一个积极的新故事对来访者来说就意味着他的现实生活变得更积极,咨询的重点已经由最初问题故事的建构过程转向为建构个人成长的力量的过程。[7]

具体到大学生心理咨询的工作实践中,咨询师需要引导学生在逆境故事中看到自己的不容易,挖掘自己的力量,寻求更多的资源与支持,积蓄超越逆境的勇气与力量,将逆境故事改写成励志故事。咨询师应引导学生认识到,逆境不再是阻碍自己的绊脚石,相反,超越逆境的过程会使逆境成为垫脚石,助力自己未来的成长。但值得注意的是,咨询师不能有自己的预设与期望,而是要时刻倾听、跟随学生的故事,从学生的故事中去寻找对他们来说具有独特意义的事件或经历。新故事的作者应该是学生而不是咨询师,这样才能最大限度促进学生的改变。

三、叙事疗法在逆商培养工作中的应用

来访者小张是一个大二的男生,他自小父母离异,和母亲一起生活,学习成绩优异,转入了自己心仪的专业。来访时,他主诉害怕与人交往,在人多的社交场合非常不自在,会刻意回避参与这种社交活动,同时,他有时又觉得孤独,想要和别人交往。内心的需求和实际的行为上的冲突,让他十分痛苦,已经严重影响到他的正常学习生活。他经常出现注意力不集中、对什么都不感兴趣、觉得生活没有意义的现象。小张陷入了生活的逆境,看不到希望,他觉得如果生活这样继续下去,就算是自己有能力也施展不出来,迟早会被社会淘汰。

(一)将学生和逆境问题分开

在和小张的会谈中,咨询师发现小张可以描述具体逆境事件但不能给出其行为的理由,他也不知道自己为什么会这样。咨询师使用将问题外化的方式,将人和问题分开,不将小张看作有问题的学生,而是学生带着问题来寻求帮助。咨询师会问小张:"'害怕'是什么时候来到生活中的?""这些年,你和'害怕'是怎么相处的?""如果你的'害怕'会说话,他会对你说些什么?"

将"害怕"的情绪外化以后,小张发现他的害怕源于初中时一次被同学嘲笑的经历,青春期的他不太自信,很在乎别人的看法,一点点负面的评价都会让他失落很久。受"害怕"的影响,他开始有意回避一些社交场合,虽然这让他失去了一些认识朋友的机会,但是保护了他的自尊心。那个"害怕"对他说自己也很委屈,它也只是想保护他不受到伤害,没想到也会让他感觉孤独。

通过问题外化的方式,小张和自己的"害怕"对话,他逐渐了解到自己害怕与人交往的心理根源,认识到"害怕"不全是坏的,"害怕"也会保护他,这样他发自内心地接纳了自己害怕的情绪。

(二)积极寻找逆境中的支持资源

在问题外化的基础上,咨询师帮助小张聚焦于资源,使他发现了自己的"例外事件",也就是他的支线故事,即那些不害怕的时候。小张自己回忆,中学时代的自己虽然已经开始害怕和别人交往,但那时都是害怕和陌生人交往,自己当时也有两个比较要好的朋友,所以害怕的问题也不觉得严重。在这里,咨询师引导小张看到,他自己并不缺乏人际交往的能力,并且他可以和他人建立很亲近的友谊关系。在人际困境中,他不是一无所有,相反,他也曾鼓起勇气去尝试,也曾试图改变自己的生活,只是效果并没有达到自己的预期而已。

结合小张的性格特点,咨询师和小张制订了一系列改善目前人际困境的方案。小张的性格偏内向省思,他更喜欢和他人建立深而远的而非宽而广的人际关系。他的现实状况是在大二转到了新的专业,处于和老同学的分离,和新的同学还不熟悉等现实困境。当小张意识到了自己当下的处境,他便找回了自己的资源和能力,于是他整个人都有力量了。他不再带着"害怕交往"的标签,不再为了建立关系而苦恼,更多地带着觉察自己的内心需要去交际。

(三)重建多元积极的励志故事

透过叙事疗法的咨询,咨询师让小张注意到逆境故事情节中的空隙,鼓励他开动脑筋,运用想象力,调动生活经历来填充这些空隙。[8]小张的逆境故事发生了改变,他从一个害怕和人交往的青年,变成了在青春期会自我保护的青年,变成了面对陌生情境会逐步适应的青年,变成了理解自己是更喜欢跟人深交的青年。他的生活从没有出路变成了四通八达,逆境故事成就了他超越自我的经历,他的故事变得丰富了,他对生活有了更多元的、积极的解释。逆境故事的重建不仅赋予他力量,也会给面临同样困扰的同学以激励。

他更理解自己的行为以及背后的原因,对自己的了解更深入,学会了独自应对人际交往问题,有了清晰的目标和明确的计划,还尝试用自己的经验帮助其他有人际困扰的同学。

四、结语

故事不单是故事,更是生命历程的隐喻。[9]叙事疗法强调资源,聚焦于个体的优势,其去病理化、去标签化、将人和问题分开的理念和现代大学生心理健康教育"积极发展式"的工作模式相契合,非常适合成长中的大学生群体。大学生群体普遍心智化程度高、理解能力强、有着较强的逻辑思维和应变能力。叙事疗法能从学生的身心实际出发,遵循他们的心理成长规律,以咨询师积极的心理引导为手段,解答学生的心理困惑,帮助学生改写逆境故事,培养学生超越逆境的能力,从而助力学生走好人生之路,使他们成为有理想、有能力、有担当的新时代青年。

参考文献

[1] 方必基,张樱樱,童辉杰.叙事心理治疗述评[J].神经疾病与精神卫生,2006(1):76-78.
[2] 尤娜,叶浩生.叙事心理治疗的后现代视角[J].心理学探新,2005,25(3):6-10.
[3] 沈之菲.叙事治疗:一种后现代的心理咨询方法[J].中小学心理健康教育,2004(6):4-7.
[4] 翟双,杨莉萍.叙事心理治疗的特征及其与中国文化的契合[J].医学与哲学(人文社会医学版),2007,28(11):55-57.
[5] 魏源.解构并重述生命的故事:叙事疗法述评[J].台州学院学报,2004,26(4):78-82.
[6] 李明.后现代叙事心理治疗探幽[J].医学与哲学(人文社会医学版),2006(8):33-35.
[7] CASHIN A. Narrative therapy: a psychotherapeutic approach in the treatment of adolescents with asperger's disorder[J]. Journal of Child and Adolescent Psychiatric Nursing,2008,21(1):48-56.
[8] 迈克尔·怀特.叙事疗法实践地图[M].李明,曹杏娥,党静雯,译.修订版.重庆:重庆大学出版社,2019.
[9] 贺琳·安德森.合作取向治疗:对话·语言·可能性[M].周和君,译.太原:希望出版社,2010.

积极心理学视域下新时代高校学生逆商培养路径探析
——基于认知、情绪、行为、环境的四维建构

陈佳婧／张肃／王艺乔

（大连海事大学　信息科学技术学院）

摘　要：

逆商是新时代高校学生成长成才的必备素质,对大学生的成长起着重要作用,提升大学生的逆商是高校思想政治教育工作的重要组成内容。本文以积极心理学与逆商内涵的契合性分析为基础,通过对新时代高校学生逆商现状特质化的探究,提出新时代高校学生逆商培养"积极式"建构路径。

关键词：

积极心理学;新时代;高校学生;逆商培养

2022 年 4 月 21 日,国务院新闻办公室发布《新时代的中国青年》白皮书中指出:"青年是国家的未来,也是世界的未来。"而青年的思想政治教育工作一直以来都是高校办学的重要任务,是立德树人的核心。"00 后"大学生群体作为高校里的主力军,思维活跃、充满活力。但是随着改革开放的不断深化,大学生想在竞争激烈的社会环境中崭露头角,不仅要具备专业的知识储备和独特的思维方式,更需要拥有强大的心理素质,尤其要勇于直面逆境。

一、积极心理学与逆商内涵的契合性分析

(一)积极心理学释义

积极心理学的概念最早由美国著名心理学家塞利格曼和契克森米哈赖提出,是一门"致力于研究普通人的活力与美德的学科",20 世纪末在美国兴起。与传统心理学相比,积极心理学注重对积极心态的研究,提倡人们最大限度地挖掘自己的潜能,从而激发内在的积极力量和优秀品质。

（二）逆商释义

逆商又称作逆境商数，是指人们面对逆境时承受压力的能力，1995 年由美国著名心理学家保罗·史托兹提出。逆商由控制（Control）、起因和责任归属（Origin & Ownership）、影响范围（Reach）、持续时间（Endurance）四个部分组成。其中，控制是指个体对逆境的掌控能力，起因和责任归属是指个体对造成困境的责任归属判断，影响范围是指逆境对个体日常生活影响的覆盖面，持续时间是指逆境对个体的持续影响时间。[1]

逆商与智商、情商同样重要，是一个人综合素质的表现，一定程度上会影响自身的发展。高逆商的人有着坚忍不拔的意志品质，面对困难时更能做出理智的反应，能更好地看待和处理问题，帮助自己尽快摆脱困境。

（三）两者的关联性分析

从积极心理学的角度来研究高校学生的逆商培养具有充分的可行性。首先，研究对象一致，两者所涉及的对象均是逆境中的个体。其次，研究目标一致，两者的最终目的都是帮助个体摆脱目前所处困境。最后，研究内容一致，积极心理学的研究内容是个体在逆境中潜在的优良品质，逆商培养则以个人在逆境中的能力表现为研究主体。同时，个体逆境中生存能力的提升很大程度上得益于优良品质的激发，因而两者是相辅相成的关系。

二、新时代高校学生逆商现状特质化探究

在社会主义市场经济的影响下，人们的经济生活与物质生活发生了重大变革，高校学生群体具有价值取向多元化、心理动机落差化、抗挫能力削弱化等特质。

（一）价值取向多元化

目前高校中的"00 后"大学生群体受到市场经济的影响，他们的价值取向、思维方式有着鲜明的时代特征，呈现多元化发展趋势。部分高校学生崇尚自由，张扬个性，看重自我价值的实现，追求个人利益最大化。他们轻精神文化，重物质享受，身上的现实主义色彩浓厚，甚至一些学生受到社会不良风气的影响，深信"读书无用论"，滋生厌学心理。

（二）心理动机落差化

诸多学生在高中时期是母校的优秀学生代表，来到大学后发现比自己更优秀的学生比比皆是，在人才济济的大学校园中，自己显得默默无闻，这和高中时期的辉煌形成鲜明对比，因而产生了心理落差，导致学习动力下降。同时，对于大部分高校学生而言，他们对自己志愿填报时所选择的学校专业或毕业时选择的行业岗位了解有限，真正入学或入职时，现实与自己的期待符合度较低，从而产生了较强的挫败感。此外，多数大学生在高中阶段以高考为唯一奋斗目标，来到大学后，目标缺失，由于自律性不强容易产生松懈心理，即"动机落差"。

（三）抗挫能力削弱化

"00 后"大学生群体中的多数为独生子女，成长环境相对舒适，对原生家庭依赖性较强，独立解决问题的能力有待提升。进入大学后，他们在遇到困难或者挫折时往往第一时间联系家长寻求帮助，抗挫能力不足，容易产生"佛系"的消极思想。

三、新时代高校学生逆商培养思维的"积极式"建构

面对新时代、新形势，应积极探索高校学生逆商培养思维的"积极式"建构，提高"积极认

知",巩固"积极情绪",促进"积极行为",营造"积极环境"。

(一)拓宽课程渠道,提高"积极认知"

1.组织新生进行逆商测试

高校应在新生入学之初,以心理测评为契机一同展开逆商测试。[2]为测评结果没有达到标准值的同学建立档案,重点关注,进行一对一沟通,定期进行动态评估。应告知这些大学生大学阶段可能面临的困境,帮助他们设立心理预期。

2.开设专业逆商课程

高校应组织专业教师编写、选购逆商类教材或读物,例如《逆境人生》《逆境商数》等,并将逆商课程纳入学生必修的通识类课程计划中。教学管理部门可以定期举办逆商课程教学大赛、案例探讨等活动,提高教师的教学兴趣,保证教学质量。

(二)引导自我调控,巩固"积极情绪"

"积极情绪"是与某项需求的满足相关联,常常伴随愉悦的主观体验,并能提高人的活动能力的一种主观认知经验。

1.正确看待顺境和逆境

高校教师和学生工作者应当教育引导学生正确看待逆境和顺境之间的关系,鼓励学生勇于直面挫折;强调挫折的普遍性和必然性,让学生认识到逆境能够带来磨炼意志、锤炼品格等正面影响。

2.引导学生自我调控

高校教师和学生工作者应该在课堂上以及日常的谈心、谈话中,教授学生面对逆境时自我调控的方式方法。首先是目标调整,当发现最初设定的目标无法完成时,应因时而动、因事而新,及时调整计划。其次是适当宣泄,情感需要出口,应传授学生理性正当的情绪宣泄途径,如与家长、朋友、辅导员老师谈心哭诉,主动预约学校心理咨询中心教师进行疏解,记录心情日记等。最后是情绪转移,鼓励学生面对困境时,及时转移注意力,将消极情绪转化为积极情绪。应注意根据学生的性格、特质,开具不同的"处方",提升思想政治教育与心理健康教育的针对性、灵活性,助力学生完成逆境中的"自我赏析"。

(三)注重社会实践,促进"积极行为"

"积极行为"是"积极认知"与"积极情绪"的外化表现,是逆商教育的根本目的和落脚点。高校应开展逆商实践性训练、情景模拟等各类实践活动,如举办夏令营、定向越野、素质拓展、模拟面试、模拟法庭、辩论赛等趣味活动,引导学生们进行自我正向激励,提升抗压能力,增强学生的参与感和积极性。同时,对学生在活动过程中的体验感受、临场反应、心理历程等进行详细记录并做数据分析,以此作为制定逆商培养对策的重要依据。

(四)完善育人体系,营造"积极环境"

积极心理学认为,外部环境在一定程度上影响人的心理与行为,营造"积极环境"将为个体应对逆境提供必要保障。

1.加强校园文化建设

校园文化具有"润物细无声"的育人功能,高校应通过校园宣传栏、校园广播、官方新媒体平台等阵地宣传逆商培养的重要意义。各学院、各年级应积极组织歌舞、书画、摄影、音乐等丰富多彩的校园文体活动,激发大学生的参与热情,培养大学生的兴趣爱好,逐步塑造良好的校园文化氛围。

2. 促进家庭环境和谐

家庭环境对学生性格、特质的养成有着重要影响。高校心理咨询教师、课任教师、学生辅导员应与学生家长保持定期联系,就学生在校的状态进行沟通,并鼓励家长主动与子女进行互动交流,共同提高学生的逆商。

3. 形成社会多方合力

首先,社会各方应创造一个积极的舆论环境,建立起阳光健康的社会支持系统,比如在企业中成立"心理咨询中心"。[3]其次,大学生参加实习实践的单位或社区可以组织开展相关的入职培训、茶话会等活动,帮助毕业生尽快融入新的工作生活环境。最后,社会各方用人单位应避免性别歧视,公平、公正、公开招聘,对所有的毕业生一视同仁,减轻他们的心理负担。

2022 年 4 月 25 日,习近平总书记在中国人民大学考察时的重要讲话为我们基层思政工作者指明了前进方向、提供了工作遵循。习近平总书记指出,作为新时代的思想政治教育工作者不仅要精通专业知识、做好"经师",还应涵养品德、真正成为"人师"。一线辅导员作为离学生最近的人,应着力提高育人质量,锻炼学生意志品质,完善学生人格塑造,注重学生逆商培养。用情感召,用爱温暖,教育引领青年大学生听党话、跟党走,立志做强国先锋,勇当复兴栋梁。

参考文献

[1] 王易,罗媛媛.试论大学生的逆商培养[J].学校党建与思想教育(上半月),2008(10):21-23.

[2] 张哲斐.浅论大学生逆商养成[J].法制与社会,2016(8):246-247.

[3] 王欢芳,蒋娉婷.大学生逆商现状及培养模式构建[J].创新与创业教育,2017(12):100-104.

法学研究生逆商培养的逻辑起点、合理性证成与适用理路

谭冰／姜智颖

（大连海事大学　法学院）

摘　要：

目前,社会发展迅速,就业形势日益严峻,导致高校研究生普遍面临学习主动性差、科研压力大、负面情绪爆棚、就业难度大等困境。如何提升高校研究生的逆商,使其在逆境中快速成长,已经成为高校关注的焦点。本文以法学研究生为研究对象,论证逆商培养的逻辑起点,对法学研究生逆商培养进行合理性证成,并为法学研究生逆商培养的适用理路提出合理性建议。

关键词：

研究生;逆商;逆商培养

逆境商数(Adversity Quotient),简称逆商,最初由美国心理学家保罗·史托兹提出,旨在衡量一个人在生活中处理困难环境的能力。逆商高的孩子更乐观、逻辑性强并且具有积极主动处理生活问题的能力。最重要的是,他们能够把失败看作暂时的、可以克服的,从而更容易跨越失败走向成功。心理健康与身体健康是相互依存、相互融合的。培养学生的抗挫折能力的重要性毋庸置疑,逆商的作用更是和智商、情商并驾齐驱。

一、法学研究生逆商培养的逻辑起点

逆商是人面对逆境时的反应方式,即面对挫折、摆脱困境和超越困境的能力。法学专业就业难考验了法学毕业生的逆商。高逆商的法学毕业生在逆境中产生的挫折感较弱,面对挫折能以平和的心境从容面对;低逆商的法学毕业生在逆境中的挫折感较强,面对挫折时束手无策,抗压适应能力差。而从目前法学毕业生的就业状况来看,毕业生们的逆商堪忧。公考失败,对是否"二战"举棋不定,希望再战但又害怕失败导致情绪崩溃;面对"云招聘""云面试"

和投递简历无果、实习被裁员等就业困境,消极情绪倍增;即便是综合能力较好的法学毕业生,也患得患失,不敢尝试,不想去基层工作,焦虑程度不亚于前两类。用人单位也反馈了法学毕业生在面试、实习时的一些消极表现,比如受到批评后抱怨、不满等。由此可见:法学毕业生的逆商水平亟待提升。

二、法学研究生逆商培养的合理性证成

(一)研究生趋于低龄化,亟须逆商培养,提高心理抗压能力

以东北大学 2020 级研究生新生大数据为例,年龄最小的硕士研究生 19 岁、最小的博士研究生 21 岁。东北大学 2020 级研究生新生年龄分布显示,25 岁以下学生占当年研究生整体生源的 77.6%,研究生低龄化趋势明显。

对标法治建设新要求,亟须提高法学生的专业水平与水准,打造高学历、高素养、高质量的新时代法治人才,这也意味着更多的法学专业的本科应届毕业生会将保研、考研作为毕业时的首要选择。以大连海事大学法学院 2022 届本科应届生为例,以读研作为毕业方向的比例为 74.4%。这就意味着,会有大批年龄不到 25 周岁的法学本科生进入研究生阶段的学习,但在实际的研究生学习中,法学研究生会面对繁杂的学业课程压力、通过率极低的法考和较严格的就业要求带来的考试压力。

对于年龄尚小的法学研究生而言,不少人缺乏相关的专业指导,经常会面临挫折或者陷入困境。因此,高校应对法学研究生开展逆商教育,锻炼其面对挫折、摆脱困境和超越困境的能力,使其终身受益。

(二)错位教育抑制学生成长,亟须逆商教育促进心智均衡发展

基于国内“倒三角”的家庭结构,学生的独特性从小受到了一定的抑制,家长致力于把孩子培养成同款“高分学霸”,学生也将同样被裹挟,在自我迷失中被压得“遍体鳞伤”,在时代大潮的拥挤里感受到不安和焦虑。本科生以课程学习为主,而研究生需要在课程学习的基础上进行科学研究。面对压力,积极学习心理学的“护心术”,知道在面对各种生活事件的时候,用积极的自我防御机制进行应对,培养强大的逆商,对于学生心智均衡的发展显得尤为重要。

(三)面对激烈的社会竞争,亟须逆商教育打破心理负担壁垒

近年来,法学研究生就业市场“内卷”严重。“内卷”是指不会创造价值的竞争,现在泛指一切激烈的竞争。面对这种激烈的竞争,许多人选择“躺平”,也就是选择放弃,这反映出法学研究生深深的疲惫感和无力感。法学研究生面临高难度的国家法律职业资格考试,一旦没有通过,在面临就业竞争时即意味着输在了检录处,连站在起跑线前的机会都没有。特别是在法学就业形势十分严峻的背景下,求职者的任何优势都显得平庸,而任何劣势都会被无限放大,在简历关便铩羽而归。因此,需要通过逆商教育提高法学研究生面对困境的应对能力、自我调整能力,培养德法兼修的法律人才。

三、法学研究生逆商培养适用的理路

逆商培养是一个长期、循序渐进的过程,法学研究生自身要养成逆商意识,高校要加强法学研究生逆商培养,家庭应重视法学研究生逆商培养。

（一）法学研究生自身要养成逆商意识

法学研究生须正确看待逆境，正确认知自我，在遇到挫折时不执迷不悟，不怨天尤人，遵循规律、辩证分析，积极找寻解决问题的突破口，把握对自身有利的形势和环境，结合对自我的客观认知，做出正确判断和合适的选择。"人处逆境须从容"，面对就业压力，法学研究生应树立正确的就业观，结合自身分析适岗性，及时调整就业理想和价值取向，树立合理就业期望值，扩大求职范围。求职目标不会一下就实现的，而是通过许多小目标的实现才能逐步靠近的。

法学研究生须提高拼搏意识，重视对自身抗挫性、忍耐力、意志力和创造力的培养，不仅要看到成功者的智慧与才干，更要看到他们遇挫时奋力拼搏的精神。"万丈高楼平地起"，求职时法学研究生要放低姿态，保持平常心，脚踏实地从基层做起，夯实基础，接受磨砺、战胜挫折，不计较职务高低，大胆尝试。

法学研究生须增强责任意识，认清使命，主动承担社会责任，强化担当。要从自我做起，从点滴做起，从身边做起，从现在做起，"胸中有誓深于海"，要将社会责任转化为责任认知，内化为情感认同，这样才能最终外化为负责任的行动。面对就业困境，打着考研读博的旗号逃避职场、无视劳动雇佣的契约关系、消极就业居家"啃老"等，均是对自己、对家庭、对国家不负责任的表现。

（二）高校要加强法学研究生逆商培养

加强法学研究生逆商教育，重在提高法学研究生对逆商的正确认知，把握逆商的价值和内涵，包括对逆境的控制力，对逆境产生原因、承担责任的研判，对工作和生活等方面的影响评估，对困难持久性和对个人影响的认知等。逆商教育要加强培养抽象思维和理性认知，注重理论联系实践，要让法学研究生认识到逆境可以转变成有利的条件，促进潜能开发，接纳延迟满足。比如要教育法学研究生正确对待考试失利，不要过分放大失利后的消极情绪，要把失利看作经历而不是失败，经历的积累有助于潜能的开发和目标的实现。

加强法学研究生逆商教育，除通过第一课堂开设大学生面对逆境或挫折的心理教育必修课程，在就业指导课中开展实践训练外，更需要通过第二课堂的价值引导，潜移默化地促进学生自主建构。比如高校在宣传法学研究生优秀事迹时，不仅要宣传"学霸"、成功就业的学生，也要关注在逆境中默默努力坚持不放弃的学生，要有意识宣传在逆境中如何应对、如何奋斗的学生，要让学生看到成功的得来不易、成功的多种衡量标准。

加强法学研究生逆商教育，应在构建高校一体化育人体系时，在线上线下多场域关注法学研究生的逆商培养，营造并保持一种乐观、进取的良好氛围，为法学研究生逆商培养创造环境条件。

（三）家庭应重视法学研究生逆商培养

家庭逆商培养决不可缺席。作为逆商培养最重要的原生环境，家长不应忽视对学生的逆商培养。翠鸟护子移巢却忽视了易被人"得而取之"的祸患，而自古英雄多磨难让人明白了多经受挫折多历练有利于身心健康成长的道理。

家庭逆商培养应恰到好处。忽视逆商教育固然是错误的，但也不能陷入另一个误区：既然让大学生经历挫折和苦难有助于磨炼其逆商，就对他们遭受的各种身心苦痛漠不关心。家长应使用正确的方式评价法学研究生面对逆境的表现，而不是主动设置困难，刻意为难。比如面对难就业的形势，家长应主动帮助法学研究生分析就业困难的原因、可能受到的影响；观察法学研究生对待逆境的态度,发掘帮助他们克服逆境的动力;及时与学校协同沟通,帮助法学研究生坚定意志、重塑信心。

家庭逆商培养要率先垂范。家长是学生最初也是最好的老师,家长应在家庭中起带头作用,遇到困难,从容面对、积极处理,主动承担责任,让法学研究生在原生家庭中感受到责任概念。心理学家认为人们对美好事物的模仿既包括行为模仿,还包括心理模仿即内模仿。当法学研究生对家长的高逆商产生了情感认同,便会主动内模仿父母在面对挫折困难时候的情绪、处理方式、态度。可见,提高法学研究生的逆商,家长也责无旁贷。

四、结语

面对前所未有的困难和挑战,法学研究生亟须提升逆商。但逆商的提升并非一蹴而就,除个体自身努力外,外部支持也非常重要,除家庭、学校外,社会也应提供强有力的支持系统,为法学研究生走向社会后继续获得专业支持和服务提供有重要帮助。

参考文献

[1] 高峰,李鑫依,才华,等.大学生逆商和考试焦虑的关系:学业自我效能感的中介作用[J].牡丹江师范学院学报(社会科学版),2021(5):96-103.
[2] 郑晓燕,刘彪.研究生逆商培养的必要性及途径探索[J].北京教育(德育),2020(11):81-83,87.
[3] 徐士元,梅苏蔓.对大学生开展逆商教育的意义及机制探讨[J].中国大学生就业,2007(13):84-85.
[4] 张书林.以就业为导向的地方理工科院校法学专业本科生导师制探析[J].学校党建与思想教育,2015(1):76-78.
[5] 谭娜娜,刘静,李敏.就业视角下法学应用型人才培养对策探讨[J].教育教学论坛,2017(36):134-135.
[6] 黄心华."90后"大学生逆商培养的难点与对策分析[J].贵州民族学院学报(哲学社会科学版),2012(3):205-208.
[7] 赵丽娟,初青松.积极心理学视角下高校学生干部逆商培养[J].高校辅导员,2015(4):58-62.
[8] 任泽中,潘红军.逆商教育与高校学生教育管理工作的改进[J].高校教育管理,2008(5):89-92.
[9] 王雅辉,于桂峰.当代大学生逆境情商培养对策研究[J].航海教育研究,2009,26(2):110-112.

基于 CORE 理论探究构建逆商结构方程模型的可行性

蔡嘉宇 / 刘洁 / 刘超越

（大连海事大学　学生心理发展服务中心）

摘　要：

在教育形式不断发展，对大学生的素质要求越来越高的背景下，大学生的逆商培养也越发重要。本研究在文献研究的基础上整理了保罗·史托兹编制的"逆境反应量表"，以及李炳全教授在 AQ 量表的基础上修订并测试得到的适用于国内学生的 AQ 量表，重新编制了逆商测量量表。本研究通过发放问卷与收集数据，进行假设模型验证并修正模型，探究基于 CORE 理论构建逆商结构方程模型的可行性，得出四个维度的内在联系。

关键词：

逆商；因子分析；模型构建

一、逆商概述

逆商，全称为逆境商数（Adversity Quotient，AQ），在 20 世纪 90 年代中期由美国心理学家保罗·史托兹首次提出。1999 年，龚力首次将 AQ 理念引入我国教育研究中[1]，探讨高校体育教学中 AQ 培养的作用，之后随着我国教育改革与对学生综合素质教育的重视，AQ 培养也逐渐发展成为我国人才培养的热点问题。

保罗·史托兹将逆商划分为四个维度[2]，即掌控力（Control），指个体对周围环境的掌控能力；担当力（Ownership），指个体从极具建设性和实用性的角度定义造成逆境的原因与愿意承担责任的情况；影响度（Reach），指排除逆境对生活其他方面不利影响的能力；持续性（Endurance），指对逆境持续时间的掌握能力。逆商的四个维度是研究逆商的基础，从这四个维度可以相对客观地评价个体在逆境中的表现。

二、研究假设与测量量表

(一)研究假设

在文献研究的基础上,根据保罗·史托兹提出的逆商的掌控力、担当力、影响度和持续性四个维度进行研究假设,做 $H_1 \sim H_6$ 假设。通过研究假设探索四个构成因素的关系,探究逆商四个维度的内在联系,讨论构建逆商结构方程模型的可行性。

H_1:掌控力对影响度有正向影响。

H_2:掌控力对持续性有正向影响。

H_3:掌控力对担当力有正向影响。

$H_1 \sim H_3$ 是掌控力对其他维度的影响假设。掌控力主要指逆境发生后的控制能力。控制能力越强,说明越能控制逆境对生活其他方面的影响程度,则逆境带来的影响持续时间越短,因此推测掌控力越大,排除逆境影响的能力与持续时间掌握的能力越强,做假设"H_1:掌控力对影响度有正向影响""H_2:掌控力对持续性有正向影响";掌控力越强,则对逆境事实的归因及承担能力越强,因此做假设"H_3:掌控力对担当力有正向影响"。

H_4:担当力对影响度有正向影响。

H_5:担当力对持续性有正向影响。

H_4、H_5 为担当力对其他维度的影响假设。担当力指个体认为逆境产生的归因与需要承担的责任。个体自我归因程度越高,则说明个体越能做出行为以改变逆境,因此做假设"H_4:担当力对影响度有正向影响""H5:担当力对持续性有正向影响"。

H_6:影响度对持续性有正向影响。

H_6 为影响度对持续性的影响假设。影响度主要指个体排除逆境对其生活的影响的能力。排除影响的能力越强,则对逆境影响时间的掌控越强,因此做假设"H_6:影响度对持续性有正向影响"。

(二)CORE 理论假设模型

根据 $H_1 \sim H_6$ 研究假设,建立 CORE 理论假设模型(见图 1),以探究逆商四个维度的内在关系。

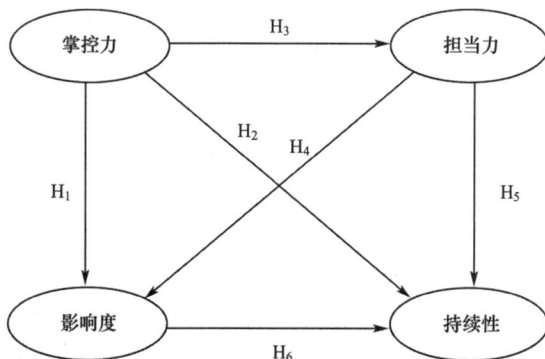

图 1 CORE 理论假设模型

(三)测量量表的编制

问卷编制主要根据保罗·史托兹编制的"逆境反应量表",以及李炳全教授在 AQ 量表的基础上修订并测试得到的适用于国内学生的 AQ 量表,其中逆境四个维度掌控力、担当力、影响度与持续性各 10 道题目。高校专业教师与不同专业的学生对问卷的语言表达进行审查与修订,更改有歧义和表述不清的题目。问卷为 5 分制,包括 1 分、2 分、3 分、4 分与 5 分。

三、数据的收集与实施

(一)发放问卷

采用线上随机抽样的方式发布问卷,面向辽宁省某高校大一至大四学生发放问卷 367 份,共回收问卷 367 份,回收率 100%。剔除无效问卷 17 份,有效问卷共 350 份。有效问卷的答卷者中男生 291 人,女生 59 人。

(二)问卷结果分析

本研究使用 SPSS 26.0、AMOS 26.0 对问卷的结果进行数据处理和分析。

1. 信度检验

为了验证问卷的可信度,利用 SPSS 26.0 对问卷的 40 道题目进行了信度分析。根据 Cronbach's Alpha 系数来鉴定问卷的可信程度,如表 1 所示,问卷的总体 Cronbach's Alpha 系数为 0.959,大于 0.9,掌控力、担当力、影响度、持续性的 Cronbach's Alpha 系数分别为 0.889、0.852、0.872 与 0.919,均大于 0.8,说明本研究问卷具有较好的内部一致性,作为逆商测量工具是可信的。

表 1 Cronbach's Alpha 系数

信度	总体	掌控力	担当力	影响度	持续性
Cronbach's Alpha 系数	0.959	0.889	0.852	0.872	0.919
项数	40	10	10	10	10

2. 效度检验

如表 2 所示,问卷的因子分析 KMO 值为.937,接近于 1。而 KMO 值越接近于 1,所测量的变量间相关性越强,就越适合做因子分析,这表示逆商测量量表适合进行因素分析;同时巴特利特球形检验 p 值为.000,小于 0.05,达到显著水平,这表示逆商测量量表与收集的数据适合进行因素分析。

表 2 因子分析 KMO 值和巴特利特球形检验

KMO 取样适切性量数		.937
巴特利特球形检验	近似卡方	9 402.586
	自由度	780
	显著性(p 值)	.000

3. 因子分析

表 3 为因子分析总方差解释,由表可知,逆商测量量表提取 4 个因子对于原始数据解释度较为理想,其中第一个成分初始特征值为 15.955,p 值远大于 1,解释方差百分比为 39.888%;第二个成分初始特征值为 3.73。大于 1,解释方差百分比为 9.325%;第三个成分初始特征值为 1.651,大于 1,解释方差百分比为 4.127%;第四个成分初始特征值为 1.461,大于 1,解释方差百分比为 3.653%。四个维度累计贡献率为 56.993%,较为理想。

表3　因子分析总方差解释

成分	初始特征值			提取载荷平方和			旋转载荷平方和		
	总计	解释方差百分比(%)	累积(%)	总计	解释方差百分比(%)	累积(%)	总计	解释方差百分比(%)	累积(%)
1	15.955	39.888	39.888	15.955	39.888	39.888	6.854	17.134	17.134
2	3.730	9.325	49.213	3.730	9.325	49.213	6.087	15.218	32.352
3	1.651	4.127	53.340	1.651	4.127	53.340	5.947	14.868	47.220
4	1.461	3.653	56.993	1.461	3.653	56.993	3.909	9.773	56.993
5	1.294	3.236	60.229						
6	1.138	2.845	63.075						
7	1.077	2.692	65.767						
8	.863	2.158	67.925						
9	.812	2.031	69.956						
10	.778	1.944	71.900						
11	.739	1.848	73.748						
12	.714	1.785	75.533						
13	.654	1.636	77.169						
14	.645	1.613	78.782						
15	.587	1.468	80.250						
16	.562	1.404	81.654						
17	.526	1.314	82.968						
18	.501	1.251	84.219						
19	.477	1.192	85.411						
20	.461	1.153	86.565						
21	.418	1.045	87.610						
22	.406	1.015	88.625						

注：提取方法为主成分分析法

四、假设模型验证

1. 模型适配度修正与检验

表4为对所研究模型进行结构方程拟合分析并经过拟合修正后的结果。其中,模型卡方自由度比值指模型是否具有适配度[3],由表中可以看出,修正后的模型卡方自由度比值为2.789<3,证明模型有简约适配度;拟合优度指数(GFI)为0.801,大于0.8,证明模型的适配度可以接受;规范拟合指数(NNFI)、递增拟合指数(IFI)与比较拟合指数(CFI)的值分别为0.804、0.865、0.864,均达到适配标准[4];标准化残差平方和的平方根(SRMR)为0.074,近似误差的均方根(RMSEA)为0.072,均小于0.08,说明模型适配合理。因此,可以认为本研究模

型拟合程度较好。[5]

表4 模型适配度标准指标值比较

指标	标准推荐值	修正后拟合值	是否适配
χ^2/df	1.0<NC<3.0 模型有简约适配度	2.789	是
拟合优度指数(GFI)	>0.8,适配可接受 >0.9,适配良好	0.801	是
比较拟合指数(CFI)	>0.8,适配可接受 >0.9,适配良好	0.864	是
规范拟合指数(NNFI)	>0.8,适配可接受 >0.9,适配良好	0.804	是
递增拟合指数(IFI)	>0.8,适配可接受 >0.9,适配良好	0.865	是
标准化残差平方和 的平方根(SRMR)	<0.05,适配良好 <0.08,适配合理	0.074	是
近似误差的均方根(RMSEA)	<0.05,适配良好 <0.08,适配合理	0.072	是

2.假设检验与路径系数分析

＊＊＊表示 $p<.001$,代表非常显著, ＊＊表示 $p<.01$,代表显著,支持假设; $p>.1$,代表影响关系不显著,不支持假设。由表5的标准化路径系数与 p 值可以看出,假设 H_1、H_2、H_3、H_4、H_6 的路径系数在置信度 $\alpha=0.001$ 的水平上都显著,因此支持假设,掌控力对其他三个维度都有正向影响,担当力对影响度有正向影响,影响度对持续性有正向影响。而假设 H_5 的路径系数 p 值>.1,因此不支持该假设,个体对逆境的归因与承担责任程度对逆境持续性的影响不大。通过 AMOS 26.0 实际得到的 CORE 模型与标准化路径系数如图2所示。

表5 模型影响因素标准化路径系数与假设验证

假设	关系	Estimate	p	结论
H_1:掌控力对影响度有正向影响	R←C	.625	＊＊＊	支持
H_2:掌控力对持续性有正向影响	E←C	.495	＊＊＊	支持
H_3:掌控力对担当力有正向影响	O←C	.362	＊＊＊	支持
H_4:担当力对影响度有正向影响	R←O	.306	＊＊＊	支持
H_5:担当力对持续性有正向影响	E←O	.055	.325	不支持
H_6:影响度对持续性有正向影响	E←R	.933	＊＊＊	支持

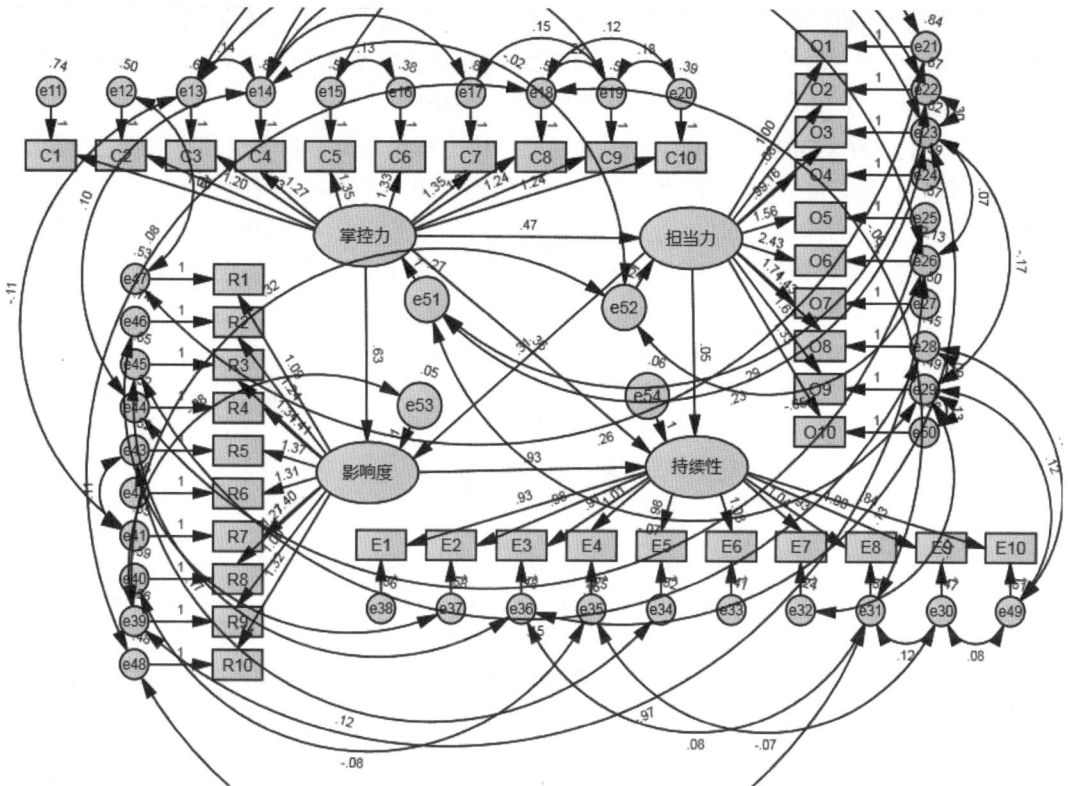

图 2 实际得到的 CORE 模型与标准化路径系数

3. 重建优化模型图

图 3 为重建优化模型图,在逆商四个维度当中,掌控力对影响度有正向影响,路径系数为 0.63;在掌控力对影响度的影响下,影响度对持续性有显著影响,路径系数为 0.93,因此掌控力对持续性有正向影响,路径系数为 0.36;掌控力对担当力有正向影响,路径系数为 0.47;担当力对影响度有正向影响,路径系数为 0.31。结构方程模型构建后,得出逆商的四个维度相互联系的结论。

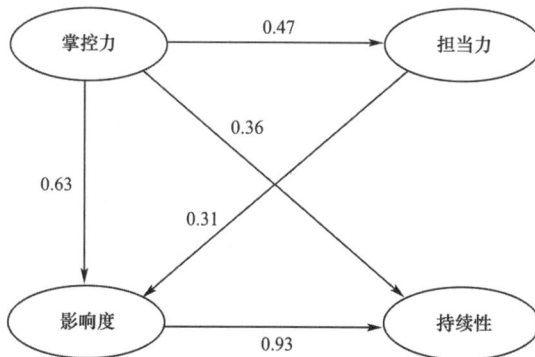

图 3 重建优化模型图

五、结论

为更适应大学生实际情况,本研究根据已有的逆商测量量表更改题目表述,并筛除部分题目,重新确定了逆商测量量表,针对四个维度分别设置了 10 道题目。对收取的问卷进行信效度检验和因子分析,通过 SPSS 26.0 与 AMOS 26.0 软件进行数据分析,探究多个维度之间的关系,验证假设模型,建立了逆商四个维度结构方程模型。

研究表明,基于 CORE 理论初步形成的逆商结构方程模型具有科学性和有效性,并得出了掌控力、担当力、影响度、持续性四者之间的内在结构关系。个体对周围环境的掌控能力影响个体愿意承担责任的程度,同时也通过影响逆境对生活造成的影响范围来影响逆境的持续时间;个体对造成逆境的原因与愿意承担责任的情况影响着其排除影响的能力;而个体排除逆境对生活其他方面不利影响的能力对其逆境持续时间的掌握能力有着显著影响。这一结构方程模型的建立为进一步加强高校学生逆商培养,促进学生综合素质培养工作奠定了一定基础。

参考文献

[1] 龚力.高校体育教学中学生 AQ(逆境商数)的培养[J].上海体育学院学报,1999(S1):127-129.

[2] STOLTZ P G. Adversity quotient:turning obstacles into opportunities[M]. New York:John Wiley and Sons,Inc,1997.

[3] 王长义,王大鹏,赵晓雯,等.结构方程模型中拟合指数的运用与比较[J].现代预防医学,2010,37(1):7-9.

[4] BENTLER P M. Comparative fit indices in structural models [J]. Psy-chological Bulitin, 1990(107):238-246.

[5] STEIGER J H,LIND J M. Statistically-based tests for the number of common factors[Z]. Paper presented at the Psychometrika Society Meeting in Iowa City,1980.

论逆商培育工作在我校特色教学中的发展

张智凯

（大连海事大学　公共管理与人文艺术学院）

摘　要：

逆商培育是思想政治教育的重要组成部分，是高校提升教学质量、培育优质人才的必要举措，在新时代促进其发展有着重大意义。为培育更多高质量人才，我校必须重视逆商培育这一教育建设重点，扎实推进相关工作，发展完善逆商培育体系。

关键词：

逆商；特色教育；大学生

一、逆商的含义

逆商全称逆境商数，又名挫折商或逆境商，最早由美国心理学家保罗·史托兹提出。"逆商是用以衡量人们克服困难、超越逆境、消除困境、化解逆境的一种能力。"[1]在生活中逆商可被理解为人们面对逆境时的心理状态及能力表现。事实上，有时不能严格区分逆商与情商、智商（三者统称为3Q）的范围。例如，在恋爱交往中要考虑情商，遇到情感问题时也需运用逆商来解决困难；在学业上遭遇难题，既考虑智商水平，又看是否具有良好的抗挫能力、忍耐力等逆商能力。

二、逆商对大学生的意义

当今社会发展日新月异，逆商培育对每个个体特别是大学生而言至关重要。"青年是最活跃的群体，其思想变化犹如一面镜子，反映着社会思想文化的发展历程，投射出国家和民族的变迁格局。青年也是最容易迷失的群体，在纷繁复杂、乱花迷眼的社会思潮中容易失去目标和方向。"[2]当今社会是充满逆境的社会，许多大学生在面对专业选择、读研考虑、创业就业等现实问题上，出现了"心理过度焦虑""心理抑郁"等不健康心理状况。高校作为教育重地，需要引导大学生了解逆商,提高其逆商,促进其心理健康发展。

三、逆商培育工作在国内的现状

近年来国内不断开展逆商培育工作。在中国知网、百度、QQ、搜狐浏览器等应用平台上,通过搜索"逆商培育""高校逆商培育"等关键词,会发现不少报刊、期刊、学位论文、专著谈及逆商培育工作,这表明社会对相关工作的参与具有一定的普遍性。但这些研究还主要集中于高校教育工作,且将逆商培育作为辅助性教学工具,有的高校甚至没有开设相关课程。习近平总书记在党的十九大报告中提出,要"加强社会心理服务建设,培育自尊自信、理性平和、积极向上的社会心态。"[3]高校既要教育学生,也要承担社会责任,在逆商培育和社会心理服务方面积极发挥不可替代的作用。另外,许多单位机构之间,如高校之间,相关校外机构之间、学校与相关校外机构之间,并没有太多交流,整体联动的逆商培育体制机制还没有形成。

近年来我校(大连海事大学)持续开展逆商培育工作。逆商培育工作得到更多重视和落实,才能培养数量更多、质量更高的人才。我校坚持自身教学特色,以提升学生逆商水平、培养优质健康人才为宗旨,开展符合教学实际的逆商培育工作。笔者在此提出对逆商培育的看法,旨在为学校相关工作的深入开展尽绵薄之力。

四、本研究实践方法简述

本研究的形成立足于实践调研,具体方法有访问调查法、文献调查法、统计分析法,具体方式为在 QQ 和微信等社交软件上随机访谈部分大学生、在中国知网等相关网站查找参考资料、阅读相关书籍获取相关权威观点、在本校官网进行对比查阅相关内容、通过其他可信渠道获取相关信息,由此形成五大点、若干小点建设性做法建议。

五、逆商培育的做法

(一)优化课程结构,提高相关课程教学质量

1. 做法的可行性

学校是教育学生的第一线,教育学生最直接的方式是课程教学。虽然逆商只是心理学的部分内容,但是就实际生活运用而言,3Q 互为交融、联系密切,不能简单地说情商、智商心理课程对逆商无参考价值。因此,心理学课程是逆商培育和提高学生逆商的"首要阵地",学校必须重点对待,科学设置课程体系,以提升逆商培育的教学水平。

2. 心理课课程资源优化配置

2021—2022 学年第二学期我校主要开设"逆商教育""爱情心理学""人生与人心"等 6 门心理课课程,选修上限人数为 500 人,实际选修人数在 420 人左右;2022—2023 学年第一学期主要开设"情商发展""幸福心理学"等 5 门课程,选修上限人数和实际选修人数基本一致。有不少学生表示"我喜欢心理课,但选不上"。因此,学校应适当增加心理课课程,并提高选修上限人数。具体可以增加相关任课老师,如鼓励校内老师合理地多开设心理课程(包括网课)和提高选修上限人数,并增加心理教师的招聘数量。另外,可促进教室等教学资源合理配置,遵循"人少教室小,人多教室大"原则,多安排大容量教室作为进行心理课教学场地。

3. "逆商培育"课的改进

值得注意的是,在所有课程里存在一门"逆商培育"课,上限人数 100 人,实际 41 人选修,

这是最近两个学期所有心理课中选修人数比例最低的课程。在访问调查中,不少学生表示对此门课程不感兴趣。笔者认为,课程教学需始终秉持这样一个理念——让学生感受到是主动学习,而不是被动受教。针对此门课,一是可以更改名称,如"趣味逆商""逆商与生活",让学生觉得学习此门课有重要的现实意义,以吸引和引导学生选修;二是在课程中提高教师的积极性,鼓励其发挥主观能动性,丰富具体教学内容,增添更多趣味性活动,从而让学生学前期待,学中快乐,学后满意,潜移默化地提高学生的逆商。

4. 体育课与逆商培育

在教学中早已存在这样的共识:体育课可以培育学生的竞争和团结的意识、磨炼耐性、缓解压力,这实际上大大利于学生逆商的提高。"进行挫折教育的一种手段就是课外体育锻炼,体育竞赛为人们提供了培育挫折商的多样机会,经历挫折磨难和体验成功都可以提高自己的挫折商。"[4]在访问调查中,超 6 成受访者表示遇到困难和挫折时会通过运动来调节心理状态。因此,在课程教学中,可将体育课纳入逆商培育工作范围内。我校体育课特色鲜明,运动种类多样,深受广大学生喜爱。进行体育课教学时,可以融入逆商培育工作内容,鼓励教师因材施教,在所教课程中适当进行团队性和趣味性而非考核性的活动,比如篮球课、乒乓球课可以组织学生打球赛,游泳课可以鼓励学生进行游泳比赛等,从而激发学生参与体育活动的积极性,培养学生的逆商思维。

(二)扩增学生心理诉求渠道,对焦改善问题主体困境

1. 做法的理论依据

通过调查易知,在所有受访大学生中,有 63% 的学生(我校学生占 41%)不知道逆商是什么,54% 的学生(我校学生占 32%)表示不了解学校相关课程,全部受访者均采取自我调节或者自我调节并向好友倾诉的方式来缓解心理压力。现实中个别大学生甚至因日常琐事、恋爱问题、学业压力、沉迷电子产品等而自杀,这在很大程度上说明了大学生在逆商方面存在问题。笔者认为,个体产生心理压力后,需要通过合理方式将对等的压力排遣出去,使心理状态达到动态平衡,其心理才能健康。我校应坚持以学生心理问题为导向,深入了解学生具体困境,提高其逆商,促进其心理健康发展。

2. 鼓励学生学习逆商知识

学校可推出逆商学习微信公众号,号召学生在公众号里撰文,鼓励学生多利用碎片化时间关注并学习逆商培养及相关知识。此外,学校可以每学年发放相关书籍,号召学生以宿舍为单位自主阅读学习。

3. 增加倾诉表达方式

"自我发现的学习是必要的——这是经由研究、调查或在无人指导的状况下,自己深思熟虑的一种学习过程。"[5]同样的,只有通过更多契合学生主体意愿的表达方式,学生才更愿意进行主动性诉求或者自我发现诉求,逆商才能有实质性提升。我校应为学生提供多种心理诉求渠道。第一,我校坚持运营"小海心事"微信公众号,方便学生预约心理咨询教师,利用微信、QQ 等社交软件实现一对一辅导。第二,学校应明确给予辅导员心理辅导权,鼓励学生有心理压力时可与辅导员交流。辅导员承担相应辅导责任,并且可以适时找一些学生谈心、了解相关情况。第三,学院定期举办相关交流团建性活动,如在 2021—2022 学年第二学期,公共管理与人文艺术学院组织了以"逆商"为主题的集体活动。第四,学校和学院可以选拔一些逆商水平较高、服务意识突出的学生干部承担一些学生逆商培养的工作,定期与一些问题学生交

流,如发现问题应及时将问题反馈给学院和学校。

(三)强化心理协会服务性地位,深化心理协会运行模式改革

1. 心理协会的重要地位

我校心理协会具有鲜明的海大特色,它是心理健康宣传教育的重要窗口,是学校与学生进行心理交流沟通的重要平台。自成立伊始,心理协会便紧紧围绕心理健康这一中心,不断发展自我、服务广大学生。就心理协会的社团职能与目的来说,许多学生能够"弹性广泛参与"心理协会及其活动。但是其在促进学生心理健康发展的过程中,仍存在一些问题。我校应助力心理协会发展为具有逆商培育特色的全新"服务性"社团而非传统"社团性"社团。

2. 改革和发展心理协会

目前心理协会有成员共70余人,而每年招新时报名人数较多,部分学生因名额有限而无法加入。首先,为使更多人加入社团,学校相关部门可在确保加入社团新人素质的同时,允许社团合理增加人数;还可采取保留"候补成员名额"的做法,即在未能直接加入社团的学生中录用部分人成为"半社团成员",在第二年的招新中降低其加入社团的难度,以激发其入社积极性。其次,支持并加大心理协会活动的宣传力度,学校可在微信小程序"海大在线"发布更多相关活动的资讯,让更多学生知道并参与活动。最后,学校可下放部分"社团内部改革权限",鼓励心理协会内部工作体制改革:一是心理协会继续负责日常工作的运行,发挥其协助老师交接相关问题的"枢纽"作用;二是为了更加高效地各司其职,在综合事务部等五个部门中,采取"部长轮流负责"制,每月或每半学期轮值1次,让其负责各自部门阶段事务的统一筹划,学校可将此工作作为学生社团工作绩效的考核指标之一;三是跨部门进行逆商培育工作,让全体成员参与培育工作,打破各部门交流工作单一、职能发挥片面的壁垒,提高成员积极性,提升心理协会工作活力。

(四)与校外机构加强合作,发展内外互动模式

我校逆商培育工作以校内工作为主,但也应密切关注其他高校和相关校外机构的工作进展,适当与校外机构合作交流,能促进学校逆商培育工作的开展。我校可邀请校外专家、教师为广大学生进行心理健康讲座,使学生更加了解当下生活实际与逆商培育的关系。我校还可与一些高校建立对等性逆商培育合作关系,寻求最大公约数,互相借鉴工作经验,互派专人参与培训会、到校开设讲座。

(五)定期科学评估工作进展,完善工作评估考查机制

逆商培育工作分为事前规划、事中落实、事后总结等阶段,只有在科学评估的前提下,工作才能更加有效地开展。为此,学校可具体从三方面着手。首先,在学期末时学校可下发评价问卷,让学生评价学期逆商工作的进步与不足,以此获得广泛评估数据,直接了解工作开展状态。其次,学校可要求各学院上交逆商工作的进展报告,了解各学院的工作内容、进度等情况,并将其进行异同对比,从而把握院级整体工作动向。最后,学校可每学年定期召开一次逆商培育工作报告会,全面总结工作进展,精准掌握工作动态、科学研判工作规划,并对工作优异的个人与集体进行表彰激励。

六、总结

逆商培育工作取得实效,不仅利于提升学生逆商,还能大大促进学生全面发展乃至社会繁

荣进步。我校要积极承担起更多时代赋予的教育职责和社会责任,既要保持足够的定力和耐心,又需时刻牢记逆商培育工作主导者的身份,务实行动,为我校逆商培育体系的发展完善,为培养更多健康成长、品学兼优的大学生人才而努力。

参考文献

[1] 保罗·史托兹. AQ逆境商数[M]. 庄安祺,译. 台北:时报文化出版有限公司,1997.

[2] 侯丽羽,张耀灿. 社会思潮与青年思想政治教育话语变革[J]. 湖北社会科学,2016(8):166-171.

[3] 习近平. 在中国共产党第十九次全国代表大会上的报告[N]. 人民日报,2017-10-20.

[4] 刘振明,王玉兰. 课外体育竞赛对增强普通高校学生挫折商的作用分析[J]. 吉林体育学院学报,2009,25(1):75-76.

[5] 莫提默·J. 艾德勒,查尔斯·范多伦. 如何阅读一本书[M]. 郝明义,朱衣,译. 北京:商务印书馆,2004.

大学生逆商教育的分析与探索

焦兴华

(大连海事大学 公共管理与人文艺术学院)

摘 要:

逆商(AQ),又被称为挫折商或逆境商。逆商高低是影响大学生学习和发展的关键,本文通过阐述逆商教育的必要性、分析大学生各方面的现状和探讨加强大学生逆商教育的策略等,在全流程的逆商教育中引导大学生树立正确的逆商观,练就过硬的心理素质,从而提升大学生的思维品质。

关键词:

逆商;培养;教育方式

当今时代高速发展,大学生面对日趋激烈的竞争和诸多方面的压力,在各方面成功与否不但依赖于他们是否具备良好的学习能力、熟练的专业知识和较强的实践能力,同时也在更大程度上依赖于其应对挫折、摆脱困境和突破困境的能力。当学生面临挫折、困境和困难时,在智商和情商差别并不明显的情况下,提高逆商就显得非常重要。因此,高校要积极探索学生逆商的教育方式,建立有效的逆商培养体系,以期学生在社会发展的浪潮中展现自我,实现自身价值。

一、逆商教育的必要性

(一)逆商的含义

逆商,可称为逆境商数,英文 Adversity Quotient,简称 AQ,也叫作挫折商或逆境商,是由美国心理学家保罗·史托兹于 20 世纪 90 年代提出的。逆商可以用来反映一个人在遭遇挫折、困难和逆境时的反应能力,也可以清楚地表现一个人的挫折忍受力,以及战胜挫折的力量。

在逆商测试中,通常会考虑下列四种关键因素——控制力(Control)、起因和责任归属(Origin & Ownership)、影响范围(Reach)和持续时间(Endurance)。[1]

1. 控制力

控制力,是指大学生对周围环境的信念与控制力。AQ 值较高的人在面临突然的逆境或挫败时,会比 AQ 值较低的人显示出更强的控制力。AQ 值较高的人会迅速分析当前形势,并寻找解决问题的对策,使困难迎刃而解;但是 AQ 值较低的人,常常因为无法把握当前状况,会在怨天尤人中失去机会,而后消极退缩。

2. 起因和责任归属

遭遇逆境的原因一般可分为内因(如自己有过失、意识欠缺、办事方式错误等)和外因(如合作方匹配度不高、时机尚未成熟,或是外部不可抗力因素等)。AQ 值较高的人既不把一切的问题都归结于自身,也不把一切的责任都推给别人,而是做出自己理性的判断,并在此基础上避免同类问题再次发生;而 AQ 值低的人无法痛定思痛,也无法接受并承担所有属于自身的责任。

3. 影响范围

AQ 值较高的人能够在遇到挫折和困难时,控制负面影响所波及的范围,避免有关情绪延伸到其他领域;而 AQ 值低的人在受到挫折影响时,无法避免挫折干扰到自己的工作、生活。

4. 持续时间

逆境所产生的负面影响有程度层面的问题,也有持续时间的问题。逆境将会延续多长时间?导致逆境的起因又会延续多长时间呢?AQ 值较高的人通常会考虑这些问题,并进行适当处理;而 AQ 值低的人通常会觉得逆境将长期延续。

(二)进行大学生逆商培养的必要性

俗语"人生不如意事十之八九",意思就是逆境和挫折普遍存在于人的生活中。美国的《成功》周刊,历年均会在本年度刊物中介绍当年全美最了不起的东山再起者和企业家,而这些人的传奇故事也都有共同的地方,那便是他们在面临巨大的困难、身陷逆境时一直维持着乐观积极的态度,决不轻言放弃。

长期处于逆境中不但让人慢慢丧失信心,还会使人逐步否定自己。此时,经过逆商培养与训练的学生,在积极分析产生当下情境困难原因的同时,往往会以高逆商应对这些困难,对困难有较好的控制,能化解因挫折而产生的心理问题,承担责任、采取行动,并尽力使逆境转变为顺境。但低逆商的学生,常常会沉溺在因逆境而产生的挫折感中,无法全面地剖析导致困境的因素,使挫折持续地影响自身,而无法在短时间内应对与摆脱困境。对当今的大学生而言,逆商较高的学生,在身陷困境时会勇敢面对挫折、困难与逆境,以冷静、从容的态度处之。培养大学生主动适应逆境和走出逆境就显得十分必要,也是对大学生迅速发展和成长成才的客观要求。

二、大学生的现状分析

当前,国内外形势处于多变阶段,整个社会的生存方式也正以前所未有的速度发生变化。[2]在这么一个充满挑战、挫折感与高逆境的时代,大学生必须面对因梦想与现实之间的冲突而产生的困难,大学生在学业、情感、工作、社交等方面的压力逐渐增大,很容易产生心理问题,做出失范行为。

本文对大学生的学业现状(见图1)、情感现状(见图2)、环境适应力现状(见图3)和就业现状(见图4)等四大方面展开了研究,结果表明大学生面临的问题出现在各种困难状况中,表现为学习没有动力(28%),担忧找不到理想的伴侣(32%),对未来没有规划(31%),没有就业条件和优势(27%),具体情况如下:

(一)学业现状

1. 新生的学业困惑

不少学生在中学教育阶段的成绩出类拔萃,进入大学后,与一些学业优秀的人聚在一起,发现自己已经被淹没其中,其信心也遭受了很大打击,开始意志消沉乃至失去了学习动力,自暴自弃。

2. 高年级学生的学业现状

经过一至两年的学习之后,部分学生仍无法适应老师的教学风格,也缺乏和老师在学习方面的交流。一些学生因学习科目考核不能达标或不能取得理想的成绩而自责,进而学习压力增大,厌烦所学专业。

(二)情感现状

学生升入大学后远离家庭,来自家长的约束减少了,而且在大学里男女之间相处的时间和空间也比较自由,许多大学生开始谈恋爱。恋爱中的情感问题也困扰着部分大学生:未能形成合理的恋爱观,对爱情过分理想化,失恋影响其正常的校园生活与学业,为处理不好恋人间的人际关系问题而苦恼不已。这类情况或困境都很容易引起大学生人格情感与心态上的失调,影响其个人发展。

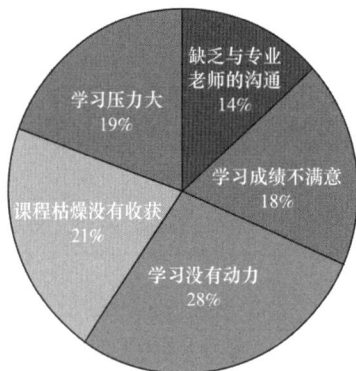

图1　大学生学业现状的困境　　　　图2　大学生情感现状的困境

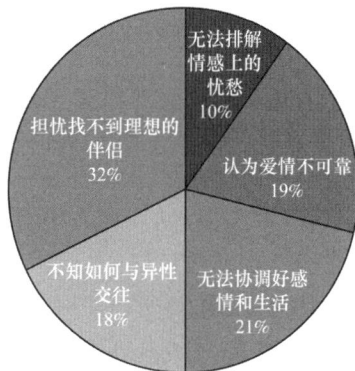

(三)环境适应力现状

不论是对所学专业的了解,还是对整个社会发展的认知,很多身为独生子女的大学生缺乏对当下环境的适应力。进入大学后,这些同学发现除了学习以外,还有很多生活上的问题,需要他们独立判断、自行解决问题。有的学生由于没有解决生活问题的能力,会茫然失神;有的学生则由于对异地的水土环境不适应,无法将精力集中在学习上;有的学生觉得在步入学校后自己就不再是大家所瞩目的中心人物,和自己预期有一定的差距;有的学生会因为贫富差距悬殊感到无法融入周围人的生活中;还有一些学生会埋怨校园基础设施等外部环境。这些都会在很大程度上影响到学生的身心健康。

(四)就业现状

2022 届高校毕业生总规模高达 1 076 万人,大学生就业形势尤为严峻。大学生对外面的环境也比较陌生,一方面缺乏就业理论的学习、专业技能的实践和职业生涯的规划,缺乏职场实战和历练经验;另一方面存在好高骛远的现象,甚至没有做好心理准备,进而不明确自己就业的优势。

大学生所遭遇的这些状况的最主要原因是大学生群体中缺少生存的经验与生活的经历。调查统计表明,超过 70% 的学生在面临挫折或困难时,会选择自我调节,但缺乏相应专业人士的引导。[3]未接受过逆境教育和训练的学生在遇到这四个方面的逆境时往往会出现身心失调的现象,甚至会造成人格的残缺与扭曲,这不利于学生的全面发展。

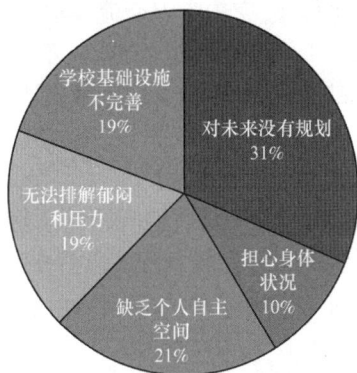

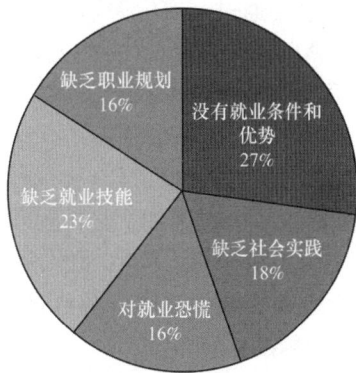

图 3　大学生环境适应力现状的困境　　图 4　大学生就业现状的困境

三、加强大学生逆商教育的策略

(一)实施"一生一策"的逆商教育

大学生在学业、情感、环境适应力和就业等方面会遭遇各种逆境和挫折,逆商教育将面向这四个方面展开。在开展逆商教育之前,可先通过 DISC 个性测验等心理测试和逆商测试,从控制力、起因和责任归属、影响范围和持续时间这四种逆商的重要影响因素的角度进行剖析。然后根据每一位学生的情况,采取针对性的性格分类策略,根据 DISC 的 4 种类型的逆商指数,把大学生分类为 12 种性格(见表 1),从而便于采取"一生一策"。

表 1　根据逆商指数划分的大学生 12 种性格特点

DISC 4 种类型的逆商指数	高逆商 (H)	中逆商 (M)	低逆商 (L)
D(支配性)	H-D	M-D	L-D
I(影响性)	H-I	M-I	L-I
S(稳定性)	H-S	M-S	L-S
C(服从性)	H-C	M-C	L-C

针对每种性格特点因材施教,采用不同的逆商教育方式,例如,通过创造逆境培养学生应对挫折的能力,采用塑造榜样的方式激发学生逆商潜能,通过激励学生走出舒适圈直面困难等。

（二）大学生逆商培养途径

1. 学业困境的逆商培养途径

（1）建立健全教育体系

学校要确保课程的内容、流程、方法与评价体系与现代的教学管理匹配。在形成课程体系的过程中，老师要根据学生在各个年龄段的心理特征进行课程教授。

（2）完善教学全过程机制

在教学过程中，采用引导、探究、个案剖析等方式摆出学生在学习过程中可能面临的各种问题，既要有针对性地展开理论知识介绍，也要紧密联系当前的社会趋势、经济政策和热门社会问题，将学术观点展现给学生，引导学生与教师积极互动。

在课后实践中，通过开展优秀笔记分享、朋辈导师课堂、空中学习交流等学业咨询活动，在学生中掀起互帮互助的热潮，学校要立志于打造"四不"（即不缺勤、不迟到、不早退、不溜号）课堂，积极提升课堂学习质量，夯实学校学风建设基础，为学生摆脱学业困境扫清障碍。

2. 情感困境的逆商培养途径

（1）做实做细情感咨询室工作

为了保证有针对性地解决学生情感问题，学校要对存在不同情感问题的学生有针对性地提供帮助，建立专门的情感咨询室，提供免费的情感咨询服务。服务方式包括传统的现场咨询服务和电话咨询，也需要促进网络平台的建设，保证对学生进行专业的干预性治疗。

（2）完善情感导航渠道建设

学生出现情感困惑时，大多比较急切且无法直面他人。因此，积极开拓新媒体平台，通过微博话题、微信公众平台及QQ群等网络阵地，普及心理健康理论和情感健康知识，宣传如何正确认识情感问题等内容，帮助学生增加心理弹性；同时，可以设立"情感树洞"[4]，让学生有多种宣泄情绪的渠道，合理规划大学情感生活，使其坦然面对和破解情感困境。

3. 环境适应力困境的逆商培养途径

（1）构建环境适应力干预体系

通过建立领导小组，保证师生之间的配合，尤其要做好信息反馈队伍的建设，从而能够及早发现一些学生在环境适应力方面的问题，教育学生正确认识周围环境，提升对不同环境的感知，树立战胜环境逆境的信心和决心。

（2）引导学生保持敏感度

教育学生在不同的环境中随机应变，引导其具备针对环境调整自我的意识，不一味地坚持用自己的方式，在多维度开发自己的同时，尝试融入身边环境，学会先观察别人的反应，然后做出调整，不固执己见。

4. 就业困境的逆商培养途径

（1）完善学校就业指导体系

根据学生的成长轨迹和发展路径，把就业指导工作贯彻学生学校生活的全过程，并确定各个阶段的管理工作重点，以有效、合理地开展各年级学生就业和拟就业（实习）的相关工作。一方面，搞好对大学生的职业生涯规划设计，以增强学生自身规划意识；另一方面，把就业指导渗透到课堂教学中，使学生知道所学专业应用领域的发展，并以此培养学生实习的意识和提高其就业实战的能力。

（2）引导学生树立正确的就业观

目前就业市场上的激烈竞争，其实就是才能和素养的比拼。因此，大学生要将求职市场的主动权把握在自己手上。学校要结合本校学生的特点，指导学生全面地培养自身的综合素养，并引导他们合理地利用学校这个平台，进一步地培养和完善自我才能，在努力提升自身学习成绩的同时，也要注重自身动手能力的训练。学校通过日常宣传教育活动，逐步革除学生固有的陈旧观念，让学生从传统观念的条条框框中解脱出来，将就业目标从以前的国家机关、地方重点单位拓展到一些民企和三资企业，将就业发展区域从一些经济发达区域拓展到中西部地区和经济欠发达区域，这些区域更能激发大学生的聪明才智，使其赢得更多的就业机会。

对大学生进行逆商培养和教育，要从高校实际出发，把握学生思想特质，从方法论和教育心理学的理论层面入手，从学生理解困难、预防问题、处理挫折的能力方面，加以指导与教育。通过提升大学生的逆商，实现培养大学生逆境适应能力的目的，在"三全育人"的强大支撑下，筑牢大学生"逆风翻盘"的心态根基，厚植大学生作为社会主义现代化建设接班人的优势，为大学生"转型升级"赋能增效。

参考文献

[1] 富婷，王海格.浅谈大学生"逆商"培养[J].课程教育研究:新教师教学,2013(10):279,218.

[2] 李娅瑄.大学生逆商教育实施策略探析[J].科教导刊(电子版),2019(35):27,30.

[3] 高冠，孟荣.医学院校大学生的心理健康教育[J].西部素质教育,2019,5(19):98-99.

[4] 王夕月.核心素养视角下当代大学生逆商培养策略研究[J].科教导刊(电子版),2019(33):21.

高校新生心理健康状况调查

——以辽宁省某高校为例

刘超越 / 高杨 / 蔡嘉宇

(大连海事大学　学生心理发展服务中心)

摘　要:

本文采用"大学生心理健康筛查量表"对辽宁省某高校新生的心理健康状况进行测评,并对测评数据进行分析。结果发现,本科生的心理困扰程度大于研究生;男、女生心理困扰的问题不同;航海类专业新生的心理健康水平优于非航海类专业新生;汉族与少数民族新生的心理困扰程度差异性不大;测评对象整体学业、就业压力大;整体网络依赖,社交恐惧水平较高。本文针对以上结果提出了教育建议。

关键词:

新生;心理健康;调查

　　心理健康是大学生成长成才的重要保障。近年来,大学生心理危机事件频发[1],该群体的心理健康问题已经引起社会各界的广泛关注。《2022年国民抑郁症蓝皮书》显示,18岁以下抑郁症患者占患者总数的30.28%,50%的抑郁症患者为在校学生。2021年7月,教育部办公厅印发《关于加强学生心理健康管理工作的通知》,明确要求做好心理健康测评工作,适时对新生开展全覆盖的心理健康测评,建立"一生一策"学生心理档案。对新生开展心理测评,对测评结果进行科学的分析,并根据测评结果开展相应的教育活动,有利于增强后续学校教育的针对性和适应性。[2]

一、测评对象与方法

(一)测评对象与过程

面向某高校大一、研一新生,由新生辅导员作为主试,以班级为单位,在固定的场地,按照指导语规范施测。应测新生 6 939 人,实际有效完成测评 6 939 人,有效测评率为 100%。测评对象的人口学特征见表 1。

表 1 测评对象的人口学特征

	性别		民族		是否独生		生源地				学历层次		
	男	女	汉族	少数民族	是	否	农村	城镇	中小城市	大城市	本科航海类	本科非航海类	研究生
人数	4 505	2 434	6 263	676	3 516	3 423	1 992	1 662	2 096	1 189	982	3 437	2 520

（二）施测材料

采用"大学生心理健康筛查量表"[3],量表共有 96 个项目,采用四级评分,分别为"一点也不像我""不太像我""比较像我""非常像我"。测评结果分为三级进行筛查,共 22 个筛查指标。一级筛查为严重心理问题筛查;二级筛查为一般心理问题筛查;三级筛查为潜在心理困扰筛查。其中一级和二级筛查为学生心理健康问题筛查的核心,而三级筛查主要反映学生心理困扰的来源以及提示可能的潜在心理问题。

（三）数据处理

使用 SPSS 数据处理软件对测评结果进行描述性统计、独立样本 t 检验等分析,$p<0.05$ 为差异有统计学意义。

二、测评结果

（一）全校新生心理健康概况

如表 2 所示,2022 年,36.74% 的新生存在不同程度的心理困扰。其中,7.94% 的新生存在严重心理危机,13.62% 的新生存在一般心理问题,15.18% 的新生存在潜在心理困扰。

表 2 各级心理问题人数、比例

	完成测评人数	无心理困扰	潜在心理困扰	一般心理问题	严重心理危机
人数	6 939	4 390	1 053	945	551
百分比	100%	63.27%	15.18%	13.62%	7.94%

对各指标进行异常等级划分,将标准分在 1.0~2.0 定义为轻度异常,标准分在 2.0~3.0 定义为中度异常,标准分在 3.0 以上定义为重度异常,其比例结果见表 3。

表 3 各指标分数异常比例

指标	轻度异常比例	中度异常比例	重度异常比例
学业压力	29.27%	6.95%	0.00%
偏执	24.77%	2.36%	0.82%
网络成瘾	20.09%	3.91%	1.14%
就业压力	19.58%	4.91%	0.00%
强迫	19.24%	4.55%	1.70%
冲动	17.86%	2.90%	0.68%

（续表）

指标	轻度异常比例	中度异常比例	重度异常比例
进食问题	16.77%	3.11%	0.65%
睡眠困扰	16.53%	3.00%	0.63%
敌对攻击	14.04%	1.31%	1.27%
学校适应困难	12.98%	3.80%	0.53%
敏感	12.55%	5.06%	0.62%
依赖	11.92%	4.83%	1.34%
焦虑	11.77%	4.44%	1.86%
社交恐惧	11.44%	5.53%	2.48%
抑郁	10.82%	6.05%	1.74%
自卑	10.39%	6.31%	2.36%
躯体化	10.09%	3.82%	1.28%
恋爱困扰	9.54%	2.97%	0.89%
人际关系困扰	8.68%	2.05%	0.68%
幻觉、妄想症状	4.67%	10.79%	2.18%
自伤行为	4.27%	8.26%	2.35%
自杀意图	2.62%	8.17%	3.47%

新生各指标分数异常人数比例在11.41%~36.22%。其中,29.27%的新生在学业压力上存在轻度异常,6.95%的新生在学业压力上存在中度异常;24.77%的新生在偏执方面存在轻度异常,2.36%的新生在偏执方面存在中度异常,0.82%的新生在偏执方面存在重度异常;20.09%的新生在网络成瘾方面存在轻度异常,3.91%的新生在网络成瘾方面存在中度异常,1.14%的新生在网络成瘾方面存在重度异常。

如表4所示,新生在学业压力、就业压力项上的指标得分均明显高于全国平均分;强迫、抑郁、社交恐惧、网络成瘾、自卑、焦虑等指标得分略高于全国平均分。

表4 各指标得分与全国平均分对比

指标	该校新生分	全国平均分
学校适应困难	6.51	6.62
就业压力	8.90	8.23
学业压力	9.11	7.95
恋爱困扰	6.07	6.18
人际关系困扰	6.15	6.17
敏感	7.01	6.81
进食问题	5.33	5.43

（续表）

指标	该校新生得分	全国平均分
偏执	6.00	5.94
冲动	6.70	6.51
强迫	6.84	6.53
自伤行为	4.85	4.77
抑郁	7.97	7.66
社交恐惧	6.49	6.01
敌对攻击	5.40	5.44
躯体化	5.11	5.27
网络成瘾	9.11	8.56
自卑	7.99	7.59
依赖	6.42	6.18
焦虑	6.31	5.94
睡眠困扰	6.45	6.51
幻觉、妄想症状	5.05	4.87
自杀意图	4.75	4.59

（二）不同学历层次新生心理健康状况对比

对不同学历层次新生心理健康状况各指标进行独立样本 t 检验,结果见表5。

结果显示,本科新生在学校适应困难,就业压力,学业压力,恋爱困扰,人际关系困扰,敏感,进食问题,偏执,冲动,强迫,自伤行为,抑郁,社交恐惧,敌对攻击,躯体化,网络成瘾,自卑,依赖,焦虑,睡眠困扰,幻觉、妄想症状,自杀意图等22个方面的水平均显著高于研究生新生。

由于本科新生和研究生新生在各指标得分上均存在显著差异,且研究生新生心理健康状况优于本科生,故对心理健康状况各指标的差异比较着重在本科新生中进行。

表5　不同学历层次新生心理健康状况各指标得分差异

指标	本科生（$N=4\,419$）	研究生（$N=2\,520$）	t 值
	$M\pm SD$	$M\pm SD$	
学校适应困难	1.72±0.56	1.47±0.48	20.02**
就业压力	2.33±0.81	2.04±0.83	14.35**
学业压力	2.49±0.72	1.91±0.70	32.97**
恋爱困扰	1.55±0.55	1.47±0.52	5.56**
人际关系困扰	1.60±0.54	1.43±0.48	13.42**
敏感	1.86±0.66	1.56±0.59	19.70**
进食问题	1.36±0.40	1.29±0.38	6.26**
偏执	1.57±0.56	1.38±0.48	14.96**

（续表）

指标	本科生（$N=4\,419$）	研究生（$N=2\,520$）	t 值
	$M\pm SD$	$M\pm SD$	
冲动	1.78±0.61	1.49±0.53	20.36**
强迫	1.82±0.68	1.52±0.59	19.43**
自伤行为	1.23±0.39	1.18±0.35	5.28**
抑郁	1.68±0.60	1.45±0.53	16.55**
社交恐惧	1.71±0.66	1.48±0.57	14.98**
敌对攻击	1.40±0.47	1.27±0.41	11.87**
躯体化	1.31±0.47	1.22±0.39	7.84**
网络成瘾	1.93±0.73	1.64±0.66	17.15**
自卑	1.69±0.64	1.44±0.54	16.80**
依赖	1.68±0.60	1.48±0.56	13.72**
焦虑	1.67±0.64	1.41±0.52	18.41**
睡眠困扰	1.68±0.62	1.49±0.57	12.85**
幻觉、妄想症状	1.31±0.46	1.19±0.35	12.17**
自杀意图	1.22±0.44	1.14±0.34	8.23**

注：1. N 表示被调查的个体数目；M 表示平均数；SD 表示标准差。

2. * 表示在 $p<0.05$ 水平上存在显著差异，** 表示在 $p<0.01$ 水平上存在显著差异。

（三）不同性别本科新生心理健康状况对比

对不同性别本科新生心理健康状况各指标进行独立样本 t 检验，结果见表6。

结果显示，通过独立样本 t 检验，在该校本科新生中，女生在学校适应困难、就业压力、学业压力、敏感、冲动、抑郁、网络成瘾、焦虑、睡眠困扰等方面的水平显著高于男生，而男生的恋爱困扰，自伤行为，幻觉、妄想症状等问题的发生率显著高于女生。

表6　本科新生心理健康状况各指标得分的男女差异

指标	男（$N=3\,114$）	女（$N=1\,305$）	t 值
	$M\pm SD$	$M\pm SD$	
学校适应困难	1.71±0.57	1.75±0.53	-2.44*
就业压力	2.28±0.81	2.46±0.78	-6.91**
学业压力	2.41±0.73	2.68±0.66	-12.09**
恋爱困扰	1.58±0.56	1.47±0.52	5.74**
人际关系困扰	1.60±0.55	1.60±0.50	0.10
敏感	1.82±0.65	1.96±0.67	-6.01**
进食问题	1.35±0.41	1.37±0.37	-1.54
偏执	1.57±0.57	1.57±0.53	0.22

（续表）

指标	男（N=3 114）	女（N=1 305）	t 值
	M±SD	M±SD	
冲动	1.77±0.62	1.81±0.59	−2.16*
强迫	1.82±0.69	1.84±0.66	−0.97
自伤行为	1.24±0.41	1.21±0.36	2.25*
抑郁	1.67±0.60	1.71±0.60	−2.02*
社交恐惧	1.70±0.67	1.71±0.64	−0.10
敌对攻击	1.40±0.47	1.39±0.46	0.22
躯体化	1.31±0.47	1.31±0.47	0.10
网络成瘾	1.91±0.74	1.97±0.72	−2.43*
自卑	1.68±0.64	1.71±0.63	−1.54
依赖	1.67±0.61	1.69±0.59	−0.74
焦虑	1.65±0.64	1.71±0.64	−2.77**
睡眠困扰	1.66±0.62	1.74±0.62	−3.99**
幻觉、妄想症状	1.32±0.47	1.28±0.42	2.51*
自杀意图	1.21±0.44	1.23±0.45	−1.54

注：1. N 表示被调查的个体数目；M 表示平均数；SD 表示标准差。

2. * 表示在 $p<0.05$ 水平上存在显著差异，** 表示在 $p<0.01$ 水平上存在显著差异。

（四）航海类专业、非航海类专业新生心理健康状况对比

对航海类专业、非航海类专业新生心理健康状况各指标进行独立样本 t 检验，结果见表7。

表7　航海类专业、非航海类专业新生心理健康状况各指标得分差异

指标	航海类专业（N=982）	非航海类专业（N=3 437）	t 值
	M±SD	M±SD	
学校适应困难	1.64±0.58	1.75±0.55	−5.00**
就业压力	2.08±0.80	2.41±0.79	−11.36**
学业压力	2.34±0.77	2.53±0.70	−7.02**
恋爱困扰	1.53±0.57	1.55±0.55	−0.92
人际关系困扰	1.55±0.55	1.61±0.53	−3.53**
敏感	1.75±0.66	1.90±0.66	−6.14**
进食问题	1.33±0.42	1.36±0.39	−2.24*
偏执	1.54±0.58	1.58±0.55	−1.87
冲动	1.69±0.63	1.80±0.61	−5.04**
强迫	1.75±0.71	1.84±0.67	−3.77**
自伤行为	1.23±0.42	1.23±0.39	−0.40

(续表)

指标	航海类专业（N=982）	非航海类专业（N=3 437）	t 值
	M±SD	M±SD	
抑郁	1.61±0.61	1.70±0.60	−4.26**
社交恐惧	1.60±0.63	1.74±0.66	−5.97**
敌对攻击	1.36±0.47	1.41±0.47	−2.88**
躯体化	1.29±0.48	1.31±0.47	−0.99
网络成瘾	1.75±0.72	1.98±0.73	−9.02**
自卑	1.59±0.63	1.71±0.64	−5.27**
依赖	1.60±0.61	1.70±0.60	−4.79**
焦虑	1.58±0.63	1.70±0.64	−5.13**
睡眠困扰	1.62±0.64	1.70±0.62	−3.62**
幻觉、妄想症状	1.28±0.45	1.31±0.46	−1.99**
自杀意图	1.19±0.45	1.22±0.44	−5.00**

注：1. N 表示被调查的个体数目；M 表示平均数；SD 表示标准差。

2. * 表示在 $p<0.05$ 水平上存在显著差异，** 表示在 $p<0.01$ 水平上存在显著差异。

结果显示，非航海类专业新生在学校适应困难、就业压力、学业压力、人际关系困扰、敏感、进食问题、冲动、强迫、抑郁、社交恐惧、敌对攻击、网络成瘾、自卑、依赖、焦虑、睡眠困扰、幻觉、妄想症状等方面的水平显著高于航海类专业新生。

（五）不同民族本科新生心理健康情况对比

对不同民族本科新生心理健康状况各指标进行独立样本 t 检验，结果见表8。

表8 不同民族本科新生心理健康状况各指标得分

指标	汉族（N=3 960）	少数民族（N=459）	t 值
	M±SD	M±SD	
学校适应困难	1.72±0.56	1.72±0.54	−0.07
就业压力	2.32±0.80	2.40±0.82	−1.80
学业压力	2.49±0.72	2.53±0.75	−1.09
恋爱困扰	1.54±0.55	1.58±0.57	−1.38
人际关系困扰	1.60±0.54	1.60±0.53	−0.18
敏感	1.86±0.66	1.88±0.67	−0.71
进食问题	1.35±0.39	1.37±0.41	−1.03
偏执	1.57±0.56	1.56±0.54	0.31
冲动	1.78±0.61	1.80±0.61	−0.90
强迫	1.82±0.68	1.82±0.69	−0.06
自伤行为	1.23±0.39	1.27±0.45	−1.79

（续表）

指标	汉族（N＝3 960）	少数民族（N＝459）	t 值
	M±SD	M±SD	
抑郁	1.67±0.6	1.71±0.61	-1.30
社交恐惧	1.70±0.66	1.71±0.67	-0.25
敌对攻击	1.40±0.47	1.39±0.46	0.31
躯体化	1.30±0.47	1.37±0.52	-2.61**
网络成瘾	1.93±0.73	1.93±0.72	-0.18
自卑	1.68±0.64	1.73±0.66	-1.37
依赖	1.68±0.60	1.68±0.59	-0.28
焦虑	1.67±0.63	1.70±0.67	-0.98
睡眠困扰	1.67±0.62	1.75±0.64	-2.50*
幻觉、妄想症状	1.30±0.45	1.31±0.47	-0.50
自杀意图	1.22±0.44	1.23±0.46	-0.75

注：1. N 表示被调查的个体数目；M 表示平均数；SD 表示标准差。

2. * 表示在 $p<0.05$ 水平上存在显著差异，** 表示在 $p<0.01$ 水平上存在显著差异。

结果显示，本科新生中，少数民族学生在躯体化、睡眠困扰方面的困扰显著大于汉族学新生。

三、该校新生心理健康特点

（一）本科生心理困扰程度大于研究生

本科生中，有严重心理危机和一般心理问题的人数比例明显高于研究生，且在各级筛查指标上，本科生分数显著高于研究生。由此可知，研究生新生心理健康状况优于本科新生。

（二）男、女生心理困扰的问题不同

女生在学校适应困难、就业压力、学业压力、敏感、冲动、抑郁、网络成瘾、焦虑、睡眠困扰等方面的水平显著高于男生，而男生在恋爱困扰，自伤行为，幻觉、妄想症状等方面的水平显著高于女生。说明该校新生中，男生比女生更容易有自伤行为，爱幻想，并受恋爱困扰较多，女生比男生情绪敏感性强，面临的就业、学业压力更大。

（三）航海类专业新生心理健康水平优于非航海类专业新生

在多数筛查指标上，航海类专业新生各指标的分数显著低于非航海类专业新生，所以航海类专业新生心理健康水平优于非航海类专业新生。

（四）汉族与少数民族新生心理困扰程度差异性不大

整体来看，汉族与少数民族新生的心理困扰程度差异性不大，但少数民族学生的身体健康状况、睡眠情况等方面更值得关注。

（五）学业压力、就业压力大

该校新生的学业压力、就业压力均明显高于全国平均水平，异常人数比例分别为

36.22%、24.49%,且这两项的分数明显高于本校群体的其他指标分数,可以看出该校新生学业、就业压力比较大。

（六）网络成瘾、社交恐惧水平较高

该校新生网络成瘾、社交恐惧水平均高于全国平均水平,异常人数比例分别为25.14%、19.45%,对网络的依赖和社交恐惧的水平较高。

四、教育建议

（一）指导学生开展合理学业规划,树立积极就业心态

该校新生焦虑、抑郁等内化性心理问题突出,学业压力、就业压力是不可忽视的因素。对于大学生而言,个人前途与就业问题是主要的心理压力来源之一,而本次测评结果显示,新生的学业压力、就业压力处于较高水平。

在学业压力缓解上,学校可以引导学生了解专业、培养其专业兴趣。[4]目前国内部分高校已经按照大类专业招生给学生们提供一次重新选择自己感兴趣专业的机会,在此期间,学校可以组织系列讲座,由教学领导或教研室负责人主讲专业介绍,带领大学生参与与教学相关的实践环节,介绍本专业的形成过程、培养计划、培养目标、应用前景以及课程和学分的计划,让同学们较全面地了解本专业的基本情况以及本专业在所处学科中的位置;此外,可以发挥指导员及朋辈的力量,指导帮助存在学业困难的同学制定合理的学业目标,并进行合理的学业规划。

关于缓解就业压力,学校可以为学生多渠道提供信息、就业指导等服务,解决新生对于就业相关问题的困惑;帮助学生做好自我认知和兴趣培养,让学生知道自己想要什么,能干什么,增强学生自我效能感和自我掌控感;[5]指导员应做好职业规划的引领者和启发者,鼓励、指导学生参加专业相关的生涯规划大赛、大学生创新创业大赛等,提升学生职业生涯技能。

（二）开展丰富多彩的线下交流活动,鼓励学生参加线下活动团体

网络授课方式、社交网络媒体的盛行和快速高效的社会发展理念使得当前人们参与线下社交活动的频率降低,长时间缺乏线下社交活动使得大学生的人际交往能力降低,网络依赖水平较高,容易产生孤独、空虚的内心感受。[6]如果校园中没有多样的线下交流活动作为社交手段及情绪出口,这样的生活方式会助推大学生社交恐惧、网络成瘾等外化性心理问题及抑郁、焦虑等内化性心理问题的发生。

学校应广泛开展丰富多彩的学生线下实践交流活动,如体育比赛、班级团建、社团内部活动等需要学生放下社交网络、在现实生活中与人面对面交流合作的活动,鼓励学生参加社团、兴趣小组等以认识新朋友、发现新兴趣,将大学生的注意力从线上社交网络世界引回现实当下。[7]提高新生与身边人的交往频率,使他们在活动中提升人际交往能力,收获现实生活中的温暖、肯定和支持,营造和谐、稳定、温暖的校园人际关系氛围,达到帮助学生缓解抑郁、焦虑等情绪,减轻社交恐惧及对社交网络依赖的效果。

（三）根据学生特点的差异分别开展心理健康教育工作

根据数据分析,发现学生个体的差异（如性别、生源地、专业类型等）,导致其心理健康状态也不相同。在日常教育工作中,可以根据学生个体的差异,分别开展心理健康教育工作,提升干预工作的针对性。如:在日常工作中,对家庭经济困难的学生给予更多的关注;针对男、女生的不同特点,开展不同形式的心理健康教育活动。

参考文献

［1］文竹.大学生心理健康教育的保障体系及工作模式探究［J］.新校园（上旬刊）,2013(10):58-59.

［2］杜龙龙.基于UPI测评的大学生心理健康状况分析及对策研究:以潍坊理工学院为例［J］.新教育时代（教师版）,2019(46):233.

［3］方晓义,袁晓娇,胡伟,等.中国大学生心理健康筛查量表的编制［J］.心理与行为研究,2018,16(1):111-118.

［4］冯奎.独立学院食品科学与工程专业学生教育管理策略:以华中农业大学楚天学院为例［J］.学理论,2014(30):237-239.

［5］张歆.高校辅导员在学生就业创业中的作用［J］.人才资源开发,2021(19):49-50.

［6］姜新瑞,姜新宇,杨晓雯.当代网络社交对大学生人际交往能力影响研究［J］.现代商贸工业,2018,39(1):67-69.

［7］倪胜巧,栾新成.高校学生社团大学生双创能力培养模型探析:以四川大学计算机学院为例［J］.中国多媒体与网络教学学报（上旬刊）,2019(6):143-145.

基于 LEAD 工具的大学生逆商培养路径研究

陈文轩

(大连海事大学　航运经济与管理学院金融工程)

摘　要:

本文就"什么是逆商?""大学生逆商不高的原因简析""大学生逆商培养的重要意义""大学生逆商培养模式的构建"方面进行了具体分析,并且以大学英语四级考试为例,用刻意练习的方法对《逆商》一书中提到的 LEAD 工具的具体应用进行了简单的剖析。

关键词:

逆商;LEAD 工具;大学生逆商培养;大学英语

一、什么是逆商

逆商又有逆境商数、挫折商等多种说法。通过逆商的高低,能判断出一个人是否会被逆境所压垮,是否能超越自己的极限,是否能成功。逆商这一概念,最初由保罗·史托兹提出。史托兹认为,逆商可以作为一种衡量方法,来衡量一个人面对逆境时的反应;逆商同样可以作为一种工具来改善人们应对逆境时的态度。在史托兹看来,逆商有四个维度——掌控感(Control)、担当力(Ownership)、影响度(Reach)以及持续性(Endurance)。

掌控感,即你认为自己是否能掌控那些对自己不友好的事件。这里有一个关键词——认为。掌控感不仅会直接影响一个人的个人能力,同时也会影响逆商的其他维度。人若是觉得自己没有了掌控感,就会觉得生活没有了希望,也就没有了最原始的行动力。在掌控感这一维度上,得分较低的人会进行以下思考:这在我的能力范围之外,这是以卵击石;而得分高的人不然,他们会进行以下思考:肯定有办法的,我肯定能做些什么,我必须想个办法。担当力,即一个人是否愿意为他所取得的成果付出代价。一个人是否愿意对事物的结果负责,决定了一个人承受能力维度的得分。逆商越高的人,在遇到问题时,越不会选择回避问题。他们更愿意承担后果,并从中汲取自己能学到的知识。影响度,即如果逆境发生,我们是否会让它影响生活中的其他事情。例如,让"迟到"这件事影响了一天的心情。影响度得分越低,人们越可能把坏事看得太重,让坏事的影响波及其他事情,耗尽一个人的精力,从而导致恐慌、失眠和疼痛等,这就是人们通常所说的小题大做。如果不及时抑制这种心态,就可能会造成重大损失。相反,如果影响度得分高,早上迟到就仅仅是早上迟到。迟到没什么大不了的,也只是早上的一部分工资可能会被扣除。如果让坏事影响生活的其他部分,只会给自己添麻烦,往往得不偿失。持续性,即逆境将持续多久,是逆商的最后一个维度。在这个维度上得分越低的人越会觉得逆境存在的时间长。例如,他们回想着这种情况总是发生,会一直在他们的生活之中持续。

二、大学生逆商不高的原因简析

我们就家长的"包办一切"现象、"唯分数论"的毒害、生活环境的变化以及对未来生涯的迷茫这四个方面对大学生逆商不高的原因进行简单的分析。

(一)家长的"包办一切"现象

当前大学生多为"00 后",其成长的家庭背景基于社会进入物质生活相对富裕的新时代,这就为孩子娇生惯养提供了物质基础。并且,"00 后"的父母往往工作较忙,很多父母将孩子交给爷爷奶奶辈看管,"隔代亲"现象广泛存在于"00 后"。因此,家长帮助孩子"包办一切"的观念盛行,孩子成为家中的"皇帝",孩子说什么就是什么,想怎么做就怎么做,这就给孩子在未来的生活中埋下了巨大的隐患。

(二)"唯分数论"的毒害

近年来,在各大学校的宣传以及各个企业的所谓"成功论"的影响下,部分家长看重分数的程度达到了某种极端的地步,认为"孩子只要学习好,其他什么都无所谓"。这种错误的思想观念深深地毒害了当代的青年学生们。正是在这种思想观点的影响下,一方面,生活在城市中的许多学生,成年之后也从未接触过家务活,不会自己做饭,更有甚者将脏衣服寄回家;另一方面,家长对于分数的过分关注,使得孩子过分关注分数,进而造成很多孩子因为考得不好而不敢回家的现象。这给孩子在未来的学术生涯中为了得到更高的分数采取各种手段,甚至是学术造假而埋下了隐患。

(三)生活环境的变化

在当前的时代背景下,进入大学以后,与中学完全不同的管理模式,陌生的环境(完全不同的城市),来自五湖四海的室友,这些都给学生们造成了精神上的压力。学生们往往会在宽松的学校管理制度中不知所措。这些压力会在无法得到父母帮助的基础上不断累积、发酵,最终演变成学生心中无法克服的困难。

(四)对未来生涯的迷茫

也正是由于在进入大学之前缺乏一些社会经历,在大学期间,部分大学生一旦遭受逆境和挫折,就长期处于彷徨、迷茫、痛苦等状态,造成一系列的心理问题,更有甚者直接被逆境压垮,最终做出一些无法挽回的事情。

三、大学生逆商培养的重要意义

当我们遇到各种困难、挫折和失望时,逆商的水平将对我们的生活态度和生活方式起到决定性的作用。在过去,我们常常认为,一个人只要智商够高,就可以在社会上闯荡。但今天,我们会发现,一个人只有智商高远远不够。在大学期间,大学生不得不面对各种压力,而且,现在的大学在各个方面对大学生都有评估目标。此外,某些专业还涉及专业相关证书,这些证书的获取也给大学生带来了很大压力。社交网络也是大学中非常重要的一部分,大学生能否与室友相处融洽,与社团的前辈和同学们沟通融洽,都是大学生们必须面对的问题。如果大学生不能在毕业前解决这些问题,那么毕业后在工作中也很难有所作为。因此,当代大学生的逆商培养刻不容缓。

四、大学生逆商培养模式的构建

保罗·史托兹在他的《逆商》一书中,不仅提到了对逆商的定义和概述,还给出了如何应对困难的工具,即 LEAD 工具:

L=Listen,倾听自己对逆境的反应。

E=Explore,探究自己对结果的担当。

A=Analyze,分析证据。

D=Do,做点事情。

下面,我们就通过刻意练习的方法来训练对 LEAD 工具的使用。

1. 跳出舒适区,自己寻找逆境

在逆境来临之前,你应该做好准备,有意识地练习面对在自己舒适区之外才能遇到的事情,并学会在刚刚超出你当前能力的逆境中不断奋斗。

以大学英语四级考试为例:几乎所有大学生在初入大学时都会面临英语的四级考试。大多数学生会直接以高考所需要掌握的英语词汇去参加考试,在考试前不做任何的准备,也就是现在很热门的"裸考"。也正是这种做法,造成了每年大学英语四级考试的通过率仅有 40%。这时,我们就要跳出舒适区,让自己在高考后依然要在英语学习方面有所努力,而不是靠"吃"高中的"老本"去参加英语四级考试。

2. 设定明确目标,并给出明确定义

例如,在这次应对逆境的过程中,自己在哪些方面比上次做得更好?在下一个逆境中,需要有一个自己处理问题的硬指标。大学生必须紧跟自己的实践目标,才能在训练过程中做出适当的调整,控制自己的实践。

还是以大学英语四级考试为例:大学英语四级考试中涉及大量的英语阅读,学生可以通过增加阅读量来提高自己的英语水平,每天要保证一定的英语阅读量。因此,我们就需要结合自己的英语水平,寻找适合自己的英语读物,比如每天阅读一篇四级阅读理解,深度理解其中的内容。

3. 在实践过程中反馈、调整及努力处理反馈结果

每个人的处境都不同,大学生必须学会检验自己,发现自己的错误,并及时做出相应的调整。还是以大学英语四级考试为例:大学生可以定期给自己布置作业,挑选一篇英语阅读理解,测试自己的正确率,并且根据错误率来进一步完善平时的训练计划。若是本次的阅读理解错误率比上次高,就要反思自己的阅读量是不是不够,或者是难度是不是过高,这样才能根据反馈结果对自己进行调整。

4. 建立心理表征

心理表征是一种心理结构,对应于大脑正在思考的特定对象、观点、某些信息或任何其他事物,或具体或抽象。它可以帮助处理信息:理解和解释信息,组织、分析信息,并利用信息做出决策。

提高个人使用 LEAD 工具的水平与建立和提高个人对 LEAD 工具的心理表征相辅相成。随着使用 LEAD 工具的水平提高,心理表征将变得更加详细和有效,从而促进人们获得更大程度的改善。心理表征的建立可以帮助人们发现实践和实际的工作做得有多好。这些都表明了做事情的正确方式,并使人们注意到他们什么时候做得不好以及应该如何改进。

比如,在英语阅读的过程中,我们一定会遇到各种各样的困难,记不住英语单词,看不懂英语文章,不明白英语语法。这时,逆境就出现。

首先,我们要 Listen,倾听自己对逆境的反应,如每当自己记不住英语单词的时候,内心会出现烦躁、焦虑的情绪。因此,每当出现这种情绪的时候,我们就要给自己敲响警钟,告诉自己逆境已经来袭。

其次,我们要 Explore,探究自己对逆境——没有记住英语单词这件事情有多少责任,我们是否应该对这个事情进行担责。如没有记住单词确实是自己的问题。

再次,我们要进行 Analyze,分析记不住这些英语单词的时间会持续多久。答案当然是很短的,英语单词一次记不住就多记几次。记不住英语单词的时间一定是短暂的,我们只是对这个单词不够熟悉。

最后,我们要 Do,做点什么。如,做点什么来继续记住单词? 可以是继续背单词,也可以是将英语单词置于句子中,通过对整个句子的记忆来继续完成对英语单词的记忆。而这些取决于你。

那么,如何建立自己在英语方面的心理表征呢? 我们在不断进行英语阅读的过程中,想要更快、更好地获取文章中的关键信息,一字一句地阅读显然是做不到的。一篇正常的四级阅读单词量基本为 400~600 个,即使 1 分钟能达到 100 个单词的阅读量,想要读完整篇文章也需要花费 4~6 分钟。这时,我们就会通过阅读关键句来了解文章的大致意思。而这种通过简化文章内容来加快自己的阅读速度的方式就是一种心理表征。心理表征就是能帮助人们快速做到人们想要做到的事情的一种方法,它并不能帮助我们更快地一字一句地把整篇文章读完,而是通过抓取关键句、关键词的方式来帮助我们了解文章的大致意思。

5. 通过刻意练习的方法构建 LEAD 工具

通过对过去面对逆境时的反应和实践,我们会对应对逆境过程中的错误应对方式进行不断改善,从而探索出更加完善的应对方式。随着时间的推移,人们应对逆境的方法将变得越来越多,人们对逆境的处理也将变得越来越好。

依然以英语阅读为例:刚开始,我们进行英语阅读可能是逐字逐句地阅读,慢慢地,我们发现逐字逐句地阅读太过烦琐,获取的信息总是太少,我们就开始不断地探索如何用更短的时间来获取更多的信息。因此,我们就探索出了新的应对方式:通过抓取关键字或者关键词的方式来完成对整篇文章的阅读。

参考文献

［1］保罗·史托兹.逆商:我们该如何应对坏事件[M].石盼盼,译.北京:中国人民大学出版社,2019.

［2］国家统计局. 2019 年《中国妇女发展纲要(2011—2020 年)》统计监测报告[N].中国信息报, 2020-12-21.

［3］邢爱妮.价值教育视阈下"95 后"大学生逆商教育[J].智库时代,2017(17):162,165.

［4］安德斯·艾利克森,罗伯特·普尔.刻意练习:如何从新手到大师[M].王正林,译.北京:机械工业出版社,2016.

大学生逆商培养的策略探讨

赵晟博 / 孔繁实

（大连海事大学　船舶电气工程学院）

摘　要：

逆商是个体能否取得事业成功的重要因素。在大学生的学业生涯中，逆商培养很容易被忽视。本文论述了大学生逆商培养的重要性，并在此基础上探讨了逆商培养的途径，旨在为提升大学生逆商能力提供参考建议。

关键词：

心理健康教育；逆商意识；逆商培养

逆商是指个体面对逆境时的反应，就是个体在遇到压力、挑战、困难或挫折时，展示出来的受挫能力与摆脱困难的能力。逆商与生理条件、成长环境、社会阅历、心理素质、挫折敏感度等众多因素有关。[1]作为人的一种心理因素，逆商是通过人接受教育引导、开阔眼界、丰富阅历、积累经验而改变和提升的。近年来，频发的心理危机事件也显现出大学生的逆商能力需要进一步被强化，在校期间的逆商教育亟须完善等。因此，要把培养、提高大学生的逆商能力作为一项重要任务，将逆商教育向日常化、全面化、规范化的方向推进，使学生更好地成长成才。

大学生在不同阶段会遇到来源多样的压力与挫折，对于逆商培养，在理论教育方面，要丰富大学生的知识体系，使其掌握心理调节的方式方法、培养逆商意识，提高其对挫折的认识能力，培养出具有抗挫的内部动力系统；在实践教育方面，要广泛拓展实践平台，让大学生在挫折中历练与成长，从实践中提升面对挫折的自控能力和超越能力。具体可从以下几个方面开展：

一、树立逆商意识，充分认识重要性

现阶段，家庭教育和学校教育更多关注学生智商、情商的发掘与培养，对于心理健康教育（包括逆商教育）往往不重视，造成学生逆商意识普遍淡薄。[2]逆商意识决定了大学生接受逆商教育和自我教育的实际效果,因此树立逆商意识是提升逆商的重要一环。学校要通过课堂教学与案例分析让学生认识到"智商和情商虽然是人生成功的基本因素,但逆商决定一个人成功的高度,它比智商教育和技术更重要"。逆商意识的培养,会使学生变被动为主动,积极配合学校开展逆商教育,自觉寻求培养逆商的渠道,实现有意识的自我教育,促进逆商教育取得更好的成效。

对于大学生逆商意识的培养,需要格外注重方式方法。如果把握不当,教学效果容易出现事倍功半的情况。相比于中小学生,大学生的自我意识较强,他们对来自外界的教育会使用批判的目光有选择地接受,为保证培养效果,教师要以学生的兴趣、需求、性格特征为切入点,以学生的逆商意识养成为落脚点,注意相互尊重、平等,这样大学生才能敞开心胸,主动接受教育。

二、正确认识挫折和逆境,提升抗挫能力

在社会环境复杂的今天,大学生能否在校园里取得成功,能否快速地适应社会,不仅取决于其是否具有敏锐的思维、娴熟的技能和卓越的管理才能,还取决于其面对挫折、摆脱困境的能力。[3]在校园的日常学习、生活中,大学生经常会遇到生活适应压力、学业压力、情感压力、人际交往压力、就业压力等,容易在处理这些压力时遇到挫折、逆境,部分大学生还会因挫折失去理想和奋斗目标。因此,开展正确认识挫折和逆境的教育就显得尤为重要。教师在教学过程中,要经常教育大学生:在遇到困境时,要沉着、冷静,主动地寻找途径去应对困难;当无法通过自身努力解决困难时,要主动向外界寻求帮助。同时,教师也要引导大学生对人生进行积极的规划,激发学生的理想热情与进取心,使他们成为有志有为青年。

情境教育法是心理健康教育的有效手段之一,也是逆商培养的有效途径。情境教育主要以挫折情境作为创设形式,设置成撞击学生心灵的生活化情境,使其能够感受到类似的恐惧、紧张、无助以及彷徨等负面情绪,身临其境地感受各种挫折与打击,从主观上思考如何面对困难、摆脱困难,设想遭遇这些挫折时的应对措施,从而在脑海中形成更加深刻的印象,使其性格、能力以及气质更加趋于完善,实现有关优良意志品质的构建、升华和积淀。[4]情境教育应对稍差的学生作为重点关注对象,总结出其所暴露出的心理问题,并在后续的学习和生活中对其开展针对性的指导与培训。

三、增强教育针对性,贯穿学业的全过程

大学生逆商培养属于伴随性能力培养范畴,应随着大学生的认知水平、学习能力、自身素质等方面的改变有针对性地发生变化。因此,逆商教育在面向全体大学生的同时,也要根据心理健康教育的规律,针对大学生不同时期面临的不同压力、困境采取不同的内容与方式方法,因材施教。

大学一年级学生是校园新生,普遍对大学生活有很高的期望值。他们正在经历懵懂期,也在逐渐脱离父母的监管,形成自主的生活模式,容易产生不适。他们主要会面临生活适应压力、学业压力、人际关系压力等。对于一年级学生,要开展全方位的入学培训,加快大学生入学适应过程。学校可从情感着手,增强团队合作意识,培养学生的自信心和自理能力;开设心理健康教育课,侧重心理知识的普及,给予指导和帮助,引导学生建立合理的心理预期。

二年级学生经历了一年的校园生活,已由懵懂期过渡至迷惘期,他们对于自身发展有了模

糊的初步目标,但由于知识、调研等不足,初步的目标往往脱离实际。随着社会接触的不断增多,他们开始在感情、人际关系、社会实践等方面面临各类困惑。对于二年级学生,要开始注意逆商意识的培养,让其应对困难时能保持冷静,主动思考如何解决困难;开展逆商培养理论教学,主要侧重教学应对挫折的基本方式方法,增强大学生抗挫的内部动力;增加心理指导,激励学生挑战自我,不断增强战胜困难的勇气。

三年级学生随着时间的推进,已由迷惘期成长至相对固定的目标期,他们有意识地、有针对性地提升自我,如练习适应社会、求职技巧、提升自己的核心竞争力等。伴随着这些实际行动,各类问题与挫折也会频繁出现,如基础不扎实、知识结构不完善造成的挫折与困境等。对于三年级学生,要引导他们树立正确的观念,形成符合实际的理想、合理的预期与态度;要开展不同类型的情景模拟,多创造机会让他们接触困惑与挫折,检验理论教学成果,加强心理疏导,将大学生暴露出来的心理问题逐个击破;同时,鼓励学生不断总结经验,改善行为方式,不断自我创新、自我超越。

四年级学生面临着未来职业发展的选择,时刻承受着巨大的就业压力。四年级也是大学生即将踏入社会的重要时期,他们会遇到社会适应的困扰,经常因为理想与现实不符遭遇挫折。对于四年级学生,要开展细致的就业、创业指导,引导大学生树立正确的就业观念,引导大学生主动适应社会环境;逆商培养主要从大学生的自我实现着手,合理界定理想与现实的差距;着重培养大学生的自我设计能力和自我调节能力。

四、把握大学生的心理特点,合理拓展逆商模拟训练

现阶段大学生普遍存在腼腆内向、合作精神不足、冒险创新精神缺乏等性格特点,也有着自我意识强、情绪丰富、孤独感重、竞争意识强烈等心理特征。面对如此特征明显的群体,在逆商模拟训练的设计上要把握大学生的性格与心理特点,贴近他们的学习和生活,贴近他们的就业、创业过程,在展开实践性训练前,引导大学生进行自我激励和自我认知,让其树立起面对困难、战胜困难的信心。

逆商模拟训练要注重循序渐进和反复强化。在训练过程中,教师要教育学生尝试做好细分目标,深入分析与研究模拟训练过程中会出现的各种困难与挫折,以积极的心态正视这些矛盾,集中对分目标进行攻克,用分目标的实现来鼓励自己坚持到底,逐渐形成积极向上的信念与毅力。对于训练结果,大学生应完成逆境行为反应日记,将实践活动中体会到的逆境情境、心理变化情况、处理结果等详细地记录下来,方便教师了解他们面对逆境和挫折时的心理过程和行为方式。教师可根据学生的个性特点、遭遇的情况给予个案指导,逐步引导大学生如何从容应对各种逆境,帮助学生形成良好的应对机制,从而达到提高大学生逆商的目标。

参考文献

[1] 黄心华."90后"大学生逆商能力培养研究[J].宜春学院学报,2012,34(2):136-140.

[2] 谭钰琪,李静媛.关于大学生逆商的几点思考[J].教育现代化,2019,6(85):234-235.

[3] 姜铭凤."90后"大学生逆商状况调查研究[J].学理论,2012(4):145-146.

[4] 刘昕.论当代大学生逆商培养[J].前沿,2014(ZA):209-210.

逆商教育对大学生抑郁症防治的应用效果探讨
——在心理育人工作格局下

洪一如／孙若淼

（大连海事大学　公共管理与人文艺术学院）

摘　要：

逆商教育在现代高校教育中有着越来越重要的地位，它直接影响着大学生面对困难时的应对心理。因此，鉴于近年来越来越多的大学生出现因环境变化、学业压力、人际关系、情感因素等而患上抑郁症的现象，本文旨在研究心理育人工作模式和保障大学生心理健康，从大学生抑郁的原因和影响的角度反思逆商教育的重要性，并提出相应的对策和建议。

关键词：

逆商教育；大学生；抑郁症防治；应用模式；心理育人

中国是世界上抑郁症负担最重的国家之一。世界卫生组织的调查报告显示，中国有超过5 400万人患有抑郁症，约占总人口的3.8%。如果加上不寻求治疗的众多"隐形"患者，中国抑郁症患者占总人口的比重将会更高。目前，抑郁症正呈现年轻化趋势。在国内抑郁症患者中，大学生的数量在逐年上升。世界卫生组织指出，四分之一的中国大学生承认有过抑郁症状。来自学业、人际关系、爱情、家庭和就业的压力都可能成为大学生抑郁的诱发因素。抑郁症严重威胁着大学生的身心健康。它不仅给学生带来了情绪困扰和身体痛苦，影响了他们当前的学习和生活，对大学生未来进入社会也会产生挥之不去的不良影响。因此，研究逆商教育在大学生抑郁症防治中的应用实践，不仅有助于大学生的身心健康，而且对丰富心理育人工作模式下的逆商教育理论与实践具有重要作用。

一、大学生抑郁症的成因及影响

(一)大学生抑郁症的心理因素分析

随着中国经济社会的飞速发展,人们的生活节奏逐渐加快,社会中的各类竞争也越来越激烈。大学生为了适应社会的发展,需要不断提高自身的能力素质,其压力也日渐增大。在这样的背景下,大学生的心理问题更加突出。其中抑郁症是大学生群体中出现最多且影响最大的心理疾病之一。以下总结了一些导致大学生抑郁症发生的心理。

1. 压力易感性

压力易感性是指人受外界压力事件影响的程度,包括基因易感性、压力知觉、压力耐受力等。[1]由于不同个体受压力行为的影响水平不同,外界压力造成不同个体的心理负担不同,对心理健康的危害也不同。通常情况下,个体的压力易感性越高,由于外界压力而引发抑郁症的可能性就越大。

2. 认知模式

不良归因方式、主观臆断、以偏概全等消极认知容易引发抑郁症。[2]例如,在对待外界压力或者消极事件时会认为所有不好的事件的发生都与自己有关;凡事更多地关注消极面;否定自己在事件中的作用和存在价值;等等。这些不良认知模式容易使大学生长期存有悲观消极的心理,最终陷入抑郁。

3. 人格因素

抑郁症患者特殊的心理易感人格类型主要包括内倾性、神经质、依赖性、自我批评性、述情障碍、完美主义等。通常具有这类人格特质的大学生表现为:情绪的明显不稳定、情绪波动较他人更大,不能正常感知情绪变化;内向沉默,回避交流;给自身设定过高要求,容易自我批评;常体验到内疚、自我敌意等负面情绪。[3]

(二)大学生抑郁症的社会因素分析

1. 环境变化

相比中学而言,大学是更广阔、更复杂的社会环境。大学生要尝试与来自五湖四海、拥有不同生活和行为习惯的老师和同学相处,还可能要适应与家乡截然不同的风俗习惯和饮食习惯。同时,大学生在生活中基本脱离了父母,需要尽快适应自主生活,这对于一些没有住校经历的新生而言比较困难。生活环境的变化使学生原有的习惯和思维定式被打破,这会使一些大学生感到无所适从。

2. 学业压力

大学知识比起中学知识更具专业性和系统性,学习和理解知识也比中学时更困难。且大学学习脱离了老师的强制要求,是一个独立的学习过程,需要学生有更强的学习自主性并提升学习能力。为了合理安排学习时间,大学生经常会制订一些学习计划。当因自控力不足而完不成计划时,大学生会产生强烈的愧疚感和焦虑。大学考试也比中学要求更严,挂科会导致无法毕业、入党、保研、获得奖学金等严重后果,在考试焦虑的影响下,大学生易存在强烈的心理负担,更容易出现抑郁情绪。

3. 人际关系

据调查,有接近50%的大学生受到人际关系的困扰。[4]寝室矛盾是困扰众多大学生的交往问题之一,如果矛盾处理不当,会出现有学生遭到他人的排挤孤立,或室友之间发生争吵等不良情况。大学生处于不够安全的环境,容易出现敏感多疑、缺乏安全感的心理,易导致抑郁情绪的出现。

同时,在大学中,校园恋爱的现象十分普遍。大学生在情感问题上普遍缺乏正确的引导,恋爱观不够成熟,容易遭受情感挫折,部分大学生因恋爱失败而陷入抑郁情绪。

4. 贫困因素

对于家庭经济困难的学生而言,他们要面临来自家庭的经济压力,同时解决自己学习和生活所需的费用问题。他们内心的就业焦虑也会比其他学生大。另外,他们在日常学习和生活中容易受到较他们更为富裕的人的歧视。因多重的负面体验,家庭贫困的学生更容易出现自卑、自暴自弃等现象,出现不良心态和抑郁情绪。[5]

5. 职业生涯压力

大学生即将走向社会,面临就业问题。当代社会经济发展迅速,社会对于劳动力的能力需求逐渐提高,就业市场整体竞争也逐渐加剧,相应地,大学生面临的就业困难也逐渐严重。无论是考研或就业,大学生同时面临学习和职业生涯规划的压力,容易陷入自我怀疑的心理,从而引发心理疾病。

6. 应激事件

应激事件是突然发生的、急剧的、给个体心理上带来强烈反响的重大事件。应激事件的出现会使大学生的心理资源、物质资源、条件性资源和能量性资源等受到损耗。[6]应激事件的发生对学生的心理状态的影响通常是巨大的,应激强度大还可能引发学生自残自杀的行为。

7. 家庭因素

众多心理医生的治疗经验表明,原生家庭中的问题极易引发人们的心理问题。大学生虽然大多远离家庭生活,但仍不能摆脱原生家庭带来的影响。家庭成员经常争吵、父母婚姻出现问题,及父母对孩子缺乏关注、情感淡漠等问题会长期损害学生的情绪健康,可能导致学生出现抑郁等心理问题。[7]

二、大学生抑郁症的影响

抑郁症患者大部分时间存在抑郁心境。对于大学生而言,抑郁症强烈地引发学生的主观痛苦,并导致其社交、学业或其他重要社会功能受到损害。[8]其影响主要体现为以下几个方面。

(一)认知能力下降

大学生在日常学习和生活中,注意力难以集中且集中时间短;记忆力显著下降;发现新事物的能力降低;对事物的认识及思维活动缺乏创新。

(二)自我评价错误

大学生无法正确认识自我,不能进行正常的自我评价或自我评价过低。

(三)缺乏动力

大学生在学习和生活中,丧失对事物的兴趣;缺乏认真学习和努力生活的动力。

(四)自我调节能力丧失

大学生长期感到意志消沉、悲观失望,且情绪不受自我意志控制;对未来不抱有希望,甚至会有自杀的想法。

（五）躯体化障碍

抑郁症患者会出现一些躯体化障碍,如:睡眠障碍、食欲下降、精力丧失、疲乏无力、恶心呕吐、心慌胸闷、头痛耳鸣、视物模糊等。这些躯体化障碍严重影响学生的身体健康和学习生活。

三、逆商教育对大学生抑郁症防治的重要性

（一）大学生低龄化,心理承受能力不强

大学生的年龄主要分布在 18~22 岁,整体趋于低龄化。年龄未超过 25 岁的大学生承担着较大的压力,包括学业上的压力、人际交往上的压力、就业方面的压力、家庭方面的压力等。大学生的年龄小、人生经验不足,面对困难和挫折时容易迷茫无措,陷入绝望。因此,高校应开展针对大学生的逆商教育,帮助大学生在面对校园生活中的困难时,学会积极应对,自我缓解压力。

（二）家庭、学校培养大学生抗挫折能力的普遍缺位

中国式亲子关系易造成父母对子女的过度保护或包办生活的现象,这不利于大学生形成健康、独立的人格。大学是让大学生自主生活的场所,缺乏独立人格的大学生会无法适应大学的学习和人际交往。而学校教育中,为了应付高考,中学大多采取的是应试教育;为了顺利就业,大学更追求高绩点、考证书,不太重视对学生的心理健康及心理承受能力和抗压能力的培养。在大学生活中,学生骤然面对学习和生活中新增的压力,可能会力不从心。

（三）对逆商教育的重视程度不够、研究不足,逆商教育发展缓慢

目前,高校对逆商教育的研究相对不足,也没有过往经验可以借鉴。从中学的基础教育到大学的高等教育都缺乏相应的逆商教育。高校更注重学生在校的能力提升和就业表现,默认大学生作为一个成年人,身心发展已经成熟,有自己面对困难的能力。在应试教育的背景下,高校教育更多以成绩论英雄,"学会脆弱"、接受不完美等概念被忽视,鲜少被提及。由于对逆商的了解不深,教育系统不重视逆商教育在学生身心健康和能力发展方面的作用。

四、逆商教育对大学生抑郁症防治的应用模式

（一）创新沉浸式逆商情境教学

高校应充分重视逆商教育,重视人文传统和人文精神的历史积淀,开设相关的逆商教育与管理选修课。同时,通过模拟课堂上特定的生理和心理逆商教学沉浸式情境,充分考虑学生的独特性和适应性,引导学生就环境变化、学业压力、人际关系、情感因素等主题进行实践训练,不断创新教学内容和手段,并通过案例分析、角色互换、小组研讨等方式向学生介绍克服挫折和应对挫折的对策和建议。在传授逆商理论知识和技能的同时,教师还应注重学生人格的培养和塑造,引导学生形成正确的世界观、人生观和价值观,潜移默化地影响学生的逆境态度和挫折认知[9],让学生积极面对自己,调整自己,以积极的态度应对挫折和失败,增强学生的挫折承受力,提高学生的逆商水平。

（二）构建系统心理咨询机制

高校应建立系统的心理咨询机构,聘请专业的心理咨询专家帮助抑郁症学生解决问题。对于逆商低的学生,专家应该站在学生的角度,找到问题的症结所在,在双方之间建立良性沟通路径,鼓励学生在人生道路上面对各种困难。同时,高校应加强心理宣泄室场馆建设,组织抑郁症心理问题问答讲座,必要时配合医疗救助渠道。如果抑郁症学生出现“躯体化”或明显的自杀倾向等危急情况,必须及时与医疗机构联系,以免错过最佳治疗时间。

（三）壮大第三方逆商力量

高校应启动专项逆商教育资金,选派高校辅导员和优秀学生干部进入心理辅导发展俱乐部接受系统性培训、调研逆商教育情况,了解逆商教育的主要目的和内涵,掌握相关心理咨询的技巧和方法。高校辅导员应及时关注学生的心理健康问题,建立日常对话档案管理系统和班会动员系统,与有抑郁情绪倾向的学生家长保持定期沟通和反馈,并为家庭逆商教育和亲密关系维护提供合理建议。同时,学生干部应协助高校辅导员追踪短期内遭受亲属死亡、家庭灾难、学业预警、重大疾病等压力事件的学生,在其遇到挫折时及时给予帮助和心理辅导,帮助他们提高应对挫折的适应能力。

（四）注重学生的兴趣爱好培养

高校应注重培养学生的兴趣爱好,丰富学生的课余生活,鼓励学生积极参与社会实践活动,营造和谐轻松的校园氛围和环境。如某高校通过“我是歌手”选秀比赛、“海边环保”假日志愿者服务、“明德学院”读书沙龙等活动,关注学生的全面发展。这些活动不仅能有效缓解应试教育影响下的学业紧张,拓展交友关系,帮助抑郁症学生转移生活重心,拓展思维,宣泄挫折带来的负面情绪,还能提高学生应对困难的能力,让学生重新获得生活的动力和热情。

（五）身体健康素质拓展训练

根据国际医学会的研究报告,锻炼可以帮助缓解抑郁症状,定期锻炼可以改善情绪和预防抑郁。[10]因此,高校可以联系体育教学部门,将户外徒步旅行、健步校园和定向运动纳入日常体育活动,同时增加更多的体育项目。促进体育场馆的开放和规范化,加强体育基础设施建设和设备租赁便利化。在体育教师的领导下,鼓励学生“打卡”运动,培养对体育活动的兴趣,增加对学生身体表现评估的比例,并将其纳入制度化的课程体系。体育活动不仅能够加强逆商的培养,塑造顽强、坚毅和集体合作的良好意志品质,还可以减少学生的生理恐惧和焦虑,让其发泄抑郁情绪,增强身体健康,缓解由抑郁心理引起的一系列身体不适,如头痛、胃病、失眠等不良状况。

习近平总书记指出:“我国高等教育肩负着培养德智体美全面发展的社会主义事业建设者和接班人的重大任务,必须坚持正确政治方向。高校立身之本在于立德树人。只有培养出一流人才的高校,才能够成为世界一流大学。”高校应在心理育人的工作格局下,将逆商教育融入现有的课程体系,完善对学生的心理健康素质教育,通过情景教育、心理疏导、开展课程、积极宣传等方式不断提高当代大学生的逆商。高校不仅要关注学生的学业成绩,还要关注学生的身心健康,做好抑郁症等心理疾病的预防工作。

参考文献

[1] 叶宝娟,朱黎君,方小婷,等.压力知觉对大学生抑郁的影响:有调节的中介模型[J].心理发展与教育,2018,34(4):497-503.

[2] 韦莺,钟丽芳.大学生抑郁症的析因与防治[J].社会心理科学,2006(6):53-56.

[3] 张玉桃,吴岚,张生丛,等.人格因素与抑郁的关系研究进展综述[J].大学教育,2014(6):135-136.

[4] 朱君,赵雯,刘增训,等.大学生人际关系与心理健康的相关研究[J].精神医学杂志,2013,26(4):265-267.

[5] 廖军和,李志勇,欧阳儒阳,等.贫困大学生压力知觉与心理健康的关系[J].中国特殊教育,2015(5):91-96.

[6] 张晨艳,周宗奎,耿协鑫,等.应激性事件对大学生心理健康的影响:希望的中介作用[J].高等教育研究,2015,36(7):87-91.

[7] 饶燕婷,张红霞,李晓铭.家庭环境与大学生抑郁和疏离感的关系[J].心理发展与教育,2004(1):70-76.

[8] 刘琰,谭曦,李扬,等.大学生抑郁情绪现状及影响因素分析[J].中华全科医学,2015,13(1):91-93.

[9] 范祥科,丁爱芹,宋家辉.积极心理学视角下高职院校大一学生逆商的培养探析[J].湖北函授大学学报,2017,30(9):58-59.

[10] 保文莉,冯苇,李彩霞.运动疗法对抑郁症防治的研究进展[J].四川体育科学,2015,34(4):46-48,65.

基于逆商培养视角的大学生自杀预防

戴悦／阎婧祎／刘洁

（大连海事大学　学生心理发展服务中心）

摘　要：

近年来，大学生自伤、自杀等校园危机事件呈高发趋势，引起了国家、社会、学校和家庭的广泛关注。本文以分析当前大学生自杀危机的成因为基础，从大学生逆商培养的视角出发，以提升抗挫折能力为目标，探索大学生自杀预防新途径。

关键词：

大学生；逆商培养；自杀预防

一、引言

　　自杀作为重大的公共卫生和社会问题，近年来一直受到研究者的广泛关注。2021 年 6 月 17 日，世卫组织发布的《2019 年全球自杀状况》显示，2019 年全球有超 70 万人死于自杀，每 100 例死亡中有 1 例的死因是自杀。自杀在全球是人的主要死因之一。虽然我国自杀率在过去 20 多年里出现了一个明显下降的趋势，但自杀致死的绝对数字还是非常高的。有数据显示自杀已成为导致我国大学生死亡的第二大死因，大学生作为该风险群体中的一部分，其自杀率更是一般人群的 2~4 倍[1]，甚至有研究者称大学生正成为自杀的高危人群[2]。

　　作为社会中的一个特殊群体，大学生普遍接受过良好的教育，是国家和民族的希望。研究显示，1 个自杀者至少会给 6 个亲友带来严重影响，而这种影响平均持续 10 年，他们的自杀行为不仅给家庭和个人带来无法挽回的伤害，也同时给社会造成了巨大的负面影响和经济损失。然而，当前社会发展不平衡，伴随着日益严重的生活压力，大学生易产生焦虑、压抑、自我放弃等消极情绪，对人生感到迷茫。近年来，产生自杀意念和实施自杀行为的大学生越来越多。从积极心理学的视角来看，关注大学生的自杀问题，不仅应关注大学生消极、扭曲的心理现象，也应注重培养大学生积极的品质和面对逆境时解决困难、超越自我的能力,这对大学生心理健康发展具有重要的意义。高校应响应教育部的号召,开展积极心理品质培育和压力分类疏解等专项活动,培养学生增强克服困难、承受挫折的能力,本文提出,深化逆商培养,全面提升学生心理韧性及抗挫折能力,以预防大学生自伤、自杀行为的发生。

二、大学生逆商水平与自杀意念

(一) 自杀意念

自杀意念是个体当前的自杀行为动机,但尚未采取实现此目的的外显行为,具有较强的隐蔽性、偶发性、广泛性和差异性。自杀意念表现为思想或意念的内容出现死亡、自杀或严重的自伤行为,包括自杀意念的计划、步骤和结果等。有自杀行为者往往先有自杀的想法,之后逐步发展成自杀行动。有研究显示,个体的自杀意念越多、程度越重,其自杀的可能性也就越高。以往研究表明,自杀意念已成为危险性行为、犯罪行为和物质滥用等问题行为的重要预测变量,其强度与自杀危险程度呈显著正相关。自杀意念并不一定直接导致自杀行为的发生,但是自杀意念是自杀行动最为敏感的预测因子,是评估自杀危险性的重要指标。自杀意念是自杀行为产生的心理过程中的主要环节与必然阶段,降低自杀意念可以有效预防自杀行为的发生。[3]

为预防自杀行为,许多研究者对大学生自杀意念的成因进行探索。多数研究者指出,两类因素对大学生的自杀起作用:一是环境危险因素,这是一种外在的来自其他人或事件的因素,包括父母的婚姻状况、父母的教育方式、人际关系和压力性应激事件等;二是个体易感性因素,即个体本身具有的一些内在心理特征,包括精神障碍和个性特征等。而与之相反,还有一些因素对大学生的自杀意念起保护作用,包括积极心理品质、应对效能和社会支持等。[4]自杀意念的产生是危险因素与保护因素博弈的结果,研究并消除自杀的危险因素固然重要,但发现那些可以阻断自杀进程的保护因素也应受到重视。

(二) 大学生逆商水平现状

在 2022 年,对某高校的大学生进行心理咨询意向调查得出的数据显示,31.2%的学生因情绪困扰来询,16.3%的学生面临学业或科研困境,15.1%的学生面临人际关系(包括师生关系)困境,12.5%的学生表示遇到了情感方面的挫折,10%的学生希望通过咨询进行自我探索,另有 5.7%、4.8%、4.4%的学生分别存在就业、身心疾病、家庭关系方面的困扰。对于这些处于困境的大学生,除了采取实际的帮扶行动外,还需要帮助他们建立战胜困境的信心,培养他们面对挫折、摆脱困境和超越自我的能力,简而言之,也就是培养学生的逆商。逆商培养,即全面提升学生的心理韧性及抗挫折能力,具体表现为面对挫折时保持理性的认知能力和稳定的情绪管理能力;摆脱困境时具备灵活的适应力、坚韧的意志力和强大的复原力;超越自我时拥有良好的沟通能力和独特的创新能力。积极心理学把发展和培养人的积极力量作为核心内容。研究表明,逆商高的个体在解决问题时具有更多选择,会有更积极的情绪体验和更健康的应对方式。

(三) 逆商与自杀意念的关系

研究表明,压力性生活事件是大学生产生自杀意念的重要影响因素[5],大学生的自杀行为是他们无法有效应对挫折与压力所导致的极端现象。对于大学生来说,他们处于从学校到社会转变的过渡时期,会面临许多新的压力,如经济压力、学业压力、亲密关系压力等,而在这些压力性生活事件甚至是应激事件发生的时候,如果没有一个良好的心态和积极的应对方式,很容易陷入困境之中无法摆脱,导致心理问题、心理疾病的产生,甚至产生自杀意念并实施自杀行为。素质-应激模型指出,外在应激因素与内在易感因素的共同作用会让个体产生自杀意念。根据此模型的观点,压力性生活事件处理不当与心理状态会共同造成个体自杀意念的产生,即个体面对逆境时所具有的能力和心理健康状态与其自杀意念呈负相关。逆商是一种积极的心理特质,是个体面对风险因子的保护因素。有研究者发现,积极的心理和应对方式可以减小压力性生活事件对大学生自杀意念的影响,其在不同风险因素(包括抑郁、感知负担、网络欺凌)和自杀想法之间起调节作用。

三、大学生逆商培养及自杀预防

引导大学生正确看待挫折和困境,培养大学生积极面对生活中的压力性生活事件和应激事件,提升学生的逆商水平,对于高校学生自杀预防有很重要的意义。[6]如弗兰克的"意义疗法"和格拉塞的"现实疗法"等方法的效果表明:对于面对挫折而焦虑苦闷甚至要自杀的个体而言,帮助他们找到面对困境时积极应对的方式、重识生命存在的意义是有效解决方案。因此,逆商教育和积极心理学理念的有效结合,有利于促进从关注生命观缺失到培养积极心理品质的转变,为增强高校生命价值观教育的有效性提供了新思路。[7]

(一)身体-心理-行为训练

以身心整合为理念的训练活动是高校逆商培养的重要方法和主要内容。大学生逆商培养,不仅应注重教育和引导学生们获得相关认识的理论教育,更应注重让学生们参与逆境体验的实践活动。身体-心理-行为训练是在高校开展大学生心理健康教育的一种有效的教育辅导模式,适用于个体咨询、团体咨询、心理危机的评估和诊断。应根据高校学生群体特点,搭建多领域、全方位的学生逆商培养成长平台,分类开展"精准化、个性化、具身化"的专项实践训练活动。合理运用言语或非言语及体验游戏,如沙盘游戏、绘画心理治疗、身体舞动、心理情景剧等轻松的方式帮助大学生自我认识和改变其"人生哲学"。从大学生生命意义视角出发,可将身心训练作为逆商培养的平台,以解决大学生的心理与行为问题,从而扩展逆境教育、心理干预的途径,同时为大学生的逆商培养工作打开新思路。开展特色体育文化活动、新生军训、体育竞赛等体育训练活动,以增强学生的身体素质、心理韧性和意志力。开展以抗压能力、心理韧性、应变能力等为主题的逆商培养工作坊,如以自我成长、能力探索、身心疗愈等多种心理主题团体与现代科技相结合的 VR 情景式训练,大型素质拓展器械训练和小型团体减压活动的逆商核心素质拓展训练等。开展社会实践活动,包括支教活动、社区服务、专业实习等,以提升学生的适应能力和人际交往能力。身体-心理-行为的训练过程不仅能评估大学生在面对逆境时的反应能力,还能对大学生的负性生活事件和心理困境进行预防和干预,并提高大学生的自愈力。研究表明,相较于其他心理治疗方法,身体-心理-行为训练可以通过有意识与无意识的训练,整合身心,使大学生树立正确的生命观,实现自我价值,对大学生自杀的预防有积极作用。

(二)正念疗法的运用

近年来,正念疗法开始被引入国内,许多学者称其为继行为疗法和认知行为疗法后的第三代认知行为疗法。正念训练的方式能够引发积极的心理效应，包括减轻焦虑、抑郁等负性情绪，提升主观幸福感，并促进行为规范。正念训练的理念在于关注于当下，不批判或排斥，以宽容平和的心态接纳自我并面对和承认现实发生的一切，其核心也在于对自我的关爱，对生命的感恩，构建自我内在的和谐，维系自我与环境的融洽。正念训练可帮助参与者降低抑郁复发率、缓解焦虑、承认和面对痛苦，进而降低自杀风险，可能是自杀预防的有效保护因素和可行的干预形式。[8]有研究者从新入校的大一学生中筛查出有自杀倾向的大学生，对他们进行为期八周的正念团体训练。训练分为家庭、伙伴、自我、面对死亡等八个主题，目的在于激发学生树立更加积极的生命价值观和提高挫折应对能力。结果发现，参与者的自杀意念水平均有所降低，并对生命意义和生活价值都有更加深刻的认识，同时增进了自我了解并懂得感恩。因此，正念疗法是一种基于实证效果评估的，可在高校推广应用的大学生自杀早期干预方法。

（三）家庭、学校和社会有机结合

积极心理学认为，个体与环境的积极互动有利于优秀品格的形成。预防大学生自杀是一项系统工程，大学生积极人格的塑造、乐观心态的养成、良好情绪的培养需要学校的积极推进、家庭的密切配合和社会的大力支持，家庭、学校和社会的多方合作才能共同创建良好的教育氛围。

俗话说："父母是孩子的第一任教师，家庭是塑造人品格的第一所学校。"可见，家庭与生命的连接非常紧密，父母对生命教育的态度至关重要。父母在孩子生命教育的启蒙中，为孩子营造一个温暖、幸福的家庭氛围，将快乐、幸福的生命体验传递给孩子，会有利于孩子树立积极向上的人生态度，帮助其怀着感恩的心看待外面的一切生命现象，使孩子学会尊重生命、热爱生命；尽力营造一个健康、温馨、积极向上的家庭氛围，如家长乐观豁达、锐意进取的人生态度会产生榜样效应，促使子女以积极的心态面对挑战，体验生命的价值，感受生活的美好，领略人生的真谛。

同时，高校教育应关注大学生的逆商教育，让学生在学习知识技能的过程中，加深对逆境的认识与体验，这将有利于学生学会体验突破逆境的过程，感受生命中的困境带给个体的价值与意义。正如积极心理学的发现，积极的情绪体验能够扩建个体的心理应对资源，消极的情绪体验则反之。高校应深入开展家校合作，进一步拓展"家校合作社"的育人功能，合力完善逆商培养环节，深入挖掘和充分发挥家校合作协同育人的"日常""经常"作用。对于遭遇重大生活事件如重大疾病、家庭变故的学生，应给予充分的人文关怀和经济支持；对于学业困难和就业困难的学生，应进行有针对性的指导和帮扶，如建立学业成长互助小组、加强职业生涯规划指导、开展就业相关知识培训等。高校的逆商培养工作，在注重消减学生消极情绪体验的同时，亦需要增加学生们的积极情绪体验，这样可使学生从消极的生命经历中体会生命的脆弱和不易，在积极的生命经历中感知生命的坚韧和力量，从而引导学生与外界建立良好的人际关系，培养学生的人文精神，帮助学生形成珍爱生命、尊重生命、关爱生命的积极态度。

社会竞争日趋激烈，复杂的社会环境使大学生面临着更多的挑战和困境，对大学生的生命价值观也会产生影响。作为大学生成长的大环境，社会环境对大学生自杀意念的产生具有舆论导向及潜移默化的作用。因此，净化社会环境，进行正确的舆论导向，可有效预防大学生的自杀行为的发生。在当代大学生群体中自由观念盛行，他们对待生活中的一些异常现象包括自杀现象，往往持中立甚至理解的态度，这对于培养大学生正确的生命价值观是非常不利的。因此新闻媒体尤其是权威的媒介机构应客观评价这些异常现象，并对大学生进行积极的引导。

面对一些特殊困难群体或大学生所处的挫折环境以及自杀的行为和事实,媒体应依据客观事实描述,做出恰当的评价,表明必要的否定态度,不能一味为迎合公众的口味,制造舆论导向,做夸张的报道。此外,在大学生遇到常见的心理危机来源如"就业难""经济骗局"时,社会应加大对大学生的保护力度,完善相关法律法规,为大学生提供必要的逆境帮扶工作,帮助其成为能够顶住压力、不惧挫折,具备长远的社会适应"后劲儿"的高素质人才。

因此,逆商培养和自杀预防需要"家庭教育""学校教育""社会教育"的共同发力,在大学生的生命成长的过程中,学校、家庭、社会都应当摆正自己的位置,承担起相应的责任。创建家庭、学校和社会有机结合的良好氛围,对大学生逆商培养和自杀预防具有十分重大的价值与意义。

参考文献

[1] 李亚敏,雷先阳,张丹,等.中国大学生自杀意念影响因素的元分析[J].中国临床心理学杂志,2014,22(4):638-640,667.

[2] 刘艳,张莹,史新竹,等.社会心理因素对医学生自杀意念影响[J].中国公共卫生,2014,30(3):269-272.

[3] 张家甄,张敏强,何凯,等.大学生挫折心理抵抗能力与自杀意念的关系[J].中国健康心理学杂志,2016,24(3):450-454.

[4] 胡月,樊富珉,戴艳军,等.大学生生活事件与自杀意念:生命价值观的中介与调节作用[J].中国临床心理学杂志,2016,24(1):149-151,172.

[5] 李艳兰,王小桃,胡海青,等.生命价值观、应对方式与大学生自杀意念关系的研究[J].中国健康教育,2009,25(10):743-745.

[6] 林启修.基于心理韧性理论的大学生逆商培养研究[J].教育探索,2020(5):67-72.

[7] 丁玮,李嘉欣,丁洁,等.新时代视域下大学生逆商的调查与思考[J].教书育人(高教论坛),2021,(15):9-11.

[8] 于洪苏.正念团体对自杀倾向大学生生存理由的干预研究[D].广州:南方医科大学,2015.

浅论逆商培养对大学生就业的促进作用

孟泽宁

(大连海事大学 航海学院)

摘 要：

近年来毕业生人数逐年攀升,就业供需关系难以平衡,越来越多的大学生面临就业困境,逆商直接关系大学生面临就业困境时的处事方式和心理状态。为进一步做好大学生就业工作,探究逆商培养对大学生就业的促进作用意义重大。

关键词：

逆商培养;大学生就业;促进作用

一、大学生就业视角下的逆商培养概述

1997 年美国学者保罗·史托兹在《AQ 逆境商数》一书中率先提出了逆商(Adversity Quotient)及其相关理论,他将逆商概括为包括控制感(Control)、起因和责任归属(Original & Ownership)、影响范围(Reach)与持续时间(Endurance)在内的一种描述人们面对挫折、承受失败与逆境压力能力的指标。[1]

部分专家学者的研究指出,一个人能否成功,不仅取决于其是否具有娴熟的专业技能和卓越的才华,更大程度上取决于其面对挫折、摆脱困境和超越困难的能力。

逆商培养是一个引导学生正确认识和应对挫折的过程,从某种程度上来说,逆商培养是心理健康教育的一部分,是高校人才培养过程中不可或缺的一部分。其本质就在于教育和引导学生在遭遇不同原因产生的负面影响时,主动地进行负面影响控制,不仅要将影响程度降至最低,还要把影响时间控制到最短,通过及时调整应对困境的策略与做法,持续不断地获取新的知识和技能,逐渐在心理上形成困境免疫。同时,逆商培养还要帮助学生掌握对当前逆境的起因进行分析的技巧,使学生在合理的限度内承担属于自己的那份责任,同时痛定思痛,制订周

密的计划,尽可能避免相同错误的出现。[2]

近年来,高校招生规模逐年递增,毕业生数量大幅增加,就业形势日趋严峻,大学毕业生的求职就业面临在焦虑中举步维艰的境地。就业困难对大学生逆商水平是一场考验。逆商培养对于帮助大学生摆脱就业困境,更加顺利地融入社会具有重要意义,从大学生就业视角来看,在进行逆商培养的过程中应该重点关注以下问题:

(1)引导大学生正确看待自身能力与求职岗位的匹配问题。对自身能力认知的偏差会导致学生对求职岗位、工作内容、收入等预期过高,求职遭遇挫折,丧失就业信心。逆商培养过程中应引导学生正确认识自我,积极提升就业能力,合理调整就业预期。

(2)引导大学生正确看待求职过程中的挫折与问题。求职过程中总会有很多问题导致求职失败,小到简历制作疏忽、面试状态不好,大到笔试复习不充分、硬性条件欠缺、因故无法出席笔试或面试等。逆商培养过程中应侧重引导学生着眼于解决实际遇到的问题,在合理的限度内承担出现问题的责任,不执着于责难自己。

(3)引导大学生正确看待职场生活中的挫折与问题。职场生活中经常会有毕业生因需要加班、受到领导批评、与同事相处不融洽等问题而无奈离职。逆商培养过程中应侧重教育学生正确认识职场生活,做好自身心理建设,积极面对职场生活中的挫折并解决问题,增强就业稳定性。

二、逆商培养对促进大学生就业的意义

纷繁复杂的社会环境,使大学生在成长和发展过程中面临更多的竞争、挑战、问题和困惑,日益增加的求职就业压力使学生产生严重的挫败感和心理困惑。大学生逆商培养已经成为一个日益受到重视的问题,在高校开展逆商培养,对促进大学生就业具有重要意义。

考研失利后面对是再战还是工作举棋不定,再战害怕失败而无颜面对家人,工作又害怕自己没有竞争力;投递简历杳无音讯得不到面试邀约,开始患得患失,不敢尝试;实习、工作中受到批评,与同事交际不畅,内心痛苦煎熬、百般抱怨,最后无奈离职。这些情况都曾在毕业生身上真实上演,可见目前大学生逆商水平有待加强。开展逆商培养对促进大学生就业的意义有以下几点:[3]

(1)有助于大学生转变就业观念,主动提升就业能力。逆商培养能够引导大学生认清就业形势,以积极的心态,结合自身能力与市场需求合理调整就业预期,树立主动竞争、服务基层的就业新观念,主动培养和提升就业能力,扩大自己的就业面。

(2)有助于增强大学生抗挫折能力,减少其心理问题。近年来,就业压力过大导致大学生出现心理问题的事件时有发生,逆商培养能够培养大学生辩证看待挫折的能力,增强心理抗挫折能力,引导大学生始终以积极的心态面对就业带来的挑战,大幅减少因就业压力产生的心理问题。

(3)有助于培养大学生创业能力,以创业带动就业。随着毕业生规模的不断扩大,就业的供需平衡开始失稳,创业带动就业已成为新的趋势。逆商培养能够帮助大学生突破害怕承担风险、害怕失败的心理障碍,养成坚定、严谨、愈挫愈勇的行事作风,从而提高大学生创新创业的成功概率。

三、大学生就业视角下逆商培养应包含的内容

逆商培养包括的内容应根据逆商的构成因素来确定,前文已经提及,史托兹将逆商划分为控制感、起因和责任归属、影响范围、持续时间四个部分。根据逆商相关理论,是否具备战胜挫折的信心、对受挫原因是否有合理的解释以及对挫折后果是否有正确的认知是评判一个人逆商高低的主要因素。因此,从大学生就业视角来看,逆商培养的内容应包括以下几个方面[4][5]:

(1)就业自信的培养。自信是战胜困难的必备条件,是大学生在求职就业过程中必备的心理素质。大学生在求职碰壁、遭遇挫折时会产生自卑感,对自己的能力素质产生怀疑,从而丧失信心。逆商培养要有针对性地对大学生的就业自信进行巩固,帮助大学生成功就业。

(2)归因理论的掌握和运用。归因理论是一种解释人的行为成功与失败原因的动机理论。大学生求职失败的原因是多种多样的,逆商培养要让大学生拥有对失败原因进行认知和分析的能力,运用归因理论对就业过程中的挫折进行客观的、理性的分析,及时找出症结所在,并结合自身的实际条件,有针对性地采取行动解决问题。

(3)挫折观的建立。逆商培养的本质是让人们更加坦然地面对挫折,因此挫折观的建立是至关重要的。挫折带给人的影响具有两面性,一味消极地看待挫折并不可取,我们还应该看到挫折存在的合理性和起到的积极作用。失败是成功之母,古往今来的众多成功人士都曾经历过重大挫折,逆商培养要教育学生养成在挫折中汲取智慧并不断成长的正确观念。

四、通过逆商培养促进大学生就业的有效途径

高校层面:高校是大学生逆商培养的主要阵地,从高校层面开展逆商培养促进大学生就业符合高校践行立德树人根本任务的宗旨。一是要加强逆商培养宣传,唤醒大学生自身的逆商培养的意识,使大学生认识到逆商对于未来发展的重要性,引导大学生树立积极的信念和培养坚定不移的意志。二是辅导员要加强对大学生的深入了解,通过谈心谈话、日常寻访等方式掌握大学生的就业进展和就业心理,对逆商偏低的大学生及时采取行动以应对可能出现的相关问题,帮助大学生保持相对积极的求职心态。三是要将逆商培养教育与职业生涯规划、就业指导等就业促进类课程有机结合,在增强大学生求职技能的同时也要注重帮助大学生建立一定的心理预期,使其对可能出现的就业困境有充足的准备。四是高校要建立专门的逆商培养及心理危机干预机构,聘任经验丰富的大学生就业工作者、心理学与教育学专家,利用大数据等技术,做好全体学生逆商情况的调查评估,并在此基础上做好逆商培养相关工作。[6]

家庭层面:家庭对大学生的成长有着潜移默化的影响,是大学生逆商形成的起源。在当前"唯分数论"的大背景下,家庭教育的价值导向就是学习至上,忽略了对大学生逆商等其他方面的能力的培养。在大学生成长的过程中,家庭成员要注重对大学生逆商进行培养。一是要帮助大学生树立正确的世界观、人生观、价值观与就业观,培养积极、乐观向上的生活态度,不一味执着于考公务员、考研等,根据自己的情况选择适合自己的职业和发展方向才是最优解。二是理性对待大学生求职就业过程中经历的困难,既不一味提供帮助,也不过分苛责,不急于求成,让大学生在求职过程中适当独立面对困境,促使大学生逆商的进一步提升。三是与大学生平等沟通交流,及时了解大学生的心理状态与就业意愿。应根据大学生情况帮助他们分析就业可能,而不是以家长的身份强迫大学生做出就业选择。在学生面临就业困难时,家长应帮

助逆商较低的大学生找出症结所在,鼓励并引导大学生积极面对人生路上的各种困境。

个人层面:逆商对一个人的发展至关重要,每一名大学生都应该有意识地做好逆商培养,为自己未来的就业发展奠定坚实基础。一是要学会直面问题,去解决问题而不是一味逃避。当面临就业困境时,要冷静分析,积极行动,以最有效的办法解决问题。二是要在求职及工作和生活中学会管理自己的情绪。求职过程不顺利必然会带来挫败感,工作中与同事相处得不愉快也会使初入社会的大学生难以适应,大学生要学会通过理性和意志抵挡不良情绪带来的影响,及时摆脱负面情绪的困扰。三是要根据对自身情况和能力的了解做好求职规划,既不妄自尊大,也不妄自菲薄,合理确定就业目标,增加求职成功的概率。

五、结语

就业是民生之本,是国家长治久安的重要基础。开展逆商培养帮助大学生更加顺利地择业、就业、乐业是摆在每一所高校面前的重要课题,值得每一名高校工作者深思与探究。

参考文献

[1] 保罗·史托兹.AQ逆境商数[M].姜冀松,译.天津:天津人民出版社,1998.

[2] 季学军.论大学生就业及其逆商培养[J].南通大学学报(教育科学版),2006(1):18-21.

[3] 唐新华.逆商教育与大学生就业力的和谐成长[J].现代教育管理,2009(5):119-121.

[4] 候海艳.当代大学生逆商培养系统的构建[J].濮阳职业技术学院学报,2018,31(6):98-99.

[5] 王易,罗媛媛.试论大学生的逆商培养[J].学校党建与思想教育(上半月),2008(10):21-23.

[6] 涂永红.试论大学生就业逆商教育[J].宜春学院学报,2011,33(3):164-167.

线上教学模式下基于学风建设的高校学生逆商培养创新路径探索

王嘉浩

(大连海事大学 航运经济与管理学院)

摘 要:

在当今线上教学模式在日常教学所占比重日渐增大的大环境下,高校如何培养学生的逆商便成为重中之重。线上的教育教学方式、学习生活方式与线下差距较大打乱了大学生原有的生活节奏,一些学生容易滋生出学习上的畏难情绪。因此,本文从线上教学模式学风建设的视角出发,通过分析学风建设中逆商培养的必要性、高校学生逆商培养的重要作用、学风建设中逆商培养的创新路径等多个方面,致力于打造学风建设和逆商培养共同体,为学生在线上教学模式背景下全面发展提供对策建议。

关键词:

逆商培养;学风建设;高校学生

2020 年以来,随着网络教育的进一步发展,高校采用网上授课等多种线上方式开展教学活动的比例越来越高,网课成为时代流行词,这也直接影响了大学生正常的线下上课状态,导致部分学生出现懈怠等情况。而线下课目前仍是校园教育的主旋律,这就意味着学生要接受学校纪律的约束,恢复紧张的学习生活状态,因此,学生的适应问题和学习困境中的抗压能力需要得到学校及教师的关注。在采用线上教学时,通过创新性的学风建设理念和方法帮助引导学生正确面对不同的学习环境,增强心理抗压能力就成为重要目标。

一、学风建设中逆商培养的必要性

美国心理学家保罗·史托兹曾提出逆境商数这一概念,即逆境商或逆商,英文简称是AQ。所谓逆商,简单来讲,便是当个人或组织面对逆境时,通过独特的方式对逆境产生了不同的反应。[1]

逆商培养存在于高校学生培养的方方面面,其中学风建设便是一个重要平台,同时大学生逆商培养也是高校学风建设的必要抓手,两者互通互融。

从学风建设视角出发,加强学风建设是逆商培养的重中之重,当前大学生的抗挫折能力较弱,特别是近几年,线上授课导致部分不自律的学生在居家学习中产生懈怠情绪、网课草草一挂继续睡觉、线上考试偷偷打小抄等现象更是层出不穷。随之而来的便是线下学习、考试挂科等带给此类学生的重重压力。当今大学生绝大多数为"00后",他们大多为独生子女,受家中众多长辈的宠爱保护,一旦在离开庇护后遭遇困境,其中部分大学生很难通过自我激励或寻求出口的方式来缓解压力。因此,当他们面临重重学业压力时,往往容易出现焦虑、暴躁等不良情绪,有的甚至做出冲动、过激行为。因为拿不到学位证、无法顺利毕业、挂科太多等导致抑郁、自残甚至自杀的案例近几年在高校层出不穷,因此从学风建设视角出发,通过逆商培养,提升大学生抗压、抗挫折等能力迫在眉睫。

同时从逆商教育角度出发,逆商培养可以进一步推进高校学风建设。不经一番寒彻骨,怎得梅花扑鼻香。在学习竞争压力急剧增大的当今社会,只有调整好心态,具备挑战困难的勇气,才能在无涯学海中劈波斩浪。同时,当今学风建设对高校学生的要求不仅仅在于学习成绩,更在于思想道德素质、科学文化素质、健康素质的协调发展,而以上种种素质的提升离不开逆商的培养。[2]无数高校"十佳大学生"等优秀案例人物均是在大学四年期间逆流而上,挑战自我,才不断获得提升和成长。这些均表明在当今时代逆商与智商是同等重要的。因此,逆商教育应当作为高校开展学风建设、实现学生全面发展的重要手段。高校应通过进一步提升大学生逆商,来提升其面对困难的心理素质和解决问题的个人能力。

二、高校学生逆商培养的重要作用

(一)有利于高校学生全面发展

随着社会竞争压力不断增大,当今"00后"大学生一入学便面临学习压力、就业压力、考研压力等多重挑战,新时代也对现代高校学生提出了全面发展的新要求。德、智、体、美、劳每个方面的发展都离不开克服困难的勇气和乐观面对的思维模式。在重重压力下,唯有保持好的心态,激发持续奋斗的动力,才能在当今大环境下不断成长。因此,逆商培养在当今高校培养体系中扮演着越来越重要的角色。

(二)有利于高校学生身心健康

长期以来,校园安全事件一直是社会关注的热点问题,自2004年2月马加爵案件的发生到近年来大学生校园自杀事件的频发,高校学生屡屡成为校园惨剧的主角。[3]追根溯源,这些悲剧的深层次原因大多是大学生心理状态不佳,抗压能力较差。因此,在逆商培养中注重培养学生养成乐观的心态,提升勇于担当的责任感,提高摆脱困境的能力便极为重要。面对困境时,只有在乐观的心态下,他们才能更加关注自我技能的提升和寻找摆脱困境的方法,而不是通过极端行径解决问题。

(三)有利于高校学生迈向社会

在高校生活阶段,绝大部分大学生刚刚成年,正处于脱离家长的庇护、迈向社会的过渡阶段,因此高校里的挫折教育是非常重要的。从"象牙塔"迈向社会不仅要求大学生有良好的智商、情商,还要有较高的逆商。如何在面对困难时不逃避而是去寻求解决途径正是将要迈向社会的大学生所需上的第一课。高校教育应该重视通过逆商培养提升大学生逆商,帮助他们在真正步入社会后能更好地立足。

三、学风建设中逆商培养的创新路径

基于以上两方面的综合情况,本文将学风建设与逆商培养相互融合,创新性地构建了全员育人、全过程育人、全方位育人的学风建设逆商培养体系,通过学风建设三大创新举措切实有效地提高大学生逆商。

(一)教师积极参与,设置逆商教育课程,全员服务学生

课堂教学是教育的主阵地,应充分根据学生需求科学设置逆商教育课程。[4]这一系列课程的培养目标是让大学生掌握提高自身逆商的知识及方法。[5]比如什么是逆商,面对挫折时应当如何进行自我调节,如何更好地摆脱困境等。教师也需要提升自身专业知识水平,提高授课水平。高校可以在专业班级里设立班导师,充分利用班导师的积极性,建立班级学习共同体。在班级学习共同体中,班导师立足于过往经验,结合对专业的认识,指导学生从专业学习角度了解逆商培养,培养学生解决实际问题的能力;凭借专业相关阅历,帮助学业困难学生进行学业疏导。同时可以结合校友助力计划、入学教育、班导师见面会等将学风建设和逆商培养贯穿于各项活动,充分发挥校友导师、思政老师、专业老师等作用,从而全面增强育人实效。

(二)从多角度入手,营造逆商培养氛围,全过程帮扶学生

逆商培养并非一朝一夕之功,应根据线上教学模式从多角度入手,在学风建设全过程中助力学生提高逆商。一是从网络学习入手,可以充分利用课余时间,开辟"键对键"网络"学业信息+逆商培养"的方式,通过网络直播的形式,让学生在教室、图书馆、寝室进行学习类和逆商培养类等课程的实时学习,使学生既能合理规划自己的学习时间,又能随时随地接受逆商培养。二是从寝室学习入手,以"学霸寝室"等评比为契机,将学习成绩优秀、迎难而上的模范党员、优秀学生事迹进行广泛宣传,按照由点及面、由个体到总体的工作思路,树典培优,共同营造出一种学风积极向上、勇于战胜困难的寝室文化氛围,从而形成良好的攻坚克难氛围。三是从团队学习入手,以目标为导向,有针对性地切实提升学生抗压能力和解决困难的能力,如针对考研学生团体,举办"考研达人大课堂""逆商提升小讲堂"等,通过制订考研计划,提升抗压能力,解决考研困惑,提升考研能力等,切实帮助学生全面发展。

(三)构建育人和逆商培养共同体,打造逆商提升体系,全方位培养学生

逆商的培养与高校育人体系息息相关,因此为助力学生全面发展,应融逆商培养于全方位的育人体系,打造育人和逆商培养共同体。

一是可以构建"思政育人+逆商培养共同体"。将《习近平的七年知青岁月》等红色图书作为思政育人与逆商培养相结合的生动教材,利用党员干部的先进性促进思政育人与逆商培养工作齐头并进;同时可以组织高校团支部开展逆商培养主题团课,组织高、低年级团支部结对学习,使广大同学在思政育人中端正态度,在逆商培养中锤炼品德。

二是可以构建"文化育人+逆商培养共同体"。校园文化建设是推进逆商教育的重要载体,可以将逆商教育融入校园文化建设,让学生们在寓教于乐中获得成长和提升。如开展读书志趣养成活动、校园文化学习活动等,以学生需求为导向,拓宽逆商培养的宣传渠道,推动学生们树立艰苦卓绝、锐意进取的意识。

三是可以构建"实践育人+逆商培养共同体"。实践出真知,因此逆商培养的过程中应注意知行结合。可以将逆商培养与实践育人两项工作高度结合,通过企业实习、素质拓展训练、压力训练等实践项目,促使学生在实践中激发自我勇于担当、砥砺奋进的勇气和意志,通过实践检验逆商培养成效,以逆商培养推动实践育人效果。两者相辅相成,帮助学生真正做到知行合一,成长成才。

四是构建"心理育人+逆商培养共同体"。绝大部分高校设立了心理咨询室,但部分学生仍因不知道、不好意思去等未能对心理咨询室好好利用。面对部分学生因学业产生的心理压力,心理咨询室应该开展线上线下相融合的心理咨询工作,尽可能实现随心约、随意选、随时谈;引导有需要的学生合理利用心理咨询室,减少外界压力对学生带来的不良影响。[6] 同时在心理咨询的过程中,专业的心理咨询师可以潜移默化地鼓励学生们勇于面对挫折,逐步提高他们摆脱困境的能力。

四、结语

线上教学模式的发展给高校学生的学习、生活、心理状态等带来了诸多挑战,也对高校学生的逆商培养提出了更高要求。针对诸多学生在学风建设方面存在的抗挫折能力弱等现象,高校应当充分发挥教育、管理和服务的功能,通过设置逆商教育课程、营造逆商培养氛围、打造逆商提升体系等创新路径,从"三全育人"角度,不断提高大学生的逆商水平,助力学生们在面对困境时自强不息、锐意进取。

参考文献

[1] 孙爱花,王小兰,刘思佳,等.后疫情时代大学生心理健康教育研究[J].教育教学论坛,2022(24):181-184.

[2] 杨晶,张浩.思想政治教育视角下高职新生逆商培养的创新路径探析[J].智库时代,2019(40):81-86.

[3] 黄婷婷.基于全面发展目标的大学生逆商教育路径研究[J].兰州教育学院学报,2017,33(12):93-94.

[4] 岳柳.创业教育中大学生的"逆商"培养[J].作家天地,2019(16):84-85.

[5] 邱政.逆商在大学生思想政治教育过程中的培养[J].黑河学刊,2018(2):142-144.

[6] 杨玉仁.当代大学生逆商教育研究:以兰州市部分高校为例[D].兰州:兰州财经大学,2019.

逆商理论在哀伤辅导中的应用

刘洁 / 阎婧祎 / 蔡嘉宇

(大连海事大学 学生心理发展服务中心)

摘 要:

人生面临的最严重的逆境之一为丧亲,帮助丧亲者疗愈丧亲事件带来的伤痛,是哀伤辅导的主要目标。逆商理论为哀伤辅导工作提供了重要的理论支持和实践工具。本文将逆商的 CORE 维度理论与 LEAD 工具应用于哀伤辅导,为哀伤辅导提供了一个新的技术方向和实践可能。

关键词:

逆境;哀伤辅导;理论应用

人生面临的最严重的逆境之一为丧亲,丧亲事件的发生可能让人难以置信、崩溃,深陷悲伤、沮丧、无助、自责等负面情绪中无法自拔。帮助丧亲者平稳度过丧亲事件,从丧亲事件的打击中走出来,是哀伤辅导的主要目标。逆商理论专门研究如何应对逆境,提高逆商,可以为哀伤辅导工作提供重要的理论支持和实践工具。本文将逆商的 CORE 维度理论与 LEAD 工具应用于哀伤辅导,为哀伤辅导提供了一个新的技术方向和实践可能。

一、哀伤辅导概述

哀伤(Bereavement)是指个人在失去所爱或所依恋的对象(主要指亲人)时所面临的境况,包括悲伤与哀悼两种反应。[1]一般情况下,哀伤会随着时间的推移而逐渐减弱,但也有一部分人哀伤持续时间长、强度高,影响到正常生活、工作、身体健康、情绪以及人际关系。

哀伤辅导指的是由专业人员协助丧亲者在合理时间内产生正常悲伤,以使其能够重新开始正常生活。大量研究表明,哀伤辅导有助于丧亲者稳定情绪,重建内心,恢复社会功能。在哀伤辅导中,除心理教育和心理咨询的基本咨询技术,如支持、倾听、共情、提问、鼓励讲述等,还包括空椅技术、角色扮演、叙事、保险箱技术、特殊仪式、意义寻求、团体支持小组等。

二、逆商基本理论概述

逆商是由美国心理学家保罗·史托兹在数十年研究和实践的基础上提出的,具有一套完整的如何应对逆境、提升逆商的知识框架、衡量方法和实践工具的体系。逆商即应对逆境的能力。逆境指的是"你预测的或亲身经历的对你所在意的人或事产生负面影响的事件"[2]。

(一)逆商的 CORE 维度理论

逆商由四个维度构成,分别为掌控感(Control)、担当力(Ownership)、影响力(Reach)和持续性(Endurance),英文简称为 CORE,也被称为逆商的 CORE 维度理论。其中,掌控感衡量的是"你觉得自己对于不利事件的掌控有多少?"高逆商的人对逆境的掌控感更强。因此,他们会采取行动,而这样做反过来又会增强掌控感。担当力衡量的是"无论起因为何,你在多大程度上会担起责任,改善现状?"高逆商的人更能从错误中吸取教训,他们也愿意承担困境所产生的后果,通常不管事情的起因是什么都会这样做。这种担当力促使他们采取行动,让他们比低逆商的人更有能力。影响力衡量的是"这个逆境会对我生活的其他方面产生多大影响?"高逆商的人更能将困难的影响范围限制在当前事件。持续性探究两个问题"逆境会持续多久?""逆境的起因会持续多久?"高逆商的人倾向于认为逆境及其起因不会持续很久,并将之归因为暂时性的因素。

(二)逆商 LEAD 工具

保罗·史托兹开发出了一套帮助人们持续提高逆商,并改变应对逆境的方式,即 LEAD 工具。LEAD 工具基于这样的观点:我们可以通过改变思维习惯来改变成功率,而这种改变是通过质疑以前的模式并有意识地构建新的模式来实现的。逆商 LEAD 工具由四部分构成,依次为倾听逆境反应(Listen)、探究对结果的担当(Explore)、分析证据(Analyze)、采取行动(Do)。逆商 LEAD 工具对个人与组织都会产生持久有力的影响。

三、逆商理论在哀伤辅导中的应用

逆境中对人的打击最大、最严重的莫过于个人失去所爱或所依恋的对象。而逆商直接决定了丧亲者的后续情况。因此,逆商理论对哀伤辅导有重要意义,逆商理论为哀伤辅导工作提供了重要的理论支持和实践工具。

通过逆商的四个维度可以评估哀伤风险等级,从而更好地识别风险,有效帮助丧亲者。逆商高的人在面对哀伤时,风险等级较低;逆商低的人在面对哀伤时,风险等级较高。

(一)运用逆商的 CORE 维度理论评估个体的哀伤风险等级

从掌控感这一维度上,辅导者可以询问丧亲者面对丧亲事件认为自己可以做些什么? 是否认为自己可以逐渐从丧亲事件中恢复? 通过丧亲者的答案,辅导者可以初步评估丧亲者对于丧亲这一逆境的掌控感。在掌控感这一维度上得分低的人更无助,更倾向于认为自己很难做些什么、没什么能做的,更加不相信自己可以逐渐从丧亲事件中恢复;在掌控感这一维度上得分高的人则认为自己可以做些事情让自己和他人感觉好一些,认为自己可以决定如何应对丧亲事件,认为自己有能力从丧亲事件中恢复。

从担当力这一维度上,辅导者可以询问丧亲者认为自己能在多大程度上担起责任,以改善自己现在的状态,包括身体状态、情绪状态和社会功能。通过丧亲者的回答,辅导者可以初步评估丧亲者对于丧亲这一逆境的担当力。在担当力这一维度上得分低的人更容易回避/逃避,更倾向于认为丧亲事件后自己的情绪状态乃至生活中受到的其他影响都是外力的缘故,自己只能被动地接受,被哀伤和负面情绪所裹挟;在担当力这一维度得分高的人更能为丧亲事件发生后自己的状态承担责任,从哀伤中复原。

从影响力这一维度上,辅导者可以询问丧亲者认为当前的丧亲事件对自己生活的其他方面会产生多大影响。在影响力这一维度上得分低的人,更倾向于把丧亲事件看得过于严重,认为丧亲事件的影响会蔓延到生活的各个方面,会毁掉自己的生活;在影响力这一维度上得分高的人虽然也会哀伤和怀念,但同时会努力把注意力拉回当前正在做的事情上,会限定丧亲事件的影响范围。

从持续性这一维度上,辅导者可以询问丧亲者认为丧亲事件对自己的情绪和生活状态带来的影响会持续多久。在持续性维度上得分越低的人,越有可能认为丧亲事件对情绪和生活状态带来的影响会一直存在下去,至少会存在很长的时间;在持续性维度上得分高的人,更倾向于认为丧亲事件虽然影响很大,但是不会一直这样,生活还在继续,状态也可以逐渐恢复。

(二)运用逆商 LEAD 工具提高逆商

前沿神经生理学家的研究表明,提高逆商必须从大脑的意识区域开始,开辟出新的神经通路,改变可以在瞬间实现,而原先的破坏性模式会因得不到应用而退化。基于此,保罗·史托兹认为,只要采用正确的方法,就能有效提高逆商。

1.倾听逆境反应

(1)引导丧亲者觉察逆境。事实上,在面临丧亲事件时,很多人会安慰丧亲者:意外难以避免;人终有一死;年龄大了,死亡的到来很正常,不要太难过;等等。但是以上安慰基本是无效的,因为这些话几乎都在无意识中否定了死亡给丧亲者带来的巨大悲痛。丧亲者也会努力说服自己,死亡是正常的,丧亲是人生中都会发生的。然而,事实是,丧亲对每个人来说,都是生命不能承受之痛,也许有些人在刚开始的时候没有表现出悲伤、痛苦或内疚等情绪反应,但并不意味着丧亲者不难过,很多时候他们压抑了这些感受,这些感受会在某一些触发点忽然爆发,引起情绪海啸或一直压抑,导致很多身心症状。保罗·史托兹指出,如果意识到逆境的降临,就会把逆境和对于逆境的反应带到大脑的意识层,也就是大脑皮层。而逆商只有在意识区才能发生改变。

因此,在哀伤辅导中,辅导者应帮助丧亲者意识到丧亲是一个巨大的应激事件,丧亲会带来显在与潜在的逆境,要允许这个过程中出现任何一种情绪,这样才能将自己的恐惧、悲痛、无助、内疚等情绪释放出来,而这是疗愈的第一步。只有真正意识到丧亲是人生中最大的逆境之一,才能允许自己接纳自己的反应,调整自己的状态,疗愈内心的创伤。

(2)帮助丧亲者评估逆境反应。在哀伤辅导中,帮助丧亲者接受并承认亲人的离开本身就是人生中最大的逆境后,辅导者可以帮助丧亲者觉察和评估自己的逆商。保罗·史托兹认为,能够迅速且自发地觉察到自己应对方式的质量和性质,尤其是从逆商的四个维度来评估自己在面对丧亲事件的反应是低逆商反应还是高逆商反应,对于提高逆商至关重要。此时,辅导者可以引导丧亲者从逆商的 CORE 维度上思考,自己的反应总体上是高逆商反应还是低逆商反应,在哪个维度得分最高或最低,从而对自己面对丧亲时的各种反应有一个更好的觉知。

(3)强化丧亲者的高逆商反应。当面对丧亲事件时,很多丧亲者会出现自责、后悔、愧疚等情绪反应,甚至在很长一段时间内陷入这些负面情绪中,认为自己在亲人离世的那个当下可以处理得更好,比如可以做某些事或者说某些话,也会自责以前没有多关心、多陪伴或多照顾这位亲人,然而斯人已逝,这些只会导致丧亲者陷入更深的自责。在哀伤辅导中,辅导者要肯定丧亲者在应对困难时表现出的高逆商反应,找出丧亲者在 CORE 维度上表现最好的一项并给予认可会大有助益并影响深远。需要注意的是,在刚刚面对丧亲事件时,丧亲者可能会处在震惊、悲叹等各种情绪状态中,这是情绪的正常反应过程,是有利于情绪恢复的,值得被接纳和肯定,不能将这些情绪反应与低逆商反应混为一谈。

2. 探究对结果的担当

(1)探究应该对结果的哪些部分担起责任。在哀伤辅导中,辅导者可以和丧亲者一起探究其当下的状态,让丧亲者了解自己也有责任做些什么来改善目前的状况非常重要。当丧亲者认为自己不需要为自己的生活、工作以及情绪状态承担任何责任,这都是丧亲事件本身带来的影响时,就不太可能真正开始思考如何改善自己的状态。辅导者还可以引导丧亲者思考,对目前的状态,自己应该对结果的哪些部分或者哪些方面担起责任。只有丧亲者接受了自己要承担的那部分责任,才会采取必要的行动改善自己的处境。

(2)限定影响范围。当处于丧亲的打击中时,人们往往会夸大和灾难化这一事件的影响,比如"再也不会有人爱我了""我从此再也不会开心了"等。而丧亲者想得越多,就越会深陷负面情绪的泥潭无力自拔,后果也会越严重,进入恶性循环。保罗·史托兹指出,如果人们只对已知或确认的这部分负责,就可以限定影响范围。所以,引导丧亲者回到当下真实的情况,设想此后几年可能出现的最好的情况,再回到当下思考:为了达到最好情况,自己当下可以做些什么。这些正面思维可以帮助丧亲者更有信心承担责任。

3. 分析证据

分析证据是一个质疑过程,分析证据可以让丧亲者审视、质疑并最终摆脱自己逆境反应中的消极影响。在哀伤辅导中,辅导者可以当面向丧亲者询问以下问题:

(1)有什么证据可以表明当前的情况一定不受你的控制/无法掌控?

(2)有什么证据可以表明丧亲事件的影响一定会蔓延到你的其他方面?

(3)有什么证据可以表明丧亲事件的影响必然会持续过长时间?

如果丧亲者拿出一些证据证明自己是事件的被动受害者,所有情况完全不受控制或认为丧亲事件的影响一定会持续很久且影响深远,辅导者就可以抓住这个重要的时机,与丧亲者探讨哪些证据是站不住脚的。面对问题(1),我们确实无法掌控死亡的进程和其他人的状况,但我们需要对自己的感觉和应对方式负责。也就是说,我们自始至终都是自己情绪和行为的主人,如果我们不愿意为自己的情绪和行为承担责任,那并不意味着我们真的无法掌控,而是我们选择了放弃,把权力让渡出去而已。这会让我们短时间内感觉好受一些,但是长此以往,我们会让渡出自己的整个生命。面对问题(2)和问题(3),虽然丧亲事件可能会给丧亲者带来持续和广泛的影响,丧亲者会有很多想象,但是,除了亲人离世的这一客观事实,没有证据表明其他问题一定会发生且毫无转机。

帮助丧亲者分析证据的过程,就是帮助他学会区分"假设"和"事实""可能"和"必然"的过程。而一旦能够区分这些,丧亲者就不会一直陷入痛苦的执念之中,促使其内心燃起希望,让其能从丧亲事件中更快地恢复过来。

4.采取行动

在哀伤辅导中,在没能完成以上过程之前,丧亲者往往无法到达行动层面。因此,第四步需要以上三个步骤为基础,不可操之过急,尽量少给丧亲者提议。辅导者的建议未必适用,更重要的是,这些来自外界的建议无法让丧亲者感觉自己有掌控感和担当力。在调整好心态的基础上,启发丧亲者思考以下行动清单,最好辅助纸笔,先帮助丧亲者将思考的问题落实到纸面上:

(1)如果想从负面状态中尽快疗愈,你还需要了解什么信息?

(2)你应该如何获取这些信息?

(3)你能做些什么来找回对自己情绪和行为的一点掌控感?

(4)你能做些什么来限定自己负面情绪和状态的影响范围?

(5)你能做些什么来缩短自己负面情绪和状态的持续时间?

(6)你可以从哪里开始做起?

(7)你准备在什么时候做出这个行动?哪一天?什么时间?

列出行动清单后,丧亲者也可能很难迈出第一步。此时,辅导者可以推动丧亲者确认需要率先做的是什么,或为避免问题恶化,需要首先停止做的是什么,何时做、怎么做,找出最小行动单元。一旦帮助丧亲者迈出第一步,其掌控感就会大大增强。

四、结语

在哀伤辅导中融入逆商理论具有重要价值,可以激发丧亲者的内在动力,促使其更好地启动自我修复的能力,带着希望更好地活下去,从创伤中疗愈,重拾生活的信心。

参考文献

[1] 陈维樑,钟莠筠.哀伤心理咨询:理论与实务[M].北京:中国轻工业出版社,2006.

[2] 保罗·史托兹.逆商:我们该如何应对坏事件[M].石盼盼,译.北京:中国人民大学出版社,2019.

逆商培养在大学生职业生涯规划课程教学中的应用研究

李德静 / 徐瑞雪 / 宋洋

(大连海事大学 学生就业指导中心)

摘 要：

面对严峻的就业形势,逆商教育是高校维护大学生就业心理健康的重要教育内容。本文根据对大学生的就业逆境分析,结合职业生涯规划课程教学内容,提出将逆商培养应用于职业生涯规划课程的理论式、唤醒式、咨询式、体验式教学中,以帮助学生减小就业逆境的消极影响,实现更充分、更高质量就业。

关键词：

逆商教育;就业;职业生涯规划;课程

一、引言

在国务院《2022 年政府工作报告》中,34 次提及"就业"一词。2023 年中国高校毕业生规模预计超过 1 150 万人,就业总体的压力仍然存在,结构性的矛盾仍然突出,就业形势严峻。在这样一个高逆境时代,如何通过职业生涯规划课程教学这一"就业育人"主渠道,帮助学生探索个人成长的原动力,尽量削弱逆境的消极影响,从而顺利就业,是本文要讨论的主要内容。

二、研究的背景和意义

"逆商"概念由美国心理学家保罗·史托兹提出,是指人们在逆境中的成长能力的商数,用来测量每个人面对逆境时的应变和适应能力的大小。[1]可以说,"逆商"从来都和"职业"密不可分。

为什么要把逆商培养应用于大学生职业生涯规划课程教学中?一项调查显示,就业压力增加是引起大学生焦虑、抑郁等心理情况的重要因素之一,而逆商培养是通过激发学生的心理潜能,帮助学生在逆境中积极调控,保持平衡与健康心态的最优方法。逆商培养的内容与职业生涯规划课程教学的主要任务"以大学生职业发展为立足点,通过学习职业生涯规划相关理论知识,激发学生自我认知、自我探索,确立职业发展目标,制定职业生涯规划,树立正确的职业观、就业观"相辅相成。把逆商培养应用于大学生职业生涯规划课程教学中是非常必要的。

三、研究的现状和创新点

国内关于"逆商培养与大学生就业工作"的研究主要集中在"重要作用、融入方法、训练方法、促进关系"等方面。唐新华认为"逆商教育有助于学生转变就业观念,有助于增强学生就业中的抗挫能力"[2]。吴洁认为"应当在大学生就业教育中融入逆商教育,培养大学生良好的就业心理素质"[3]。郭云贵提出"逆商教育的内容应包括正确的挫折观、自信心、归因理论、健康的思维方式等[4]"。孙万强和付斌认为"逆商的心理教育与大学生就业比例,是一种相互促进的正比关系,逆商教育水平愈高,则就业率就愈高"[5]。

目前国内尚未有逆商培养在大学生职业生涯规划课程教学中的应用研究,本文将在职业生涯规划课程教学中有效融入逆商培养方面进行一定的创新研究。

四、大学生的就业逆境

分析大学生的就业逆境,能够更加明确如何将逆商培养应用于大学生职业生涯规划课程教学中,可以从客观和主观两个方面来分析。需要说明的是,就业逆境是相对同期的就业形势和大学生个体来说的,谈逆境,本身就是一种相对的概念。对于一些大学生来说,就业困难是一种就业逆境;对于另一些大学生来说,就业困难更是一种前进动力。

从客观角度看,一是当前我国经济发展面临需求收缩、供给冲击、预期转弱三重压力,这些压力将影响毕业生的就业;二是毕业生规模持续扩大,规模和增量均创历史新高,就业竞争增强;三是就业的结构性矛盾尚未得到根本缓解,存在"就业难"与"招人难"并存的现象,不同专业、行业和地区间用人需求差异较大。

从主观角度看,一是大学生就业初始期望值过高,就业观念与职业价值观错位;二是大学生缺乏清晰的职业生涯规划,存在心理压力大、就业迷茫和焦虑;三是大学生缺乏必要的求职能力储备。据调研,暂不就业的毕业生相对于求职中的毕业生,职业规划能力与职业适应能力等9项能力明显偏弱,造成自身就业逆境,难以找到满意的工作。

本文主要从主观角度看就业逆境,提出将逆商培养应用于职业生涯规划课程教学的途径,从而促进学生克服就业逆境,解决就业难题。

五、逆商培养在大学生职业生涯规划课程教学中的应用途径

保罗·史托兹提出,逆商可分为四个部分:控制感、起因和责任归属、影响范围、持续时间。对应职业生涯规划课程教学,控制感能够唤醒学生的职业生涯规划意识;起因和责任归属能够帮助学生进行科学的自我认知,疏解就业心理压力;影响范围能够帮助学生做好生涯决策;持续时间能够帮助学生做好"全程化、全方位"的职业生涯规划。根据对大学生的就业逆境的分析,针对职业生涯规划理论与实践相结合、讲授与训练相结合的授课,提出四种应用途径。

(1)将逆商培养应用于理论式教学中

将逆商培养应用于理论式教学,转变大学生的就业观念,提高大学生的就业主动性。职业

生涯规划课程理论式教学内容主要包括:职业生涯理论知识,决策理论知识,职业兴趣理论,MBTI 性格理论,职业能力,职业价值观,职业生涯规划的基本方法,行业、职业及职业发展路径分析。

在理论式教学中融入逆商培养,指导大学生认清就业形势,不惧怕就业竞争,不再眼高手低,正视现实,正确认识自身能力,使大学生能够主动了解行业发展现状,以积极的心态科学定义自己的就业期望值,以良好的心态迎接挑战。同时,在理论式教学中融入逆商培养,将提升课程高阶性,强化理论教学深度,帮助学生在职业生涯规划起步阶段"系好人生第一粒扣子"。

(2)将逆商培养应用于唤醒式教学中

将逆商培养应用于唤醒式教学中,指导大学生明确生涯规划意义,加强自我认知。职业生涯规划课程唤醒式教学内容主要包括:运用职业生涯绘画、兴趣岛探索等教学方法,唤醒大学生职业生涯规划意识,明确职业生涯规划的重要意义,进行科学的自我认知。

在唤醒式教学中融入逆商培养,指导大学生运用控制感从职业兴趣、职业性格、职业技能、职业价值观等自我认知的角度接纳自我,学会适应所处环境,通过自我认同增强自信,提升对周围环境的信念控制能力;指导大学生学会控制逆境影响范围,例如,不因为某一次求职失败而将影响扩展到其他求职过程,而是通过自我复盘,将在某一项求职工作中陷入逆境所带来的负面影响降至最小。

(3)将逆商培养应用于咨询式教学中

将逆商培养应用于咨询式教学中,舒缓大学生的就业压力,增强就业抗挫力。职业生涯规划课程咨询式教学内容主要包括:在课前、课后,围绕课程教学大纲开展实践类教学,主要通过"个体咨询、团体咨询、生涯工作坊"等方式进行咨询式教学,加强学生的路径思维、动力思维、归因思维能力。

在咨询式教学中融入逆商培养,指导大学生运用逆商起因和责任归属分析造成自己陷入逆境的内因和外因,如个人的疏忽、未尽全力、人岗配合度低、条件不成熟等。引导学生在逆境面前平衡心态、正向分析、寻找解决办法,主动走出逆境。

(4)将逆商培养应用于体验式教学中

将逆商培养应用于体验式教学中,提升大学生的就业能力,促进高质量就业。职业生涯规划课程体验式教学内容主要包括:生涯训练营、求职训练营、就业实习实践等 20 余项实践教学活动,通过单项评比、团队评比、导师鉴定等方式,不断提升课程挑战难度。

在体验式教学中融入逆商培养,用"全程化、全方位"的职业生涯规划课程教学理念,指导大学生持续提升职业素养和职业能力,掌握职业与职场探索技能,学会根据职业生涯规划不同阶段的目标,细化大学阶段职业生涯规划的目标与行动方案,从而持续消除逆境所带来的负面影响和长期影响。

六、结语

将逆商培养应用于理论式教学中,转变大学生的就业观念,提高其就业主动性;将逆商培养应用于唤醒式教学中,指导大学生明确职业生涯规划的意义,加强自我认知;将逆商培养应用于咨询式教学中,舒缓大学生的就业压力,增强就业抗挫力;将逆商培养应用于体验式教学中,提升大学生的就业能力,促进高质量就业。这是高校顺应就业形势和大学生心理健康发展规律,在促进大学生更充分、更高质量就业的同时,有效疏缓学生就业压力的有益尝试。

参考文献

[1] 唐新华.职业生涯规划为载体的工程应用型本科院校逆商教育[J].黑龙江高教研究,2011(12):
22-24.

[2] 唐新华.逆商教育与大学生就业力的和谐成长[J].现代教育管理,2009(5):119-121.

[3] 吴洁.大学生就业教育中融入逆商教育的探索[J].知识经济,2015(13):134.

[4] 郭云贵.大学生就业指导中的逆商教育探索[J].安徽商贸职业技术学院学报(社会科学版),2010,9
(2):71-73.

[5] 孙万强,付斌.提倡在大学毕业生中开展"逆商"教育[J].中国高等教育,2004(23):45.

[6] 李德静,徐瑞雪,王浩.高校大学生"全程化、全方位"就业指导实践研究:以大连海事大学为例[J].
中国大学生就业,2021(23):44-47.

新形势下大学生逆境反应常态化及逆商教育对策探究

田一鸣／崔学林／王宏诗

(大连海事大学　船舶与海洋工程学院)

摘　要:

随着社会的飞速发展、网络的快速普及,大学生对逆境反应的常态化表现逐渐明显,这对大学生逆商教育提出了新的思考和挑战。本文主要分析大学生逆境反应常态化的原因与表现形式,并在此基础上对新形势下大学生逆商教育对策进行了研究。

关键词:

大学生;逆商;逆境反应

逆商(Adversity Quotient,简称 AQ)是美国心理学家保罗·史托兹提出的概念,全称逆境商数,一般被简称为挫折商或逆境商。它是指人们面对逆境时的反应方式,即面对挫折、摆脱困境和超越自我的能力。[1]从定义中可以看出,逆商是在面对逆境时表现出来的。而对于大学生而言,大学生活是他们离开家庭庇护直面逆境的开始,即在离开家庭后大学生的逆商才显露出来,其表现出来的反应方式、处理能力是家长所不容易观察并有针对性培养的,这也是大部分家庭教育在孩子逆商培养方面有所缺失的原因之一。大学生逆商教育基础差,家长配合度差的问题逐渐显现,因此,探索新时代大学生逆商教育的有效途径已经成为各高校目前思政工作、心理工作研究的重点问题。

一、新形势下逆境反应常态化

从保罗·史托兹给出的定义中我们可以看出,逆商是指人们在面对逆境时的反应方式,但目前中国大学生群体的逆商的外在表现已经趋向常态化,在日常生活学习中多有反映大学生逆商偏低的情况。这种逆境反应已经不需要在大学生遇到逆境时产生,而是大学生内心对未来逆境发生的情景认定,并将其作为不可抗力而放弃抵抗,以至于在逆境未发生时即出现情绪低迷、沉迷享乐、失去斗志、不作为的低逆商表现。这些未来逆境发生的情景有高昂的房价、严峻的就业形势、行业中不合理的"内卷"等,这既有大学毕业生、社会青年普遍压力增大的共情,也受大学生在互联网复杂思潮影响下的理论认同。因此,新形势下逆境反应常态化对家庭教育、学校教育、社会教育中的逆商教育提出了新的挑战。

(一)隐藏在"佛系""躺平""摆烂"思潮下的逆商教育缺失

"摆烂",指事情已经无法向好的方向发展,于是干脆不再采取措施加以控制而是任由其往坏的方向继续发展下去,不想干了,与"破罐子破摔"的词义相近。"佛系""躺平"等大学生群体中的文化表现与其大同小异。目前大学生群体无论是在互联网中还是在现实生活中,都有人大谈"摆烂主义""摆烂文化"。目前大学生所处的时代,是信息高度发达的网络时代,也是社会高度发展、各种思想相当活跃的科技时代,青年一代的思想性和创造性得到培养和开发,但是其方向性需要正确的引导和教育。缺乏蓬勃朝气和奋斗姿态的年轻一代如何承担一代人的责任?

如今互联网中众多的"摆烂文学",已经详尽论述了关于大学生为何"摆烂",即自己想通过努力达成理想,但是理想与现实的差距无法靠自身的努力来弥补。创造性提出这一词语的人们和一部分崇尚"摆烂主义"的人们可能是经历过挫折、失意和打击,在面对逆境时产生了低情绪反应。但是经过互联网的快速传播并受到一些负面情绪的推波助澜,还未进入社会的在校大学生们产生了与创造者和经历者所不同的反应,即还未经历逆境便已对"摆烂主义"产生认同,最终导致新形势下大学生逆商表现常态化,其具体的外在表现可能为不愿学习、缺乏探索精神、不愿吃苦和沉迷享乐,并用还未发生在自己身上的逆境情景作为自己选择"摆烂"的理论支撑。在目前信息接收量大、受各种思潮影响多的大背景下,部分大学生对中国传统文化中吃苦耐劳的精神产生了不理会、不认同甚至抵触的情绪,这对新形势下的逆商教育提出了新挑战。

(二)网络情绪盲目认同下的逆商教育缺失

网络复杂多元化的背景对大学生的成长带来了一定的影响。一方面,信息过载和谣言的传播让学生难以筛选和辨别信息的真假;另一方面,网络信息的碎片化以及网络暴力等现象层出不穷,学生片面理解网络信息导致的思维局限性以及观念偏颇不利于学生的个人发展。解决网络情绪盲目认同下的逆商教育缺失需要加强批判性思维能力培养、媒体素养教育,强调自我反思和情绪管理,培养宽容和尊重的态度,并鼓励多元化、多来源的信息收集。这些举措将帮助学生更好地应对网络情绪的影响,并发展出健康和理性的逆商能力。

二、新形势下大学生逆商教育的对策研究

(一)提高教育者对低逆商群体的辨认能力

传统的测量逆商的工具为"逆商量表",由保罗·史托兹[2]编制,李炳全等[3]于2008年对量表进行汉化。该量表已被用于大学生群体逆商检验,并被证实适用性良好。使用此量表可帮助教育者辨别低逆商大学生群体,有利于教育工作有针对性地开展。但在新形势下低逆商

大学生群体隐蔽性强,且外在表现多样,完全依赖量表无法有效辨认,需要教育者深入学生群体,并具备思想政治教育工作能力,这样才能真正有效辨认低逆商大学生群体。

（二）运用社会化思维加强网络思想政治教育

当今的大学校园是网络化的校园,教育者和被教育者的沟通和交流方式已经逐渐从线下转为线上,大学生对网络信息的权威认可度也逐渐提高,已经逐渐由有问题找老师、同学,变成有问题上网搜。占领思想政治教育网络阵地迫在眉睫,但目前网络思想政治教育工作主要是将想让大学生接收的东西放在网上,而很少去关注大学生在网络上浏览什么,导致一些思潮已经在大学生群体中产生,然后才去寻找应对方式。

新时代开展思想政治教育工作应有更强的预判性,通过多种方式了解大学生的关注、浏览、喜好,运用社会化思维,将大学生放到社会网络中思考并预判可能产生的问题,为学生工作的开展提供理论支撑。例如,一些短视频自媒体工作者会经常把某个或多个自媒体平台中的所有文案、短视频全部浏览以便预测未来盈利趋势,高校的思想政治教育工作者应将工作思路打开,运用社会化思维思考教育工作的开展趋势,增强思想政治工作预判性,以防止网络上的负面情绪对大学生逆商教育产生阻力。

（三）逆商教育的传统途径

心理疏导、逆商培养、逆商训练是当代大学生逆商教育的传统途径[4],其延续至今已经在大学生群体中具备一定的适应性。

针对大学生群体中心理问题频发,且随着大学生从"90后"向"00后"过渡,心理问题类型也随之变化,需针对逆商教育问题在心理筛查和心理疏导中采取一些有效措施,引导大学生正确认识自我,树立积极向上的信念。

逆商培养是当代大学生逆商教育的根本途径之一,在组织过程中,通过预设挫折情景创建,让大学生深入情境进行思考,感受逆境中的挫折和打击,并引导学生做出正确的应激反应,在实践过程中触动学生的内心世界。

逆商训练目前已经不局限于传统环节,已经有相关研究证明美育[5]、体育[6]在大学生逆商培养中有一定的正面作用,一切帮助同学们摆脱网络依赖的有意义活动均能在一定程度上帮助同学们提高逆商。

三、结语

新时代大学生所表现出来的逆境反应或许长久以来一直存在,或许当代大学生们所焦虑的问题每一代人都曾遇到过,可在当今互联网的加持下,人们有了广泛探讨焦虑的平台,使得焦虑得以传播并传染。一代人有一代人的责任,一代人也有一代人的焦虑,作为已经从事思想政治教育工作的这代人,有责任、有义务帮助下一代人解决逆境焦虑,使其不断完善自身人格,树立乐观、积极、向上的心态。

参考文献

［1］保罗·史托兹.逆商:我们该如何应对坏事件[M].石盼盼,译.北京:中国人民大学出版社,2019.

［2］Stoltz P G. Adversity quotient at work:find your hidden capacity for getting things done［M］. New York:HarperCollins E-books,2010.

［3］李炳全,陈灿锐.逆境商量表在中国606名学生中的信效度检验[J].中国心理卫生杂志,2008(8):605-607.

［4］刘昕.论当代大学生逆商培养[J].前沿,2014(ZA):209-210.

［5］张高阳.试论以美育促进大学生逆商培养[J].改革与开放,2015(15):113-115.

［6］李金花.中长跑锻炼对大学生逆商培养的影响[J].九江学院学报(自然科学版),2016,31(1):123-125.

当代大学生逆商培养现状及途径探索

李伟／晁阳

（大连海事大学　航运经济与管理学院）

摘　要：

进入 21 世纪,大学生能力的培养受到了国内外学者的重点关注,其中逆商培养更成为热点问题。在此背景下,本文分析了当代大学生逆商培养的现状,提出了加强大学生逆商培养的目标与途径。

关键词：

逆商培养;大学生;现状分析;对策途径

一、逆商概述

(一)逆商定义

逆商,即逆境商数或厄运商数,是指由美国心理学家保罗·史托兹于 20 世纪 90 年代中期提出的人们在面对逆境时的应对方法,与智商、情商并称"三商"。[1]逆商由控制感、持续的时间、影响的程度和归属感四个部分组成,可用于评价一个人在面对困境时的意志力、忍耐力以及情绪控制等能力。[2]

自古以来中国人都相信逆境是磨炼意志、培养品格的一种绝佳途径。当前我国的发展进入了全新的历史阶段,人们的生活方式和思维模式发生了巨大的变化。多数大学生的成长环境相对舒适安逸,在家人和老师的关怀和呵护中成长,导致心理年龄与实际年龄并不相符。当面对学业、人际关系和就业等多方面的生活压力时,大学生很容易出现消极、迷茫、抑郁等问题,甚至有极少数的大学生会采用一些极端方式解决问题。因此,研究当代大学生逆商培养的现状,剖析影响其逆商培养的原因,并探索出全新的培养途径,具有较高的理论价值和现实

当代大学生
逆商培养现状及途径探索

意义。

(二)影响逆商培养的因素

根据已有研究可知,逆商培养受内外部因素共同影响。一般而言,对逆商产生影响的内部因素是自身的心理困扰。当身处困境时,人们往往会表现出垂头丧气、过度自责、心不在焉,甚至会出现不思进取、自甘堕落等现象。受这些因素的影响,人们身处逆境时不能及时化解消极情绪,不容易从逆境走出来。

对逆商培养产生影响的外部因素多种多样,涉及社会、学校和家庭三个层面:在社会层面,受经济发展趋势、就业形势等因素影响;在学校层面,主要受学业压力、师生或同学间人际关系等因素影响;在家庭层面,则受家庭结构以及家庭教育氛围等因素影响。冯宇轩等学者(2019年)采用问卷调查的方式,具体分析了不同的外部因素对大学生逆商培养产生的影响。[3]根据他们的研究可以绘制影响大学生逆商培养外部因素的饼状图(见图1)。

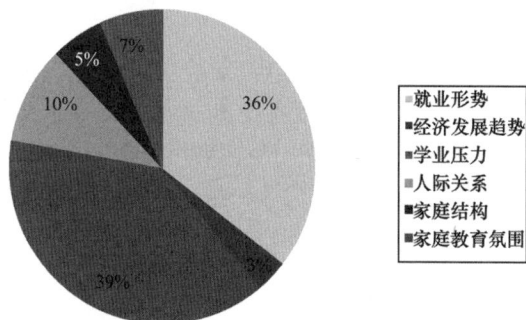

图1 影响大学生逆商培养的外部因素

(三)大学生逆商培养的必要性

1. 当代大学生心智不够成熟

根据各高校公布的数据可知,2021年新入学的本科生大多刚满18岁,有4所高校年龄最小的新生只有13岁,21所高校年龄最小的新生为14岁,52所高校年龄最小的新生为15岁,整体趋势为学生低龄化。对于还未踏入社会的大学生来说,他们的人生阅历不足,心智不够成熟,当身处困境时,容易产生消极逃避的想法,抗压与解决问题的能力较弱。因此,推行对大学生逆商的培养对其身心发展有着至关重要的作用。

2. 大学生逆商的家庭培养严重缺位

当今社会竞争日益激烈,家长普遍将孩子的教育重心放在学习成绩上,对孩子心理、性格的关注度不足。在这种环境中长大的孩子长期压抑内心需求,性格往往孤僻敏感,心思过于细腻,容易陷入消极和绝望中,这些都不利于逆商的培养。加之受不合理的家庭结构等因素的影响,不少学生在面对困难时缺乏自信心,容易产生挫败感。

3. 对大学生逆商培养的重视程度不足

自1999年逆商培养这一概念引入我国以来,针对大学生逆商培养的研究虽取得了一些成果,但仍存在许多不足之处:一方面,各所高校普遍更关注学生的学业和就业表现,对学生的逆商培养重视程度不足;另一方面,本土化程度不足,由于逆商培养这一概念诞生于美国,而中美两国在社会背景、经济环境和文化氛围等方面有较大的差异,若不能根据我国大学生的身心发展特征将逆商培养理论"中国化",将无法帮助学生树立正确的观念,提高逆商。

二、当代大学生逆商培养的现状分析

(一)社会层面

当今,我国人民的物质生活已经得到了极大的改善,但一些不良的社会风气也随之蔓延开来,例如拜金主义和享乐主义的盛行。大学生的自制力较弱,在面对种种诱惑时,身心难免受到不良影响,不思进取、盲目攀比、三观不正,这些严重影响了他们的日常生活,更不利于对他们逆商的培养。[4]

同时,由于近年来就业形势的日趋严峻,社会人才竞争十分激烈,大学生们面临着来自各方面的压力和考验。如果这些压力和问题不能被正确、冷静地对待和处理,不利于对大学生逆商的培养,极有可能使一些大学生产生消极、迷茫的情绪,甚至会导致其轻生、犯罪等严重后果。

(二)高校层面

大学校园是储备知识和培养人才的重要场所,承担着为社会培养高质量人才的艰巨任务。由于逆商培养是一个新兴概念,因此许多高校在推进逆商培养的过程中存在着一些问题。

一方面,许多高校虽然已经对大学生进行了逆商教育,但重视程度不足,课程设计流于形式,没能为学生营造出良好的逆商培养环境。另一方面,当前有关逆商培养的资源有限,缺乏专业的师资力量,个别教师的教学方式单一,不能将逆商培养贯穿到教学实践中,无法在大学生疑惑时给予专业的建议。

(三)家庭层面

当今,多数家庭只有一个孩子,家长无微不至地照顾孩子的生活和学习,竭尽一切可能满足孩子的需求。但这种娇惯对子女的身心发展产生了严重影响,孩子变得像温室中的花朵一般,需要时刻依赖父母,缺乏在逆境中自我鼓励和克服困难的能力。

当前,在家庭教育中流行赏识型教育,虽然这对孩子自信心的培养具有一定的好处,但在孩子的成长过程中若只有表扬和鼓励,那么他们的抗打击能力就会越来越弱,他们在面对挫折时就会极度畏惧,这不利于逆商的培养。

(四)自身层面

应试教育导致有些大学生一味追求学习成绩而忽视了自身心理健康,不懂得逆商培养的重要性,不主动了解、学习有关逆商的知识,在面对挫折时一脸茫然,不知所措,无法找到处理问题的有效方法。他们中的大多数也很少与老师进行互动交流,无法领会逆商培养的实践性意义,从而影响自身的逆商培养。

在面对严峻的就业形势和日益复杂的社会竞争时,一些大学生不能正视自身实力,眼高手低,无法轻易实现他们的美好设想,同时又不能正确地处理这种心理落差,严重影响了逆商培养的效果。此外,当代大学生个性强,思想开放,对人、对事有自己独特的见解,所以在日常生活中与他人发生冲突与矛盾是不可避免的。在日常的学习生活中,学生如果一味沉浸在自己的小世界里,不愿意与父母、老师或朋友沟通交流,这必然会使得其人际关系出现问题,不利于逆商的培养。

三、当代大学生逆商培养的目标与途径

（一）逆商培养的目标

1. 培养积极向上的人生观

大学时期是一个人人生发展过程中十分重要的阶段，树立积极向上的人生观，提高思想觉悟十分重要。高校在推进对学生逆商培养的过程中，需要督促学生认真学习人生观的基本内涵，帮助他们养成终身学习的习惯，时刻在实践中端正自己的思想和行为，从而培养积极向上的人生观。

2. 培养坚韧不拔的意志

坚韧不拔的意志不是与生俱来的，而是通过后天培养逐步形成的。高校在推进对学生逆商培养的过程中，应当以培养学生坚韧不拔的意志为目标，让他们能够以乐观的生活态度面对人生中的挫折。

3. 培养独立自主的判断能力

新时期的大学生自幼就受到父母长辈的关心保护，在生活中缺乏独立的判断能力，在面对复杂而残酷的社会现实时，缺乏主见，不能很好地应对。因此，高校在推进对学生逆商培养的过程中，应当积极引导，帮助大学生挖掘自身的创造力和判断力，变被动为主动，解决所遇到的难题。

（二）逆商培养的途径

在当今逆商培养被普遍需求而社会和家庭逆商培养缺位的背景下，高校的教育工作者不能疏于对大学生进行逆商培养方面的教育和指导，并且使用的教育方式应当与时俱进，具体可以从以下几方面进行。

1. 在思想政治教育课程中增加逆商培养的内容

高校的思想政治教育课程是逆商培养的重要载体，而逆商培养也应当成为高校的思想政治教育课程的重要内容，两者应当融会贯通。[5]目前，我国高校的思想政治教育课程的开展形式以课堂教学和辅导员日常沟通交流为主，其中课堂教学是主要渠道，因此对大学生的逆商培养应当充分利用课堂教学。授课教师应当以大学生身心发展规律为依据，充分利用各种教学资源，更好地了解与掌握逆商培养的相关知识和方法。此外，授课教师应当合理安排教学内容，提高案例教学的比重，将理论知识运用到实际案例中，使学生更好地理解、运用所学知识，从而提高高校逆商培养的整体水平。

2. 努力营造良好的逆商培养环境

高校校园文化建设是增强大学生认同感和归属感的重要途径，也是推进逆商培养的有力方式。一方面，各所高校应当高度重视并充分利用官方网站、微博及公众号等新媒体，努力创作出体裁灵活、内容新颖的作品，多角度、多层次地向师生宣传逆商培养的意义和方式，使逆商培养深入人心。另一方面，高校应当积极组织开展主题鲜明、形式灵活多样的文体活动，例如开展逆商知识竞赛、校园心理剧演出、主题班会等。学校通过开展一些以弘扬五四精神、民族精神以及红色革命精神为主题的活动，帮助学生深入学习先进人物的奋斗故事，发挥榜样的激励作用，帮助学生树立正确的挫折观和逆境观。各所高校团委还可以利用课余时间和假期，开展丰富多彩的社会实践活动，并建立相匹配的评价考核机制，将实践活动与学业成绩挂钩，提

高大学生参与实践活动的积极性,在活动中推进学生的逆商培养。

3.组织开展心理健康教育活动

随着社会各界对大学生心理健康的重视程度日益增长,多数学校设置了专门的心理健康咨询中心,为有心理困惑的学生答疑解惑。各所高校应当利用心理健康咨询平台,依据不同年级学生的心理特征,开展具有针对性的逆商培养活动:大一时期的学生由于初入大学校园,会面临角色转变的压力,容易出现想家等不适应的情况,因此应当从情感层面出发,开设侧重心理疏导等方面的课程以推进逆商培养;大二时期的学生很容易在学业、感情等方面受挫,对这个时期学生的逆商培养应当既突出重点又要综合考虑,学校可以开展有关应对挫折或困难解决方法的专题讲座,提高大学生的抗挫折能力;大三时期也是问题多发期,在这个时期,学生需要面对工作、创业和读研如何选择的问题,因此学校应当高度重视学生的身心状态,引导他们增强自信,合理定位、规划未来;大学四年中挫折发生率最高的时期是大四,学生面临着理想与现实不符、自我价值得不到满足等问题,因此学校可以开展就业指导,在他们求职时给予基本指导,并且当问题发生时,学校应当对学生及时进行心理疏导。[6]

四、结语

习近平总书记在党的十九大报告中提出:"建设教育强国是中华民族伟大复兴的基础工程,必须把教育事业放在优先位置,深化教育改革,加快教育现代化,办好人民满意的教育。"高校承担着培养高素质人才的任务,需要牢记责任和使命,建设高质量的教育体系,竭尽全力帮助、引导大学生以积极乐观的心态面对挫折、逆境,锤炼坚韧不拔的意志,提升逆商,为实现中华民族伟大复兴的中国梦培养更多的人才。

参考文献

[1] 王欢芳,蒋娉婷.大学生逆商现状及培养模式构建[J].创新与创业教育,2017,8(6):100-104.

[2] 郑晓燕,刘彪.研究生逆商培养的必要性及途径探索[J].北京教育(德育),2020(11):81-83,87.

[3] 冯宇轩,明鑫,朱涛,等.新时代大学生"抗压能力"调查研究[J].法制与社会,2019(12):185-186.

[4] 杨玉仁.当代大学生逆商教育研究:以兰州市部分高校为例[D].兰州:兰州财经大学,2019.

[5] 邱政.逆商在大学生思想政治教育过程中的培养[J].黑河学刊,2018(2):142-144.

[6] 侯海艳.当代大学生逆商培养系统的构建[J].濮阳职业技术学院学报,2018,31(6):98-99.

自媒体时代大学生逆商
教育途径探索

赵洪吉[1]／ 李鑫[2]／ 赵燕程[3]

（大连海事大学　信息科学技术学院[1]　马克思主义学院[2]　航海学院[3]）

摘　要：

随着网络技术的快速发展，社会传播进入了自媒体时代。自媒体凭借其作品传播频次高、蕴含内容丰富等特点，正逐渐渗透于大学生日常学习和生活之中，同时也给高校思想政治教育工作带来前所未有的机遇与挑战。逆商作为大学生成长成才的关键因素，影响其人际关系、学习质量、心理健康和就业。通过对自媒体特点的分析研究，探索自媒体时代在加强大学生逆商教育方面的途径，可以帮助大学生磨砺心志，让其学会用毅力、韧性、技能和智慧正确地面对和克服困难，有助于大学生成长成才。

关键词：

自媒体时代；逆商教育；大学生

　　逆境商数，即逆商（Adversity Quotient，简称 AQ），通常被译为逆境商或挫折商，是指人们面对挫折、困境和困难等逆境的反应方式，以及应对这些挑战的能力。[1]智商（IQ）、情商（EQ）、逆商（AQ）被称为"3Q"，目前被广泛认为是获得成功的主要因素。很多专家甚至认为，情商和逆商在一个人获得成功的过程中发挥的作用占比高达 80%。大量研究显示，在竞争越来越激烈的今天，逆商发挥着越来越重要的作用，其往往能对一个人的成功起到决定性的作用。在中国以应试为主的教育体制下，大部分高校学生缺乏社会经验和逆境的磨炼，抵抗挫折的能力较差，自我调控能力不足。他们在遇到毕业困难、失恋、找不到工作等逆境时，容易意志消沉而丧失斗志，如果不能对他们进行及时引导，消极因素的长期积累容易导致他们产生抑郁情绪，甚至会产生轻生的念头。

　　随着互联网和通信技术的发展，以短视频为代表的自媒体给学生的心理和价值取向造成了较大的冲击，为高校辅导员开展心理教育工作带来了更大挑战。一方面，随着抖音等自媒体的发展,学生越来越沉溺于使用手机,面对面地与他人沟通、参与实践的时间大大缩短,他们变得更加自闭。另一方面,自媒体可以创作内容的特性,让学生在网络中成为他们想要成为的角色,这种因虚假错觉产生的自信往往使学生的自我认知和现实有较大的落差。这种落差越大,同学们在面对逆境时所表现出的抵抗力越差。经典社会学著作《娱乐至死》的作者尼尔·波兹曼在书中这样描述:"娱乐至死的可怕之处不在于娱乐本身,而在于人们日渐失去对社会事务进行严肃思考和理智判断的能力,在于被轻佻的文化环境养成了既无知且无畏的理性文盲而不自知。"经历十年寒窗苦读而步入大学殿堂的大学生,拥有高智商却因为一些小小的挫折而自暴自弃,这不得不让我们思考逆商教育的缺失。随着自媒体的不断发展,大学逆商教育的重要性日益凸显。

一、逆商的要素

逆商的概念最早由美国心理学家保罗·史托兹提出,他将逆商提炼为:掌控感(Control)、担当力(Ownership)、影响度(Reach)、持续性(Endurance)四个维度。[2]掌控感是指面对逆境所表现出的韧性和决心,高逆商的人往往会尝试采取行动,坚信"任何事情都可以做到"。担当力是指面对逆境,勇敢担起责任,改善现状的能力。影响度是指逆境对自己的身心造成影响的范围和程度。持续性则是指对逆境影响和持续时间的控制力。同时,他提出,逆商概念的作用主要体现在以下三个方面:第一,作为一种新的概念框架,用于理解人们获得成功所需要的各个因素;第二,作为一系列衡量方法,用于评估人们应对逆境的反应模式;第三,作为一种具有科学依据的工具,用于改善人们应对逆境的模式,最终全面提升个人效能和职业效能。[3]

二、自媒体时代逆商低的主要表现形式

第一,在逆境中单一归因,导致自信心不足。大学生从高考的千军万马中脱颖而出,成绩好的优越感让他们忽视了沟通、动手实践等方面的不足。进入高校后,面对周围比自己优秀的同学,个人的自信心受到较大冲击,单一归因为选错了大学等,而不从自身找原因。特别是面临越来越紧张的就业形势,许多同学在找工作碰壁后,往往指责社会的不公平、就业形势的紧张,而否认自己就业竞争力的不足。在自媒体时代,网络上各种流传的所谓成功学,让他们更加怨天尤人,把失败归结为外界因素。

第二,应对挫折的承受能力差,导致自控力低。大学生在面对学业失败、失恋、社交困难等问题时,表现出明显的焦虑、紧张、失眠,如果不能及时调整,会产生轻生的念头。同时,他们在面对这些问题时,往往不能换位思考,更不愿意退让而无法完成自我调整。

第三,应对挫折的能力低,导致逆境对自身的影响时间更长、范围更大。在面临逆境时,逆商低的大学生个体更容易在挫折面前一蹶不振,还缺乏有效措施应对。其主要表现形式有迁怒于人、睚眦必报或是长时间沉溺于坏情绪中不能自拔等,不但给自己的学习带来损失,还污染了周围的精神环境,从而导致紧张的人际关系或形成人际纠纷。

第四,自媒体作品的泛滥,导致自我调整能力低。自媒体推送的作品内容迎合了大学生的心理,在逆境中受挫的学生往往选择自媒体平台作为抚慰心灵的"镇定剂"。久而久之,学生会沉溺于虚拟世界而无法自拔,精准推送的内容让受挫个体将失败原因更多归咎于外部原因,从而获得心灵暂时的解放。这种延迟效应鼓励受挫个体安于现状,不采取行动改善目前状况,从而进一步造成逆商降低,并形成恶性循环。

在自媒体时代,逆商教育越来越紧迫。如何做好逆商教育成为衡量高校思想政治教育的一项重要指标,是高校提高学生就业竞争力的重要体现。

三、自媒体时代大学生逆商教育的主要途径

本文从新媒体特点出发,结合国家大力提倡的体商教育,建议可以从以下几个方面提高学生的逆商水平。

第一,帮助学生树立正确的目标,客观认识自我,让其能坦然面对逆境。客观认识自我、树立正确的目标是提高逆商的最基本途径。通过主题班会等形式,帮助学生正确认识挫折,辩证看待挫折,尽量消除对于挫折的先天畏惧和恐慌心理。同时,帮助学生客观理性地认识自我,教会学生如何有效分析自己的现实情况,客观分析自己所处的现实环境。培养学生根据自身情况结合现实环境制定切实可行的目标,并在达标的过程中不断优化目标。辅导员可以通过帮助学生制订学期学习计划、竞赛计划、社团工作计划、兼职计划、社交计划等提高学生制定切实可行目标的能力,并在实施过程中提供指导和咨询。辅导员要引导学生养成逆境正确归因的意识,帮助学生正确认识到没有成功的原因是多元的,需要从自身和现实环境等多个方面进行失败分析,避免将失败简单归结为运气不好。人生不如意事十之八九,说的就是人生挫折的常态化。引导学生正确看待失败,培养学生从发展的角度看待失败。用矛盾论的统一与对立思想,帮助学生正确理解失败与成功的关系。失败是成功前的准备,失败是对成功的鞭策,事物总是在曲折中发展的。

第二,引导学生走出网络、走出宿舍,培养全面发展的健全人格。自媒体的发展是一把"双刃剑",关键在于如何利用好这把"双刃剑"。大学生普遍缺乏自制力,一方面,一些学生沉溺于自媒体,用于自我提升的时间越来越少,增加了焦虑感和失败的概率;另一方面,自媒体又是学生遇挫后寻找精神麻醉的"避难所"。而且,自媒体的迅猛发展以及算法推荐,让越来越多缺乏自控的学生沉溺其中。辅导员要积极抢占网络媒体阵地,通过建立微信公众号、抖音账号,积极发布和转发健康向上的信息,在潜移默化中将正能量灌输给学生。同时,引导学生合理安排时间,缩短花费在自媒体上浏览无效消息的时间。鼓励学生积极参加社团,进行兼职、体育锻炼等活动,引导学生走出网络、走出宿舍,培养全面发展的健全人格。

第三,开展以体商教育和劳动教育为主的逆境教育,提高其对挫折的容忍度。大学生较单一的生活经历,决定了他们缺乏必要的挫折磨炼。在国家大力倡导体商教育和劳动教育的背景下,高校可以积极制订科学合理的教育方案,帮助学生提高抗挫折能力。在保证安全的基础上,通过鼓励学生参加长跑、游泳等活动,提高学生的韧性、意志力和抗压能力。通过鼓励学生参加足球、篮球、排球等团队体育活动,提高学生的沟通和团队合作能力。开设劳动教育课程,通过制定合理的劳动内容,提高学生制订目标、完成计划、抗挫折和抗压的能力。在高校开展逆境教育的活动过程中,相关辅导员和教师要给予合理的指导和帮助,从而增强体商教育和劳动教育的效果。

第四,引导学生通过科学方法控制不良情绪,强化自身调节能力。学生在遇到挫折时,容易陷入悲观情绪,出现烦躁、焦虑、失眠、精神失常等现象,甚至出现攻击他人的行为。引导学生正确面对挫折,学会控制自我情绪,是提高逆商的重要途径。高校要为学生提供情绪控制的课程和心理辅导,定期开展挫折情绪控制的心理辅导讲座。对于性格内向和遭遇重大挫折的个体,辅导员要建立特殊学生的档案,一对一开展心理辅导和挫折教育引导。特别是对一些逆

商非常低,存在心理困惑的学生。对受重大家庭变故、自然灾害等直接面对环境突变的学生,可以根据测试结果建立特殊档案,加强记录和监控,有效地把握其情绪变化和了解性格弱点,从而加强信息收集和心理辅导。

逆境是客观存在的,理想与现实的矛盾越来越突出、就业竞争激烈程度越来越高等情况所带来的现实挑战决定了高校提高逆商教育的重要性。古希腊哲学家伊壁鸠鲁说过:"人们不是被问题本身困扰,而是被看待问题的方式困扰。"[4]我们更应当注重教授当代大学生应对逆境的反应模式,引导他们把握心态和自我建构,不断提高逆商。只有这样才能使当代大学生在学业、事业、人生中取得更大的成功。

参考文献

[1] 保罗·史托兹. AQ 逆境商数[M]. 姜冀松,译. 天津:天津人民出版社,1998.

[2] 埃里希·弗洛姆. 寻找自我[M]. 陈学明,译. 北京:工人出版社,1988.

[3] 张英伦,吕同六,钱善行,等. 外国名作家传:上册、中册、下册. [M]. 北京:中国社会科学出版社,1979.

[4] FROH J J. The history of positive psychology:truth be told[J]. NYS Psychologist, 2004(05/06):18-20.

研究生逆商培养的
阻碍与对策

白汝坤

（大连海事大学　航运经济与管理学院）

摘　要：

研究生的心理健康，尤其是逆商水平仍然处于不稳定阶段，近些年来研究生自杀的新闻一再敲响对研究生心理健康关注的警钟。培养研究生的逆商对于研究生的心智发展乃至其人生观的建立都具有重要意义。本文分析了高校研究生逆商培养遭遇的阻碍，有针对性地提出培养研究生逆商的对策。

关键词：

逆商；逆商培养；抗挫折

党的十八大以来，习近平总书记围绕"培养社会主义建设者和接班人"做出了一系列重要论述，深刻回答了"培养什么人、怎样培养人、为谁培养人"这一根本性问题，这一问题也是教育的根本问题。心理健康与身体健康相辅相成，是当代大学生身心健康发展的重要一环。研究生作为高校大学生的重要组成部分，其心理健康问题不容忽视。随着时代的发展，逆商这个词也逐渐进入公众的视野，逆商培养对于研究生群体心理素质发展以及提高研究生群体进入社会后的适应能力都具有重要的意义。

一、逆商培养对于研究生的意义

逆商（Adversity Quotient，简称 AQ）是指一个人面对逆境和阻碍时的态度和方式，最早由美国心理学家保罗·史托兹提出。[1]个体的逆商指数越高，其抗挫折能力越强；反之，则越弱。

古人云："人生不如意事十之八九。"在人生中不可能只有顺势，逆境才是常态。如果说智商和情商是成功的必要条件，那么逆商则决定了成功的上限。逆商对于一个人的全面发展尤为重要，是衡量一个人面对逆境的意志力和决断力强弱的标准。一个高逆商的人必然是一个勇敢的攀登者。提高逆商,能够让研究生在面对逆境时克服内心的压迫感。即使受到痛苦也能快速调整自己的心态,形成良好的思维方式,继续稳步向前。

当代研究生主要为"90后",他们大多是独生子女,受到父母的关爱较多。同时随着社会的发展,人们的生活水平也得到了极大的提高,这一代读研的学生是非常幸福的一代,在父母的呵护下,在教育体制的保护下一直过得非常顺利。因此,在这样的背景下,研究生在面对挫折时,很容易产生挫败感,甚至怀疑自己,最终导致出现身心失衡的局面。据媒体统计,近几年来研究生自杀人数总体呈现上升趋势,而自杀的主要原因还是在学业、感情和就业等方面受挫。因此,培养当代研究生的逆商以及抗挫折的能力是十分必要的,对于研究生的身心健康发展具有重要意义。接下来主要分析研究生逆商培养面临的阻碍并提出相应对策。

二、研究生逆商培养面临的阻碍

(一)家庭教育的阻碍

在家庭教育中,大部分的研究生是温室的花朵:家长为其铺好了道路,学生只需要按照父母的安排,每日机械地奔忙在去各种补课班的道路上。由于在父母的掌控下成长,学生缺少了独自面对逆境的机会,这对于逆商的培养形成了一定的阻碍。这样的教育方式使得学生在进入大学后难以适应新环境,并且很容易出现心理问题。在"唯分数论"的教育环境中,学校和家长仅以文化课成绩评定学生是否优秀,反而忽视了学生的心理健康状况。在产生心理问题后,由于干预不及时,学生的心理问题不能够得到及时、恰当的解决,久而久之便会日渐加重,使学生在将来遇到挫折和问题后,只会一味地想逃避和躲藏。

(二)学术压力造成的阻碍

在研究生期间,发表论文一直都是困扰研究生的一大难关,许多高校对研究生的毕业标准有所要求,这就导致许多研究生为了毕业不得不完成学校的硬性指标。许多研究生面临着学校、导师以及实验的三重压力。据调查,高校研究生失眠、焦虑以及脱发的情况屡见不鲜。加之家庭因素的驱动,部分研究生在面对逆境时很难及时调整自身的心态,从此一蹶不振。而且,许多研究生在了解自身心理健康问题方面也趋于被动,出现问题往往不自知,也没有及时调整心态,等到发现问题时,就已经太迟了,情况变得无法收拾。因此,高校要及时做好逆商培养,均衡研究生心智的发展。

(三)社会竞争造成的阻碍

根据上海交通大学的统计,研究生的年龄分布主要在20~25岁。当代研究生很多是本科毕业直接考研究生,以此来缓解就业压力,而且毕业后找工作更具优势。[2]由此看来,研究生整体出现低龄化,很多学生还没有开始体验社会就开始了研究生的生活,这就导致大部分研究生并没有体会过进入社会的感觉,对于就业和未来前景是非常迷茫的,进而产生了一定的心理压力。真正步入社会后,当现实与自己内心的想法出现不一致的情况时,也极易产生焦虑和烦闷的心理。有的学生能够及时调整自己的内心状态,重新振作,面对生活;另一部分研究生则很难走出内心的困境,开始逃避现实、意志消沉,甚至走向极端。

三、研究生逆商培养的对策

(一)"三位一体"横向作用

1. 发挥学校培养作用

学生在大学生活中,大部分时间是在学校接受教育,每年只有两个假期。因此学校在培养研究生的逆商方面应该发挥主要作用。对于研究生而言,校园是他们与社会的缓冲带,学校作为关键的环节,其作用不容忽视。首先,学校应该设置一门有关研究生心理健康和情商培养的必修课程,将考试作为结课方式。经过学习,学生了解了自己的心理健康状况,在遇到困难与挫折时能够知道如何及时向学校反馈。只有学校将逆商教育作为重要内容,研究生才有可能在学校的重视下逐渐提高逆商。其次,学校应该为研究生提供更多情绪输出的窗口,例如心理咨询室,以提高他们的逆商能力;此外,学校还应该为研究生提供更多的意见反馈途径,以保持与学生及时沟通和交流。最后,学校应该积极进行调研,随时了解学生们的心理状态,针对问题及时解决。

2. 发挥社会培养作用

大多数即将步入社会并开始找工作的研究生会感到一定的压力。这份压力来自社会竞争、家庭期望以及个人追求卓越的荣誉感。每一名研究生都希望毕业后能够找到一份体面的工作,并且在未来的职业生涯中获得成就感。因此,他们希望这份工作能够配得上自己的理想和期望。然而,在这种压力和盲目自信的驱使下,有些人可能会变得犹豫不决,无法找到满意的工作,或者因找到的工作无法达到自己的期望而感到失望。由于研究生毕业以后都要进入社会,因此逆商的培养变得至关重要。已经找到工作的研究生可以通过入职培训加强对逆商的培养;而没有找到工作的研究生可能会更有心理压力,更容易产生挫败感,一旦发现自己心理出现问题,可以及时拨打社会上的一些求助热线和咨询热线,来解决自己的问题。

3. 发挥家庭培养作用

逆商的提升与家庭的氛围密不可分,一个积极健康的家庭氛围会改善学生在逆境中的应对态度和方式,使他们更容易与困难和逆境和解。因此,在日常生活中,家长应该发挥自身在逆商培养方面的作用,通过言传身教的方式,使研究生在面对逆境时保持正确的是非观,并通过谈心的方式了解孩子的心理状态,以建议的方式帮助孩子走向正确的道路。在此过程中,家校协同教育尤为重要。家长还要及时与学校方面保持联系,关注孩子的心理健康状态,随时沟通纾解可能出现的难题,与学校共同推进孩子逆商的培养。学校方面应该引导家长认识逆商培养的重要性,并与家长配合,共同科学地对学生进行心理疏导。

(二)纵向提升逆商能力

1. 研一期间培养重心

对于刚刚踏入研一生活的新生来说,熟悉周围的新环境至关重要。因此,这一时期的培养重心就是交友。通过延长相处时间、营造良好的交往环境等方式来扩大人脉圈子,这是交友的基本方式。在研一阶段,学校可以多组织一些课外活动,例如运动会、比赛等,以延长同学们的相处时间,让研究生在愉快的氛围中放松自己,释放内心压力,也给他人了解自己的机会。建立友谊对于提升情商也起到了很大的作用,当研究生遭遇挫折时,朋友也可以帮助其调整心态,共同渡过难关。

2.研二期间培养重心

研究生的课题研究与本科生不同,没有老师的手把手教学,需要靠自己的专研和探索。这种突然的转变可能会给研究生带来挫折感,因此,在这一时期,研究生的培养重点应该是转变学习态度。由于在科研学习中需要进行学习态度的转变,研究生应该及时向导师寻求帮助,以此应对不知所措的情况。导师也应该积极引导学生,帮助他们尽快从本科生转变为研究生,关心学生的心理状况,以减轻学生在科研学习中的压力。作为研究生的唯一负责人,导师有着重要的职责,需要与学生合作,共同克服学习上的难题。

3.研三期间培养重心

研究生在进入研三后,即将步入社会,也会面临着找工作的压力。因此,这一时期的培养重点应该是成长。虽然校园生活让研究生们像温室中的花朵一样绽放着绚丽多彩的光芒,但在面对"野外"的挑战时,研究生需要在真正意义上锻炼自己。为此,学校应该在这一时期组织学生参加专业实习或者鼓励学生尝试创业。研究生需要走出校门,拓宽自己的视野,以得到校园里无法获得的工作经验,磨砺自己的心性,亲身感受社会中的工作环境和挑战。通过一段时间的实习,研究生可以提高自己的业务水平和交际能力,从而在面对挫折时能够坦然应对,并在挫折中不断成长。学校也要鼓励学生进行创业,在确定创业方案可行后,给予技术性的支持或者提供商业人脉;在学生创业遇到挫折或失败后,也要帮忙寻找原因,使其在困境中成长,锻炼其坚强的意志。

(三)注重研究生心理健康教育中的逆商教育

研究生在学习与生活的种种压力下,心理或许会产生变化,因此,在其心理健康教育中也要引入逆商教育。

1.开展心理团体活动

在心理团体活动中,老师的职能不再是传授学习方面的知识,而是通过有力的引导帮助研究生建立良好的世界观、人生观、价值观。其中,一个常见的活动是让互相陌生的研究生坐在一起,进行自我介绍,并对自己做出评价。通过在活动中听取他人的反馈,研究生可以更加清晰找到自己的不足,从而加以改正。这样的活动不仅能够增进学生之间的人际交往,也能够帮助研究生更好地认识和了解自己。

2.建设心理防御机制

面对挫折的假想情景教育可以帮助研究生在没有真正经历挫折的情况下,预先体验挫折带来的负面情绪和问题,从而提前为应对挫折做好心理准备。这种方式可以让研究生在一个相对安全的环境下进行模拟实践,让他们更好地了解挫折的特点和应对方法,增强自己的抗挫折能力。同时,情景剧也能够锻炼学生的表达能力、创造能力和合作能力,提高他们的综合素质。这种方式具有趣味性和互动性,可以更好地吸引研究生的注意力,让他们更加积极地参与到心理教育中来。

3.心理咨询室开放心理辅导

大部分学校已经开放了心理咨询室,便于学生随时进行心理咨询。但是很多研究生并不知道心理咨询这一途径。因此,首先学校要做的是通过宣传和教育的方式让心理咨询室在研究生之间普及,让研究生知道心理咨询室的存在;其次,心理咨询老师要提高教育水平,能够因材施教,更有针对性地发现研究生存在的压力问题并予以解决;最后,可以在心理咨询室中单独创立一个解压房,供研究生发泄情绪,在这个房间中可以放置许多解压物品或解压器材方便学生解压,让研究生可以尽快发泄自己的压力和烦闷。

　　研究生是我国高校的尖端人才,培养研究生逆商具有重要意义。通过提升逆商,在未来遇到困境时,研究生能够保持积极乐观的心态,与过去的自己和解,并且在失败中一次又一次地成长,最后实现自己的价值。

参考文献

[1] 保罗·史托兹.逆商:我们该如何应对坏事件[M].石盼盼,译.北京:中国人民大学出版社,2019.

[2] 郑晓燕,刘彪.研究生逆商培养的必要性及途径探索[J].北京教育(德育),2020(11):81-83,87.

浅谈大学生逆商培养对"空心病"的影响

刘帅臣

（大连海事大学　航海学院）

摘　要：

大学生作为新时代中国特色社会主义事业的建设者和接班人,在具备扎实的专业技能的同时,更要注重心理健康。社会、家庭和高校因时代变化而不得不愈加重视大学生的心理健康建设。近年来,心理疾病不断对大学生的健康成长造成冲击,"空心病"对大学生的发展更是造成了不可预计的影响。重视大学生逆商培养已逐渐成为高校为有效解决大学生"空心病",助力大学生更好地适应社会所采取的有效途径之一。

关键词：

大学生;"空心病";逆商

当前我国正处于中华民族伟大复兴的关键期,当代大学生正处于建功新时代的历史机遇期。在这样的背景下,大学生迫切需要逆商教育和理想信念教育。随着社会的进步和生活节奏的加快,"空心病"已悄然成为大学生一种常见的心理疾病。社会的快速发展,使部分大学生面对挫折、遇到困境时更容易因产生挫败感而一蹶不振。但是,我国的社会主义事业的建设者需要有坚强的意志品质,能够成为全面发展的时代新人,因此对大学生进行全过程、全方面的心理健康教育势在必行。本文通过对"空心病"的分析和探讨,从大学生的心理特点着手,引出逆商教育、理想信念教育的重要性以及高校教育策略。通过分析新时代大学生在校期间逆商教育的现状,解读大学生"空心病"的成因,为高校的逆商教育提供有效措施和建议。在我国高校思想政治(简称思政)教育形势日趋复杂的情况下,优化新时代大学生逆商教育新思路和新方法的理论与实践研究必不可少。[1]

一、"空心病"的特征及成因

（一）大学生"空心病"的特征及表现

"空心病"是一类心理疾病具象化的表述,它的表现形式与传统意义上的抑郁症类似。患有这类心理疾病的人通常也是表现为感到迷茫,无所适从,情绪时常低落而无法调节等症状。对于大学生而言,"空心病"在日常生活中表现得更为突出。在大学生群体中,一些学生每天没有太多的学习、工作任务,但是每当需参加群体活动或布置个人任务时,他们却表现出抵触情绪,通常以有事为由而推脱逃避。当辅导员走访学生寝室、跟班听课或谈心谈话时,却发现此类学生通常既不参与课上互动,也无社团活动,更无课余社交,他们对各类活动都感觉厌倦和反感,仿佛对任何事都提不起兴趣。

"空心病"最早是由北京大学心理健康教育与咨询中心副主任徐凯文提出的,他认为当代大学生之所以出现"空心病",主要是由于正在遭遇一种因理想信念、价值取向的偏差或缺失而导致的心理健康问题。而这类患有"空心病"的学生还有一个明显的特征,就是他们没有显著的后天心理创伤,在当下社会背景下家庭条件也相对优越,没有经济方面的后顾之忧。[2]

作为一名一线高校辅导员,笔者在与学生接触的过程中发现有类似"空心病"症状的学生,其日常表现集中体现在以下几个方面:

（1）在社会中的自我定位不足;

（2）在学校中的集体观念较弱;

（3）在家庭中的情感表达闭塞;

（4）在个人生活规划方面混乱。

（二）大学生"空心病"的成因

大学生"空心病"的成因包括社会、学校、家庭和学生本人等多方面因素。

1. 不断施加精神压力的社会环境

大学生的"空心病"一定程度上来自社会的潜移默化影响,激烈的社会竞争和就业压力都不断地冲击着学生的抗压能力。而进入大学之前,绝大多数学生是唯分数论,缺少了对未来的规划和对社会的认知。而学校、家长对学生的成绩过分强调,往往忽略了对学生心理的干预和正向引导。在社会文化宣传方面,"快餐文化"如今成为主流,网络上各类良莠不齐的信息让学生对社会的判断是片面和零散的。大学生在这种环境中丧失了对价值追求的欲望,从而产生了一定的心理问题。

2. 急功近利和良莠不齐的教育模式

为了适应社会的高速发展,提升我国大学生的培养质量,我国各阶段的教育也一直积极尝试改革教育评价机制和教育模式体制。但是传统应试教育影响深刻,而改革也会存在两面性。而当下很多地区和学校的教育改革浮于表面,仅仅是为了改革而改革,为了创新而创新,新提出的教育机制,通常还未能长期坚持就迅速被其他的创新路径所取代。在不稳定的教育模式下,教育教学质量难以提升,对教师的教学水平和学生专业能力的培养都提出了巨大挑战。

初入大学校园的学生,通常对自己的专业不甚了解,而大学的教育难以在短时间内弥补学生少年时期在世界观、人生观、价值观教育上的缺失。入学后因对其所学专业、未来职业的认知误区,部分学生无法很好地融入大学生活,也无法顺利完成学业任务,更无力参与实践活动,从而产生了迷茫和无所适从。长此以往,心理问题不断堆积,严重时会导致出现自暴自弃等行为。

3. 望子成龙造成的不能承受之重

家庭的环境是造成绝大多数学生心理问题的根源所在,笔者在与多名有心理问题的学生的交流中发现的共性问题就是家庭方面问题。原生家庭环境不和睦,单亲家庭带来的感情缺失,幼年时期心理阴影,抑或是望子成龙造成的不能承受之重导致学生产生心理创伤。父母作为孩子的第一任老师,同样也应该在生活中春风化雨,润物无声。孩子是父母的一面镜子,孩子的世界观、人生观、价值观在大学前几乎都是受到家庭耳濡目染的,父母的教养决定了孩子对自己的认知和评价。中国一些家庭受到传统思想影响,依然认为在孩子的教育中家长应该处于绝对的领导地位。在接受望子成龙式的期盼和道德绑架式的教育后,学生则会对周围环境的感知更加敏感和脆弱,更易受到外界环境的影响。徐凯文医师指出,在以往他所接手的大学生重大心理健康问题中,很大一部分的成因包含家庭的影响。[3]

4. 自我认知不足造成的空虚与混乱

存在“空心病”的大学生往往感觉生活没有意义,做任何事都没有目的,缺少前进的原动力,严重者甚至会产生厌世思想,做出自杀、自伤等行为。步入大学以前,绝大多数的学生缺少主观意识,缺少独立思考能力,没有明确的人生价值,对生活目标不明晰。这使得学生在一定程度上是心理不健全、不成熟的。学生对自己的认知更多来自外界的评价,但是不同人的评价也是基于不同的观察角度,所以会造成学生对自身的定位出现偏差和混乱。过分的赞扬或批评也会让学生的情绪被无限放大,导致自大或自卑,无法进行准确的自我认知。学生由于缺失对外界环境的自我感知和实践体验,造成进入大学后“不知其可也”的窘迫困境,情感可能会变得更加闭塞脆弱,抗拒参加社会实践,进而造成心理的空虚落寞。因此,加强对个人的价值观的正向引导,能够在一定程度上改善“空心病”症状。

二、高校思政教育与逆商培养

（一）高校思政教育与逆商培养的关系

习近平总书记强调:“思想政治工作从根本上说是做人的工作,必须围绕学生、关照学生、服务学生,不断提高学生思想水平、政治觉悟、道德品质、文化素养,让学生成为德才兼备、全面发展的人才。”因此,在推进学生思政教育的环节,不可缺失的就是对学生心理健康的教育,特别是逆商培养。逆商通常是指人们面对逆境时的反应方式,即面对挫折、摆脱困境和超越自我的能力。[4]学生在全面发展的过程中,离不开较高的逆商所塑造的坚韧品格。如今虽然绝大多数高校已开设关于心理健康教育的相关课程,但是受到“唯分数论”的影响,高校心理课程被学生称为“水课”,往往没有真正地受到重视。

大连海事大学在思政教育基础上提出了智商、情商、体商、技商和逆商的五商并育,逆商的培养在教育中的占比也越来越高。而高校思政教育是高校对学生逆商培养的重要载体之一,大学生的逆商培养则是思政教育的重要内容之一,两者相辅相成,无法割裂。高校需要通过课程思政、人文思政、环境思政等共同促进逆商与理想信念和精神品格的水乳交融,激发学生的学习热情、无限想象力和深入思考的能力,但目前这两者的有效融合仍然存在不足。[5]

（二）逆商培养对大学生健全发展的重要意义

以前,我国大学教育多重视智商的培养,忽略和轻视了逆商的教育,使得学生在脱离家庭环境后缺少了坚韧的品格和坚定的意志。

自古以来的诸多成功人士无一不拥有坚定的信念、顽强的意志和坚强不屈的品质。"古之立大事者,不惟有超世之才,亦必有坚韧不拔之志。"大学生身上肩负的是实现中华民族伟大复兴的时代重任,他们是中国未来社会中最鲜活的动力,若无坚定意志和不畏困难的品质,难以成长成才。中国社会主义改革开放和现代化建设充满艰难险阻,祖国今日之腾飞离不开一代又一代中国人的坚韧不拔。

较高的逆商可以促进大学生的身心健康发展,这是大学生在未来社会竞争的综合能力的体现和评价指标。国家、社会、学校、家庭对大学生的共同关爱可以有效形成育人合力,从而促进其健康而全面的发展。学校应该开展一系列健康教育,把握任何一次能够帮助大学生从容面对困难的教育契机,并将其细化在学生的学习和生活之中。

较高的逆商还能够帮助大学生树立正确的理想信念,使其在人生道路上拥有较强的自我纠正能力和自我修复能力。在思政教育工作者的帮助下,通过理论教学强化学生的归因能力,使学生在遇到危机后能够转危为安并找到新机遇。也正是因为有勇气去面对困难,学生才不会被社会所淘汰,从而持续贡献青春力量,为中华民族永远屹立于世界民族之林而奋斗。

三、高校开展逆商教育与应对"空心病"的策略

(一)以党建促进大学生树立正确理想信念

大力开展党史学习教育,通过党建活动进行红色爱国主义教育,弘扬伟大建党精神,是促进新时代大学生坚定理想信念的重要保证。当代大学生应以史为鉴,向中国共产党先驱致敬,坚持真理,坚守理想,不忘初心,牢记使命,从伟大的"井冈山精神","长征精神","抗日精神","两弹一星"精神,"抗震救灾精神"等方面汲取养分。党指引了人民前进的方向,大学生有方向就有目标,有目标就有拼搏的力量。用党的理论武装自己,"空心病"也就不会趁虚而入。

(二)以课程思政提升大学生的职业生涯规划

高校在开设心理健康教育课程时,不要与大学生职业生涯规划课程及思政课程割裂。教育应当立体化、体系化,各课程相辅相成,互相呼应。通过思政教育,帮助学生树立坚定理想信念;通过形势与政策课程,引导学生关注国家时事政治,与祖国人民同呼吸、共命运;通过心理健康教育课程,激发学生对自我心理的认知,提升学生理性和客观思考的能力,避免主观偏差造成的不正确判断。

着力加强对大学生职业生涯规划的指导,通过思政教育积极鼓励学生投身到新时代建设的历史洪流之中,明确个人发展目标,努力提升专业技能,拓宽格局、心胸和视野,树立远大理想,为中华民族的伟大复兴贡献青春力量。大学生明确了未来职业生涯,就能够为之而奋斗,不懈努力。

(三)以家校合作提升大学生的情感表达

不同学生来自不同的家庭,每一个家庭背后都有其特定的教育环境。学生在青少年时期因地域、家庭、个人学习能力、周围环境的影响等因素产生巨大差异,不同学生在遇到同样困难和问题时解决的方式也不尽相同。而来自全国各地的学生进入大学后,教育环境变得相对统一,可能会导致部分学生无所适从,不能更好地融入集体生活中。高校为了因材施教,增强教

育效果,可以巩固家校合力机制,家校共同促进学生健康成长成才,使学生更容易适应大学生活,敢于表达个人情感,有效避免恐惧情绪所形成的"空心"。

(四)发挥先进典型的带头作用

教育是灵活的,教育是可变的。高校通过学生喜欢的方式开展卓有成效的教育,这是对学生的尊重,也是高校想达到的真正教育目标。通过对校园的特色布置,引入励志话剧表演,走出校园、走向社会的实践活动等这些丰富的教育方式,学校可以贴近学生的真实思想,使学校真正实现素质化教育,避免"大水漫灌"式的教育导致学生产生抵触心理。

以大连海事大学航海学院开展的凌风·领航——"培根铸魂 启智润心"主题分享会为例,其为扎实落实立德树人根本任务,形成全员、全过程、全方位育人格局,以师生、朋辈经验分享等形式,为学生在思政教育、精神及价值引领、日常学习、科研竞赛、就业创业、社会实践等多个方面提供精神食粮和动力源泉,确保学生全面高质量发展,提质培优。

培养学生拥有较高的逆商,使其规避"空心病",获得坚强的意志品质,不是一朝一夕就能够轻易实现的,这对于高校而言是一个系统工程。高校既要结合学生的兴趣爱好、家庭环境、时代背景开展特色教育教学来完成坚定意志品质的塑造,同时也要引导学生自己秉持先进思想,从理想信念出发磨砺自身意志。学校要敢于说出当今社会存在的各种问题,让大学生对社会问题心中有数,同时加强对大学生逆商的培养,充实大学生的内心,对将学生培养成国家栋梁之材具有重要的现实意义。

参考文献

[1] 杨玉仁.当代大学生逆商教育研究:以兰州市部分高校为例.[D].兰州:兰州财经大学,2019.

[2] 徐凯文."空心病"也是一种心理障碍[N].大众卫生报,2017-07-25(16).

[3] 汪星刚."空心病"下的大学生心理障碍透视[J].武汉理工大学学报(社会科学版),2017,30(5):177-181.

[4] 季学军.论大学生创业及其逆商培养[J].江苏高教,2006(2):103-105.

[5] 邱政.逆商在大学生思想政治教育过程中的培养[J].黑河学刊,2018(2):142-144.

当代大学生逆商的现状及培养策略

王艺乔　张肃　陈佳婧

（大连海事大学　信息科学技术学院）

摘　要：

近年来,大学生心理健康问题引发的事件在高校时有发生,引起大众广泛关注。为切实维护大学生的心理健康,笔者尝试对当代大学生逆商的现状进行深入研究分析,进而探索大学生逆商培养的策略。

关键词：

大学生;逆商;原因分析;培养策略

一、逆商的定义

逆商(简称 AQ,也称挫折商)是人在遇到挫折时的反应和能力,最初是由保罗·史托兹提出的。在他的观点中,逆商与智商、情商并称"三商"。智商主要反映人的学习能力和逻辑思考水平;情商主要衡量人的情绪自我调节能力及照顾他人情绪的水平;逆商强调一个人的勇气、担当与魄力。保罗·史托兹提出影响逆商的四个因子分别是:掌控感(Control)、担当力(Ownership)、影响力(Reach)、持续性(Endurance)。这四个因子可以衡量一个人正视挫折、摆脱困境和超越自我的生存能力。

（一）掌控感

掌控感指一个人改变既定结果以及对暂未明确显现的困难做出反应的能力。换句话说,它衡量的是一个人对自己生活的控制能力。这里"控制"的定义与我们经常说的不太一样,我们常将"控制力""控制欲"这两个术语混为一谈。"控制欲"指为了追求完美,对事物的每一个细节进行挑剔。"控制力"是要直面困难,专注于可以做的事情,而忽略无法做的事情,这既不是相信"一切都在我们的掌控之中",也不是相信"一切都不在我们的掌控之中"。

（二）担当力

担当力可以用于衡量两个特质:第一个特质是一个人改善自己生活的能力,第二个特质是一个人为自己行为负责的能力。

第一个特质反映的是:是否会觉得自己的生活无法掌控,不论是因为既定的外部环境,还是因为外部的干扰。

第二个特质反映的是责任感。这里我们对比一下正常的"责任心"和与之有很大差别的"责备"。有责任心意味着可以主动承担责任,不论结果是积极的还是消极的。而与之相反,责备几乎全是消极的。

当一个人身上表现出这两个特质时,他们会觉得自己更有能力掌控自己的幸福和成功。

（三）影响力

影响力是用于衡量我们所面临的逆境会对生活的其他方面造成多大的影响的一个非量化指标。我们认为问题越严重,那么在解决问题时我们就越无助,而后我们就会采取越少的行动去解决它。如此形成恶性循环,我们最终陷入泥沼,无法自拔。

（四）持续性

持续性衡量的是我们对逆境的感知能持续多久。即使是一个很小的问题,但如果我们觉得它会持续存在的话,也会让我们心里产生一种无助和不作为的感觉。

二、大学生逆商现状的分析

部分当代大学生一旦感觉自己哪里做得不好,就很容易陷入一种低落自责的负面情绪中,然后逃避问题,这种行为又会产生新的问题,如此恶性循环,最终大量问题堆积到一起,会压垮个体。笔者接下来分析大学生会经历的四种主要挫折。

（一）学习挫折

在结束枯燥乏味的高中生活后,大多数学生觉得在大学里可以不用太努力学习,但没想到,大学生的首要任务仍是学习。因此,学习依然是大学生的一大挫折来源。随着学历"内卷"、文凭"贬值",是否读研已成为大学生最为关注的议题之一,很多人将考研视为打破固化的阶层的有效方式。近几年来考研人数不断增加,而研究生原本也应是学历更高、职业生涯更稳定人群的代名词,但逐渐地,它开始更多地与焦虑、心理问题等词汇一起出现,硕士生、博士生自杀的消息也经常在各大媒体上出现。日前,中国科学院心理研究所科研团队对我国研究生群体的心理健康状况进行了调研:硕士生和博士生中有 35.5% 可能有一定程度的抑郁表现;有 60.1% 的被调查研究生确实存在焦虑问题;博士生的抑郁焦虑水平、已经有抑郁表现倾向都显著高于硕士生。[1]

（二）人际关系挫折

人际关系是个人成长的实验室。大学生存在的人际交往问题主要是对人际关系的正确认知问题。其在大学阶段的表现为:社会阅历较为有限、心理发育不成熟、在处理人际交往问题上偏向主观及理想化。其中一个表现就是对自己评价不正确。过高的自我评价往往导致自负,这类人的人际关系常处于失衡状态;过低的自我评价往往导致自卑,这类人通常不能正确认识自己,过低估计自己的能力。[2]

(三)情感挫折

当代大学生由于突然从高中的"严格看管"中释放出来,拥有了可以暂时谈恋爱的"自由",很多学生抱着尝试新鲜事物的想法开始了自己的恋爱。然而,还不太清楚如何正确对待爱情的他们很容易在恋爱的过程中陷入迷茫或在失恋后留下阴影。

(四)就业挫折

近年来,我国大学生数量较多,就业压力较大,已然成为大众关切的热点。随着我国教育的发展和高等教育的普及,大学扩招人数越来越多。随着毕业生数量的不断增加,高校毕业生就业问题也更加突出。实际上,毕业生找到工作并不算难,但如果想找到一个和自己的理想相匹配的工作是比较难的。大学生要客观看待在就业的现实情况,直面困难,做出合适的抉择。大学生要树立终身学习的观念,在职业生涯规划的指导下,积累适合自己的职业技能,随着技能的不断提高和完善,自信心也会大增,焦虑也就消失了。

三、逆商培养的必要性

(一)面对挫折时能够保持冷静

逆商对大学生的成长有非常重要的作用。逆商低的人在遇到困难时会更加慌张,并会在潜意识中逃避困难。逆商高的人可以从容地面对各种困难,也会更加冷静地思考如何解决摆在面前的难题,并且能够在困境中找到最有效的解决办法。

(二)适当调节内心情绪

逆商低的人的心理承受力相对较弱,情绪自我调节能力较差。当遇到不顺心的事情时,他们经常无法承受自己内心的压力。逆商高的人可以合理地调节内心情绪,心理承受力也会更强,即使遇到不顺心的事情,他们也会很好地调整自己的情绪,并且以最好的状态面对他人,在生活中也会更受欢迎。

(三)幸福感知能力强

逆商低的人通常只会看到生活中不如意的方面,这将影响他们对于幸福的感知能力。他们经常不能乐观地面对生活的不如意,因此会变得沮丧和不开心。逆商高的人的幸福感知能力会更强,并且会以冷静和乐观的态度面对生活、享受生活,这样的人在将来也更有可能成功。

(四)对教育事业的贡献

强调理论必要性和实践必要性有机结合的学者们主张:第一,研究大学生逆商教育具有重要的理论意义;第二,逆商教育的研究过程对教育学因材施教和教育主体性原理等理论发展有延伸作用。[3]

当今世界需要的不仅是拥有扎实的专业知识和较强的业务能力的人才,在具备以上两点素质的同时,具有较高逆商的人才会更受欢迎。因为他们可以保持健康的精神状态,并懂得协调与他人的关系,减小各方面压力,了解竞争与合作是辩证统一的。[4]

四、大学生逆商培养的具体策略

（一）依托学生兴趣，合理设置课程

当大学生意识到逆商培养的重要性时，常常会面临没有正确合理的途径了解逆商培养的专业知识，没有科学的方法来提高逆商的状况。鉴于此，学校应适当开展一些逆商培养的相关课程，广泛收集大学生的意见和了解大学生的相关难点、痛点，针对这些问题，点对点地开设相关课程，答疑解惑。

（二）开设心理课程，增加培养方法

逆商的培养离不开心理的疏导。学校可以在引入心理课的同时，创新地对课程内容进行改进。以往以理论为主导的心理课常常不能有效地引起学生的广泛注意和重视，但通过改进，以做游戏或其他方式进行逆商培养，则会吸引学生的目光和引起学生的关注，可达到对学生逆商培养和心理疏导的目的。

（三）记录逆境反应，探析学生心理

高校可在中队及班级设置心理委员，学生可向其倾诉自己的逆境反应。通过对学生的倾诉内容进行记录，学校可以了解学生当前的心理状态，以及他们面对挫折的抗压能力，然后学校可以因材施教，对不同的学生运用不同的方法进行疏导。在循序渐进的培养过程中，学生的抗挫折能力不断提高，心态也会发生改变，从而使学生变压力为动力，把挫折当作成长的必修课，继续走向成功的道路。

（四）为学生提供舞台，提高学生的自我掌控感

给予大学生足够独立自主的机会，加强他们对年龄和责任的认知，在大学生遇到事情陷入焦虑和恐慌时要及时提供帮助。积极心理学的自我决定理论，分为自我决定行为和非自我决定行为。自我决定行为就是个体主动去做的行为，此时，在自我动机过程中，发挥着能动的作用，这种能动性可以激励和维持个体的行为。非自我决定行为受外在刺激的控制，表现为不得不做，一旦刺激停止，个体动机也就相应停止。所以，在校园学习生活中，学校可以为学生开展展示自我的表现活动，这样会让学生增强自信，从而提高学生对解决问题、克服困难的自我掌控感，而不是面对困难和挫折时感到自卑和无助。

（五）开展团队协作，唤醒自我担当能力

犯错在所难免，是否能主动承担后果反映了学生内心是否有克服困难的探索性和积极性。与低逆商的人相比，高逆商的人更能从自己的错误中吸取教训，也更愿意承担犯错所产生的后果。在大学生犯错时，安抚其情绪，引导其说出这件事的动机，帮助其分析原因，让其意识到错误并纠正，可以使其具有的担当力。为培养大学生的担当力，各个班级可组织开展团体活动，例如班内团队运动会比赛、班内团队知识竞答等。在团队协作配合中，大学生的团队意识和自我担当能力会不断被唤醒。

（六）举办逆商类讲座，降低逆境影响度

大学生对困难带来的影响度的判断，决定了他是否有信心克服困难。在内心中放大挫折，让逆境蔓延到生活的其他方面，把事情看得越严重，就越会耗尽幸福感。如果能正确判断困难所带来的后果，调整心态应对，那么之后的心境自然会发生变化。为提高大学生对困难影响度

的判断能力,学校可通过开展心理讲座等方式,教导学生勇敢直面困难本身,把问题的影响范围只限制在当前这件事情上,用积极的心态理性看问题,减小挫折对其自我发展的影响。

（七）策划长期性活动,提高耐力持久性

遇到困难时,如果积极解决,就会在最短时间内克服困难。而有的大学生认为困难是不可逾越的鸿沟,认为自己的逆境会永远存在,给自己贴上了"输家""失败者""拖延症"等消极标签,自然也不会积极地去解决问题。大学生对困难持续性的判断不同,应对态度也就不同,最后处理的结果自然不一样。比如21天读书打卡、百日健身活动就是两个能提高耐力持久性的长期性活动。低逆商的学生在这种长期性活动中出现问题时,便很容易坚持不下去且怀疑自己的能力。因此,举办长期性活动对培养学生逆商的持续性是很有必要的。

五、结语

综上所述,当代大学生风华正茂,处于培养正确积极的世界观、人生观、价值观的重要时期。鉴于大学生的心理健康问题不可忽视,高校必须重视对当代大学生的逆商培养,这样才能在更大程度上培养出全面发展、抗压能力强的新一代青年,从而使大学生不断进步,为践行社会主义核心价值观、建设富强民主文明和谐美丽的社会主义现代化强国贡献属于自己的一份力量。

参考文献

[1] 陈祉妍.2019年研究生心理健康状况与影响因素[R].中国科学院心理研究所,2020.
[2] 陈海燕,冀建峰.大学生人际交往失败体验及原因分析[J].中国校外教育,2013(6):45.
[3] 方鸿志,李辰媚.大学生挫折教育研究综述[J].中国青年研究,2014(6):102-105,110.
[4] 封云.逆商在大学生成长成才中的重要作用[J].南京工程学院学报(社会科学版),2008(1):65-68.

大学生逆商现状及逆商培养的对策分析

郭琳琳

(大连海事大学　马克思主义学院)

摘　要：

大学时期是世界观、人生观和价值观养成的关键阶段,大学生的成长成才和全面发展,离不开对大学生逆商的培养。探索新时期大学生逆商培养的新内容、新路径是顺应时代要求和回应高校现实需要的重要课题。本文旨在通过"一体两翼三联动"的应对策略,即以学生为主体,以红色教育和时政教育为两翼,以家庭、学校、社会三方联动形成合力,提高新时期大学生的逆商水平。

关键词：

逆商;大学生;对策

一、逆商简介及大学生逆商现状分析

(一)逆商简介

逆商,全称逆境商数,最早由美国心理学家保罗·史托兹提出,它是指人们面对逆境时的反应方式,即面对挫折、摆脱困境和超越自我的能力。逆商,用以衡量人们克服逆境时的应对智力及应对能力,可以分解为四个关键因素,即控制感(Control)、起因和责任归属(Ownership)、影响范围(Reach)和持续时间(Endurance),简称CORE。[1]所谓控制感,是指人们面对逆境时所感知的自己对周围环境的驾驭能力和控制能力;所谓起因和责任归属,是指逆境发生的原因以及愿意承担责任、改善后果的情况;所谓影响范围,是指逆境会在多大程度和范围上影响人们生活;所谓持续时间,是指逆境所带来的负面影响对人们正常生活的影响时间。通过上述对逆商及其四个关键因素的简要分析不难看出,逆商是一种扭转厄运的意志力,是化不利条件为有利条件的动力,它对大学生全面发展的重要性不言而喻。

(二)大学生逆商现状分析

大学时期是学生成长的关键阶段,相较于高中而言,大学有着更开放的环境、更自由的氛围、更多样的选择,每个人的个性也会得到更充分的发展。但与此同时,产生的问题也是多样的,大学生面临着学业、人际关系以及就业等多方面的压力,虽然大部分学生能够理性看待失败,但对失败的承受能力不尽相同。[2]调查研究表明,我国大学生总体的逆商水平比较可观,大部分学生能够认识到挫折是不可避免的,在失意时可以积极面对,合理归因,努力摆脱困境乃至战胜困难。但是在战胜困难的过程中,也有很多学生会感到无助和焦虑,表现为消极退缩、过度自责和悲观失望,他们因个体的差异,战胜挫折,走出逆境的耗时和投入程度也有所不同;还有少部分学生在遭遇困难和挫折后,长时间处在痛苦和怀疑之中,从而产生一定的心理问题;更有极少数学生对逆境的反应则为自暴自弃,甚至走向极端,发生令人扼腕的悲剧。这也表明大学生的逆商现状仍有不尽如人意的地方,探讨大学生逆商培养的路径是亟须解决的课题。

二、大学生逆商培养存在的问题及其原因

(一)大学生逆商培养存在的问题

当代大学生承受着前途的不确定性、环境的变化性等多方面的压力,加上其自身又缺乏一定的人生阅历和经验,抗挫折能力与自我调控能力普遍较差,面对种种逆境,他们往往会陷入泥潭而不能自拔。[3]当前大学生逆商培养存在着不容忽视的问题,主要有以下几点:第一,大学生对逆境的认识不足。他们不能正确看待顺境和逆境的关系,没有认识到逆境是普遍的,在遇到困难时常常持有犹豫、害怕的态度,不愿意跟他人倾诉,害怕他人误解自己。第二,大学生意志力薄弱。他们处于逆境时常常会悲观,采取躺平的态度,主动退缩、选择放弃,对自己持否定态度,难以走出低迷失望的阴霾。第三,大学生解决问题的能力不强,情绪极端化。他们中的很多人不懂得解决问题的技巧,当遇到问题时不知道该如何应对,常常出现眼高手低和低估问题两种情况,导致情绪极端化。

(二)制约大学生逆商培养的原因

1. 自身认知不足

大学时期是人生转型的关键期,多种矛盾相互交织在一起,影响大学生逆商水平的内因是他们自身素质的欠缺。新时期的大学生们追求独立,渴望得到他人的尊重和认可,急于表现自己,但是缺乏阅历和人生经验,心理不成熟,并且多数大学生生活条件优越,无须考虑生计问题,加之父母的溺爱,出现高分低能的情况,当遇到困难、处于逆境时会不知所措。另外,个体自身的特殊性也会影响大学生逆商水平,性格积极开朗、喜欢沟通、担任过学生干部的学生处于逆境时能够更好地应对;而性格比较内向、多愁善感、具有交往恐惧的学生处于逆境时更容易退缩。

2. 家庭教育失当

家庭教育失当主要表现在两个方面。其一,缺乏良好的家庭环境。家风对一个人的成长有着潜移默化的作用,良好的家风使人一生受益,然而有的家长并不能为孩子提供一个良好的

家庭环境。长期生活在不和睦的家庭环境中或者和父母联系比较少的孩子更易于形成敏感懦弱的性格,他们在面对困难时会更加胆怯,这无疑影响着他们对逆境的反应。其二,教育方法的失当。目前,我国独生子女家庭数量越来越多,有的父母溺爱孩子,不让他们知道生活的艰辛,只是一味地在物质上满足孩子的需求,并对学习成绩的要求越来越高,但是不注重其他方面的发展,这就容易造成学生身心发展不平衡。

3.应试教育弊端

学校作为学生成长成才的主阵地,发挥着不可估量的作用,我国社会主义教育的目的是以人为本,促进人的全面发展。然而在应试教育的约束下,有些学校仍把分数放在最高位置,评价机制单一,把学生的成绩作为衡量其好坏的唯一指标,忽视学生全面的发展,使学生的人际交往能力和应对挫折能力较差。此外,课程设置也存在着相应问题,目前大多数学校的课程安排仍以考试科目为主,甚至在期末的时候会出现只教授考试科目的情况,学生的学业压力较大,缺乏实践锻炼和情感体验,思维方式比较单一。而当代社会越来越需要全面发展的高素质人才,那种应试教育造成的片面发展的"成功者"已越来越不适应社会的发展、时代的需要。[4]

4.社会环境影响

个人与社会是对立统一的关系,两者相互依存、相互制约、相互促进,人是社会中的人,社会环境对个人有着重要影响。如今,随着经济的快速发展和互联网的广泛应用,网络对大学生产生了重要影响。一方面,大学生可以借助网络查阅资料,了解时事,拓宽自己的眼界和打开自己的格局,提高应对困难的能力;另一方面,随着网络的普及,不少大学生沉迷手机游戏和电子产品,靠打游戏、看小说来消磨时间,这削弱了大学生的意志力和执行力,且使其脱离了集体活动,不利于其良好心智的形成。此外,社会功利思想也是影响大学生逆商水平的另一个重要因素,尽管当今社会主流价值观念积极健康,但仍然存在着拜金主义、享乐主义和极端个人主义等错误思潮,唯分数论、唯成绩论就是功利主义的具体表现,这就势必会误导大学生的努力方向,加重其心理负担,导致其逆商水平过低。

三、大学生逆商培养的对策建议

(一)以学生为主体

唯物辩证法认为事物内因是事物发展的根本原因。培养大学生的逆商,应以大学生为主体,充分发挥他们的主观能动性。其一,提高大学生自我认识能力。正确的认知观念是个人面对逆境时采取积极行动的重要认知资源。[5]要引导大学生全面地认识自己、衡量自己,积极适应大学角色的转变,增强自信心和提高应变能力。其二,引导大学生树立崇高的理想信念。理想信念是精神之"钙",志存高远,便力量无穷。马克思主义历来强调信仰的重要性,揭示了其在推动个体发展中的积极意义。[6]崇高的理想信念可以增强大学生的意志力,使他们直面前进道路上的困难,激发他们学习的热情、提高进取心。其三,培养大学生社会实践能力。实践出真知、实践长才干。社会实践可以提高大学生发现问题、分析问题和解决问题的能力,同时可以提高其自身的独立性,在实践过程中使其减少对他人的依赖,更多依靠自己来解决生活中遇到的难题。

(二)以红色教育和时政教育为两翼

新时期大学生逆商的培养应更加注重红色教育和时政教育,以红色教育和时政教育为两翼,相辅相成,提高大学生的逆商。一方面,要加强红色教育。以史为鉴,可以知兴替。大学生应继承和发扬老一辈革命家直面困难、勇往直前的精神,传承红色基因,发扬革命精神;深入了解中国社会和中国革命的历史,了解中国共产党人带领中国广大人民群众艰苦奋斗的历史,从中汲取营养,见贤思齐,提高明辨是非的能力,这对于提高大学生逆商具有十分重要的现实意义。另一方面,要加强时政教育,大学生只有把个人的小我融入祖国的大我当中才能获得长足的发展。应引导大学生关注时事政策,了解国情民生,了解党的路线、方针和政策,了解当今世界政治经济格局和走向,顺应历史和人民的选择,从而拓宽大学生的眼界和打开大学生的格局,使他们自觉承担历史使命和时代责任。只有这样,大学生才能树立崇高的理想信念,激发对学习的兴趣,跳出对个人得失的计较,坦然面对生活中各种各样的逆境。

(三)以三方联动形成合力

马克思在《关于费尔巴哈的提纲》第六条中指出:"人的本质不是单个人所固有的抽象物,在其现实性上,它是一切社会关系的总和。"[7]这就决定了提高大学生逆商应注重家庭、学校和社会的三方联动,形成合力,以达到整体大于部分之和的效果。家庭、学校和社会是大学生逆商培养过程中不可或缺的重要场域,它们之间相辅相成、相互制约、相互影响,是一个有机的统一体。首先,应加强家庭教育。一方面,父母是孩子的第一任老师,应为孩子提供一个温馨健康的成长环境,向他们传递积极乐观的生活态度,不溺爱也不苛责,促进他们的全面发展;另一方面,父母在对待孩子的教育上,应从娃娃抓起,培养他们发现问题、分析问题和解决问题的能力,及时与学校沟通,做到家校并育。良好的家庭教育是对学校教育的延续、补充、完善和巩固。[8]其次,学校作为人才培养的主要阵地,应树立"以人为本"的教育理念。注重学生德、智、体、美、劳全面发展,定期开设心理课程,在教学过程中创设情境,进行逆商思维和实践的专业训练,使学生在真正的困难面前可以勇敢面对。最后,人是社会中的人,大学生逆商的培养离不开社会的帮助。要营造有利于逆商培养的文化氛围,出版内容丰富、健康营养的书籍,拍摄励志类影视作品;同时净化网络环境,最大限度减少不良网络内容对大学生的侵蚀,加强家庭、学校和社会的联动,就大学生的逆商培养问题达成共识、形成合力。

四、总结

习近平总书记指出:"青年在成长和奋斗中,会收获成功和喜悦,也会面临困难和压力。要正确对待一时的成败得失,处优而不养尊,受挫而不短志,使顺境逆境都成为人生的财富而不是人生的包袱。"[9]加强对大学生逆商的培养是一个系统的、长期的工程,特别是在充满竞争和挑战的今天,我们的学校、家长和社会都应积极探索大学生逆商培养的新内容、新方法,引导他们正确认识理想与现实的矛盾,正确处理顺境与逆境的关系,提高他们摆脱困境、超越自我的能力,使逆境成为人生成长成才的垫脚石。这不仅对大学生个体有着积极意义,也为整个国家的繁荣稳定和社会和谐进步打下了坚实基础。

参考文献

[1] 王易,罗媛媛.试论大学生的逆商培养[J].学校党建与思想教育(上半月),2008(10):21-23.

[2] 唐新华.逆商教育与大学生就业力的和谐成长[J].现代教育管理,2009(5):119-121.

[3] 钟贞.试论逆商与青少年学生挫折教育[J].教学与管理,2013(3):81-82.

[4] 石祥."卓越计划"背景下的大学生逆商教育[J].中国成人教育,2013(18):45-47.

[5] 王建平.积极培育当代青年抗逆力[J].人民论坛,2019(17):97.

[6] 胡洪彬.论思想政治教育者的德商、智商、情商与逆商[J].思想理论教育导刊,2014(1):106-109.

[7] 卡尔·马克思,弗里德里希·恩格斯.马克思恩格斯文集:第一卷[M].中共中央马克思恩格斯列宁斯大林著作编译局,译.北京:人民出版社,2009.

[8] 皇甫倩,王后雄.新时期高中生逆商水平发展现状的调查与分析[J].教育科学研究,2015(8):48-54.

[9] 习近平.在中国政法大学考察时的讲话[N].人民日报,2017-05-04(2).

当代大学生恋爱中的逆商培养模式浅探

许文博

（大连海事大学　理学院）

摘　要：

对当代大学生而言,恋爱是一件很普遍的事情。但大学生大多没有稳定收入,加上心智不够成熟,在恋爱的过程中容易遇到多方面的挫折。因此,恋爱中逆商的培养就至关重要。受学业、就业、升学和人际关系等诸多因素的影响,大学生的心理压力长期保持在高位,如果在恋爱过程中再受到打击与挫折,那么大学生的前途命运可能会因此而发生改变。本文对大学生在恋爱时可能遇到的问题展开讨论,并就大学生应如何正确应对恋爱中可能会遇到的挫折,如何培养恋爱中所需要的逆商进行进一步的分析。

关键词：

大学生;恋爱;逆商;心理学

恋爱问题是中国大学生生活中最常遇到的问题之一。在许多人眼中校园爱情单纯甜蜜,而实际上大部分大学生在谈恋爱过程中总是会遇到许许多多的挫折,碰到各种各样的问题。这些问题处理不好不但会影响大学生的身心健康,还会对大学生未来的职业发展与前途命运产生影响。因此,培养逆商,尤其是培养恋爱过程中遇到的挫折和挑战的逆商就显得尤为重要。[1]

一、认识逆商

逆商是美国心理学家保罗·史托兹提出的概念,它的英文全称是 Adversity Quotient,简称 AQ,指人类遭遇挫折后的反应方式。它可以是应对挫折、摆脱困境和突破困难的技巧,也可以是人在遭遇挫折和遇到困难后控制情绪的方法。如果说情商是和他人相处的能力,那么逆商就是和自己相处的能力。

159

保罗·史托兹的研究结果指出,逆商指数越高的人,通常面对挫折时更容易以正面乐观的心态去应对艰难的问题,才会有更多的机会取得成功;而其指数低于逆商平均数的人,通常更容易陷于沮丧的心境中无法自拔、自暴自弃、退缩不前。应该说,逆商在相当程度上影响了人的幸福指数,也在某种程度上影响了人生轨迹。

二、当代大学生恋爱情况分析

(一)谈恋爱有助于全方位提升个人能力

大学时期是青年人谈恋爱的美好时期,在大学里经历一次爱与被爱,对于整个人生而言是非常好的经历。同时,大学生谈恋爱也是人与人之间的深层次的交往的有益尝试,在谈恋爱过程中,大学生可以逐步发展和培养个人自我意识,促使个体身心发展不断完善。谈恋爱在某种意义上是学习生活的调剂,在一定程度上有利于大学生减轻和释放学习压力。并且,大学生在恋爱交往中还可以提高与同龄人的相处能力以及个人语言交流表达能力。从某种意义上讲,大学期间的恋爱还能激发大学生对人际交往方式方法的思考,思考怎样爱人、如何爱人等哲理性问题,也有助于大学生培养表达爱的能力。

(二)大学生恋爱面临的潜在压力分析

当代大学生谈恋爱时或多或少会遇到一些现实问题。第一,现在的大学生平均一个月生活费大约在几千元,如果谈恋爱,恋爱中的开销将占据其中很大一部分,会在不知不觉间增加不小的经济压力,很多大学生因此而产生网贷、透支使用信用卡等不良消费;第二,现在的大学生容易沉溺在恋爱之中,进而引发很多心理问题。一是忽略周围人的感受与建议,很多大学生深夜与伴侣"煲电话粥"等恋爱行为会影响到室友的休息和学习,有可能与室友因此发生冲突,影响人际关系;二是因爱情产生的强大占有欲和思维羁绊,容易导致学生时间分配不科学,进而影响学业,出现挂科、补考、重修等问题,严重者甚至被学校退学;三是当恋爱双方处于磨合期时,恋爱双方很容易因为小事而发生赌气、争执、误解和猜忌等情绪状况,如果在恋爱中产生感情纠葛,遇到了很多困难又不知怎么解决,容易引发不理智的行为,造成严重后果[2]。

三、提升大学生恋爱中的逆商水平的对策

(一)加强引导,提高自我认知能力

1.端正恋爱动机,保持正常交往

动机,指促使人从事某种活动的念头。动机有激励、指导、维持和调整的功能,调节活动的力度与方向。大学生要树立良好的恋爱动机,避免走极端等现象出现。大学时期是人生能力培养的黄金时期,也是努力学习专业知识的时期,相较而言大学生应该分清孰轻孰重,将学业作为主要任务。但也不要认为爱情是学业的绊脚石,处理得好的话,爱情也能对学业起到促进和提升作用。大学生要充分认识到恋爱是为未来寻找志同道合、白头偕老的终身伴侣,而不是为了得到安慰,解闷,寻找刺激,更不是单纯为了得到性的满足。大学生应充分认识到恋爱应该是理想、道德和工作的有机结合,是对人生未来发展规划的有益准备。

2.树立正确理念,正确认识爱情

培养大学生树立正确的世界观、人生观和价值观,在一定程度上可以促进其形成正确的恋爱观,并使大学生树立奋发图强、共创美好生活的理念,增强大学生的社会责任感与使命担当;

使大学生能正确对待恋爱中的挫折,减少主观上偏激的想法,合理抉择未来的发展方向。学校可以通过为大学生开设"心理健康教育""大学生性健康教育"等德育课程,并利用网站、微信、抖音等新兴的媒介进行恋爱观探讨,为大学生提供正确的恋爱观参考,使大学生能够理性对待恋爱中发生的矛盾等问题。

3. 提高心理素质,克服恋爱难题

大学生在恋爱中或多或少会遇到各种各样的难题,这就要求大学生在遇到挫折时要学会正确应对,要学会合理转移注意力,让身心放松,或者可以用"自我暗示法"等心理疏导方式进行自我治疗,在出现困难却无法克服时,及早向心理咨询师寻找治疗以有效解决问题。[3]

(二)恪守底线,合理把握相处之度

1. 坚持健康的恋爱行为

学生的恋爱行为既要合乎基本道德规范,也要合乎大学生的日常行为准则。大学生要学会抵制不良风气和环境造成的干扰,养成健康恋爱的思维。面对恋爱中可能产生的冲动,要注意克制和调节。大学生要积极参加各种文娱活动,与恋人多交流学习和工作,把恋爱行为限制在社会公序良俗规范内,使爱情沿着健康的道路发展。

2. 培养爱的能力和责任

大学生要学会爱自己,在接受自己的优缺点的同时,学会分析学生时代爱情的利弊。要学会做好取舍,并及时做出合理的选择;准备好向别人表达爱的时候,也需提前预设并承受被拒绝的后果。学会尊重别人爱的表达,也要学会用恰当的语言和方式礼貌地拒绝,绝不能优柔寡断。[4]大学生要在恋爱中肩负起责任,要认真对待感情,对自己的另一半负责,学会保护和关心自己的爱人。

3. 有效应对多重压力

相较于恋爱的压力而言,学习压力贯穿大学生的整个大学生涯,需要及早制订个人职业发展计划,从而确定学业目标,以提高学习效率,按时完成学业,顺利获得毕业证书和学位证书。高校应当把恋爱挫折问题适当融入大学生心理教学辅导之中,开展大学生恋爱与挫折相关知识的培训;在校园内应加大对大学生恋爱挫折教学与辅导业务的推广,使大学生遇到恋爱挫折问题时有所依靠,并借机提升恋爱逆商;还可以在学校设置恋爱倾诉站,以协助大学生合理地寻求恋爱中的共鸣。

4. 获取社会支持,开展多种教育方式

大学课程应发挥其在爱情挫折教育、培养恋爱逆商方面的重要作用。为进一步充实大学生恋爱观教育内容,高校教师队伍必须充分认识恋爱挫折教育的重要性。学校应该充分把握好信息教育,利用"互联网+"形式创新恋爱教学平台,建立关于爱情挫折教育的微信公共主页、微博官方账号和专题网页[5],传播恋爱挫折心理学的基本知识以及心理健康调整方式等;定时进行与恋爱挫折有关的网上调研问题,及时掌握学生恋爱挫折状况变化趋势;引导学生在平台上沟通情感,并提供私聊、私信、电子邮件等咨询服务。恋爱是一件神圣而美好的事情,很大一部分在校大学生憧憬恋爱,但恋爱又充满了未知。高校老师很有必要去教育引导学生树立正确的恋爱观。要让学生能正视恋爱,认真对待恋爱,通过恋爱增强自信,变得更有担当和上进心。

大学校园里的恋爱很美好,是几乎每位大学生渴望和追求的。不过,大学生也要清醒地意识到校园爱情虽然甜蜜,但大学是学习和成长的重要时期,仍然要以学业为重。大学生要有勇

气正确面对恋爱过程中的挫折,如不能正确处理恋爱与生活的关系,就会给青春留下遗憾。当代大学生,在遇到困难时要理性地面对,如果逆商培养缺失,将对大学生的人生道路产生负面影响。而合格的逆商并非一朝一夕能培养的,需要教师和家长共同努力,让大学生能够正确应对恋爱中的困难与挑战,书写一段美好而不留遗憾的青春篇章。

参考文献

[1] 侯海艳.当代大学生逆商培养系统的构建[J].濮阳职业技术学院学报,2018,31(6):98-99.

[2] 王欢芳,蒋娉婷.大学生逆商现状及培养模式构建[J].创新与创业教育,2017,8(6):100-104.

[3] 韩涛.浅谈当代大学生恋爱挫折心理及其矫治:基于湖南省某校大学生恋爱挫折心理现状调查[J].赤峰学院学报(汉文哲学社会科学版),2013,34(9):256-258.

[4] 姚远.人类学视野下的西方艺术传播理论研究[D].南京:东南大学,2020.

[5] 崔忠权.大学生网购行为影响因素及企业营销策略分析[J].经济管理文摘,2020(24):43-44.

以学业发展为手段探究大学生逆商培养的路径

——以外语专业为例

薛天祎

（大连海事大学　外国语学院）

摘　要：

近年来,大学在校生因挫折而选择做出极端行为的案例屡见不鲜,大学生逆商水平的高低对其学业、就业、生活乃至未来个人发展产生重要影响,对大学生进行逆商培养势在必行。笔者阅读大量文献后发现,现有的研究中并没有针对某类特定人群的逆商培养方法。本文以外语专业学生为例,深入了解外语专业学生实际情况,探寻外语专业学生在学业上更易陷入逆境的原因,以学业发展的视角提出三个逆商培养的途径。

关键词：

逆商培养;高校学生工作;学业发展;外语专业

一、研究背景及研究对象

逆商全称为逆境商数,是指人们面对逆境时的反应方式,即摆脱困境和超越自我的能力。逆商与智商、情商并称为"三商",有些人智商高,情商也不低,但就是难以成功,从个体内在因素对成功的影响而言,是因为其逆商太低。因此,从某种意义上来说,逆商甚至比智商和情商还重要。[1]

逆商能够影响一个人的人生轨迹,高逆商的人更有可能在遇到困境时,放平心态,以乐观的态度面对挑战。培养大学生的逆商,能够使其在逆境面前,形成良好的思维反应方式,增强意志力和摆脱困境的能力。

笔者认为,面向特定人群的逆商培养,首先需要了解该类人群更容易面临的困境,针对所面临困境的特点,具体问题具体分析,研究其解决途径。当代大学生遭遇毕业生人数逐年攀升、招聘要求高的多重打击,在校期间的学业压力不断增加,学业上遭遇困境的可能性更大。

高校应以学业发展为手段,以此作为学生逆商培养的重要途径。

笔者选取外语专业的学生作为研究对象,认为外语专业学生陷入逆境的原因存在一定特点。笔者经过多年的外语专业学习,认为外语专业学生与其他专业相比更加需要提高逆商。并且,本校外语专业人数相对较多,研究结果有一定的参考价值。

二、外语专业学生逆商培养的必要性

笔者经研究总结,认为外语专业学生陷入逆境的原因存在一定特点,主要有以下三方面。

(一)文理科的学习方法具有差异性

据了解,大多数国内高等院校对于外语专业的招生为文科(包括高考改革省份中的历史类)、理科(包括高考改革省份中的物理类)兼招。表1和表2以大连海事大学为例,可得出外语专业面向理科学生的招生人数占比不低这一结论。

表1 大连海事大学英语专业近五年文理科招生情况对比

年份	招生人数	文科人数	理科人数	综合改革人数	文科比例	理科比例
2022	100	53	32	15	53%	32%
2021	100	53	32	15	53%	32%
2020	100	44	41	15	44%	41%
2019	100	50	48	2	50%	48%
2018	80	40	38	2	50%	47.50%

表2 大连海事大学日语专业近五年文理科招生情况对比

年份	招生人数	文科人数	理科人数	综合改革人数	文科比例	理科比例
2022	50	27	19	4	54%	38%
2021	50	27	19	4	54%	38%
2020	50	21	25	4	42%	50%
2019	50	25	25	0	50%	50%
2018	40	20	20	0	50%	50%

研究表明,文理分科会影响学生的创造性和信息素养,理科学生的信息素养明显高于文科生,但创造性相对较差。[2]在外语学习中,需要经过大量"听""读"输入项的积累,再通过个人创造完成"说""写"两个输出项。理科学生在输出项明显处于劣势,在外语学习中更容易遇到瓶颈,外语水平提升难度大、速度慢,也就更易陷入困境。

(二)外语专业学习难度大

报考时,外语专业通常要求外语语种为英语。也就是说,除英语专业外,其他外语专业均为零起点教学。高校为保证培养计划顺利完成,课程进度相对较快。而外语专业的学习并不能一蹴而就,需要日积月累方可看到进步,学生不能有丝毫倦怠。一旦出现一段时期的懈怠,与同学之间的差距会立刻拉大,追悔莫及的可能性非常大。

"外语+"的教学模式给外语专业学生的学习带来一定困扰。以大连海事大学日语专业为例,2021级本科生培养计划中明确写到"培养复合型应用型人才"。课程除设置日本语言文化类课程外,还包括 Python 与语言数据处理、计算机程序设计基础、软件工程导论、信息系统分析与设计等一些信息编程类课程。这部分课程往往难度较大,与外语的学习方法相似性小,学生适应难度大。其他高校也有设置财经、法律方向供外语专业学生选择,虽契合"外语+"模式,不过部分同学难以使两个方向的学习达到平衡,舍本逐末的情形常有发生。

故而,外语专业学生的学习压力较大,学生陷入困境的可能性较比其他专业更高。

(三)外语专业学生的就业难度大

以西班牙语专业为例,目前我国设有西班牙语本科专业的高校超过 400 所,在校学生总数超过 15 万。庞大的毕业生数额虽然在一定程度上显示了我国对于西班牙语专业开发的重视,但随之而来的是西班牙语专业人才的怀才不遇。外语专业学生的就业形势不容乐观。

除此之外,随着经济全球化的发展,外语学习者逐年增加,这缩小了外语专业学生的专业优势。外语,更多的时候只能作为一种交流工具和交流载体,而非一个专业方向。各类企业对于外语类人才的招聘条件不断变得苛刻,企业选拔人才越来越注重实际能力,非外语专业的复合型人才越来越受到招聘企业的青睐。并且,从事与本专业无关的外语专业毕业生的比例逐年提高,学了却用不上的尴尬局面不断出现。[3]

综上所述,外语专业学生相较于其他专业学生面临的困难更大,在学习和生活中陷入困境的可能性更高。面对这些困难,外语专业学生需要更高的逆商水平,面向外语专业学生开展逆商培养刻不容缓。

三、外语专业学生逆商培养途径

针对上述问题,外语专业学生的逆商培养需对症下药。经总结,笔者提出以下三个途径,着力通过促进学业发展提高外语专业学生的逆商水平。

(一)让学生了解"怎么学",引导他们探索未知领域

搭建多个"一对一"帮扶平台,彻底打破"不会学"的僵局。

(1)充分发挥教师的引导者作用。建立班主任制和导师制,创建老师与学生"一对一"联系平台,确保学习问题有人管、管到底,保证每位学生学业不掉队、外语学习不放松。针对低年级学生,讲授外语专业学习方法与技巧,让学生尽快适应外语专业学习;针对高年级学生,举办学术前沿科研讲座,鼓励学生参与学术研究。

(2)充分发挥优秀学生的模范作用。利用榜样力量,邀请优秀学生分享学习方法、"进步之星"讲述逆袭经验,提倡寻找最适合自己的学习方法。提倡高年级学生"一帮一",对低年级学生在学业方面提供帮扶、在生活方面提供帮助、在考证方面提供指导,促进其全方位成长。

(3)充分发挥长辈的鼓励作用。创立家校联系平台,面向家长普及外语学习的重要性,引导学生与家长多联系、多沟通、多分享,鼓励家长支持学生学习知识、投身科研、走出国门。落实学工干部责任,辅导员要深入学生内部,掌握学生的学习情况,针对不同学生采取不同手段,一对一解决问题。

激发学生会学习、爱科研的热情,鼓励学生拿出探索真理、探索未知的勇气,促使大学生以饱满的精神状态面对困难。

(二)让学生参与"趣味学",引导他们克服畏难心理

多维度、多角度提升学习兴趣,彻底解决"难而弃学"的问题。

（1）充分发挥寝室的育人功能。设立轮流寝室长，以寝室作为纽带，鼓励寝室同学互相监督、互相督促、共同进步。倡导以寝室为单位开展学习活动，营造一同早读、自习、完成小组作业、练习口语的和谐寝室氛围，防止学生因觉得外语学习枯燥烦琐而放弃学习。

（2）充分发挥社团的育人功能。近几年，高校留学生数量骤减，对外语专业听力、口语练习产生影响。针对现状，应建设外语类社团，推动线上校际交流，打造线上外语角，切实提高学生的外语水平。鼓励外语专业同学参加翻译类、辩论类、演讲类竞赛，以赛促学，提高学习兴趣。

（3）充分发挥线上平台的育人功能。开办视频号，通过讲解外语电影中的经典表达、有趣的外国文化等方式，组织"碎片化"学习。引导学生们从接受知识转向传播知识，通过线上平台讲解相关外国文化知识，激发学习自主性。

激发学生学习外语的兴趣，培养学生努力拼搏、积极进取的意志和韧性，促使大学生不断进取，面对困难永不退缩。

（三）让学生知道"为啥学"，引导他们联系前途命运

拓展全方位立体教育平台，彻底转变"学了没用"的认识。

（1）充分发挥思政平台优势，培养学生大局观。以大学生党建促学风，引导学习成绩优异的学生向党组织靠拢。发挥学生党员的先锋模范作用和党支部的战斗堡垒作用。加强时事政策教育，引导学生关注国家命运、国际热点，深刻了解我国面临的严峻处境，打造"为中华之复兴而读书"的良好氛围。

（2）充分发挥"外语+"优势，合理设置课程。开设多类型外语课，确保学生的外语能力得到全方位提升。为外语专业学生设置复合型方向，必要时开设辅修或第二学位。尊重学生个人意愿、客观评价学生能力，保证复合型方向设置合理有效，且不耽误外语专业学习。

（3）充分发挥第二课堂优势，拓宽实习实践平台。深化学校与企业之间的联系，创设高质量实习实践基地。鼓励学生走出校园，通过实习、实践了解自身不足、开阔胸怀、拓展眼界，做好个人职业生涯规划，着眼未来，做出理性选择。

提高学生对于外语学习的认识，激发学生坚定投身时代伟业的信念，促使大学生以更高的和更开阔的眼界与格局为理想而努力奋斗。

以上三种途径，能够在一定程度上促进外语专业学生学习能力的提升。同时，学生在学习过程中积累的战胜困难的经验也可以运用到其他领域，达到培养逆商的效果。

四、总结

本文探究外语专业学生在学业上更易陷入困境的原因，针对其特点，提出三个通过发展学业进而培养外语专业学生逆商的途径。

笔者认为，以学业发展为手段是培养大学生逆商的有效途径。通过让学生了解"怎么学"、参与"趣味学"、知道"为啥学"，在解决学业发展的同时，能够有效提升学生面对困难时解决问题的能力，以从容的心态面对更加严峻的挑战。[4]逆商培养不能一蹴而就，外语专业只是个例。针对不同专业，逆商培养的途径应多种多样，值得深入探讨。

参考文献

［1］敖洁,邓治文,吴利存.大学新生逆境商数及挫折教育策略探析[J].高等教育研究,2009,30(7):77-81.

［2］高岩,李文福,郝春东.大学生信息素养对创造性倾向的影响:文理分科的调节作用[J].中国健康心理学杂志,2019,27(5):768-772.

［3］穆雨莹,李英天."互联网+"背景下外语专业人才的就业方向研究[J].现代商贸工业,2021,42(20):60-61.

［4］谭钰琪,李静媛.关于大学生逆商的几点思考[J].教育现代化,2019,6(85):234-235.

半军事管理背景下航海类大学生的逆商培养

白宇航

（大连海事大学　航海学院）

摘　要：

在航海类院校培养符合 STCW 公约要求的新时代航海人才的背景下，半军事管理（以下简称半军管）制度是经得住时间和实践考验的。逆商培养是实施半军管文化育人的重要组成部分，当航海类大学生初入社会，独自面对各种压力和困难时，只有具备良好的逆商，才能成为心理素质和意志品质过硬的优秀航海人才。

关键词：

半军事管理；逆商培养；航海类大学生

智商、情商、逆商是当今社会培养人才的重点，在大部分人智商和情商相差不大时，提升逆商就显得尤为重要[1]，提升逆商也是提高个人竞争力的重要手段，而大学生逆商的培养往往被忽视。逆商也叫逆境商数[2]，在新时代航海类院校实施半军管的大背景下，在社会竞争愈加激烈的情况下，逆商的提升尤为重要，高逆商是航海类人才必备的品质。本文在分析大学生逆商状况的基础上，结合航海类半军管人才培养，提出培养航海类大学生逆商的策略。

一、影响大学生逆商的因素

（一）家庭环境

当代大学生几乎都是"90后"和"00后"，他们的成长过程恰逢国家综合实力增强，人民生活水平显著提高的时期，他们从小到大都被长辈呵护在手心，几乎没受到过挫折。加上部分老人和父母过于溺爱孩子，即使看到孩子有小问题也不及时指正，总想着为孩子铺好路，导致孩子无法直面并解决问题。因此，当代大学生往往缺少磨炼和经验，当遭遇挫折和困难时，部分大学生因为缺乏思想准备和实际认知,茫然失措并轻易放弃,不敢尝试突破自我,从此一蹶不振。

（二）学校及社会环境

有些学生适应能力较强,能恰当地处理学习、人际交往和生活之间的关系,养成良好的个人品格从而适应社会环境。但部分大学生在大学期间,存在学习方式的差异、人际交往的缺陷和忽视心理健康等现象,近些年来,大学生自杀的新闻屡见不鲜。因而在步入社会后,低逆商的人在遇到挫折时,无法接受自己没有独立战胜困难的能力,从而选择极端的方式处理问题,酿成悲剧。

（三）自我环境

每个人都是独立的个体,个性、认知、经历等因素具有显著差异,有的学生开朗、有的学生敏感、有的学生自卑等,当不同的人面对相同的困境时,想法和举措大有不同。个性开朗、性格乐观的人往往逆商相对较高,在面临困境时更容易自我激励、自我疏导,从而克服困难;个性敏感、自卑的人往往逆商相对较低,在面临困境时容易缺失主见、随波逐流,从而无计可施,自怨自艾。个人的成长环境一定程度上也影响着逆商的高低,过于顺利的成长环境不利于逆商的培养,使人在遭到巨大打击时没有足够的经验去面对困难,从而难以接受事实;过于坎坷的成长经历容易造成自卑、胆怯等负面心理,使人形成不敢尝试、经常逃避的性格。

（四）心理环境

随着社会的进步、网络的发达和国外文化的涌入,多种类的思潮和观念通过多样的方式传输到大学生的头脑中。大学生的价值观在此时仍处于萌芽期,对是非善恶的辨别能力较差,加上大学生心理问题解决机制仍有待完善,大学生内心深处的想法往往不易被人发现。谁能想到平时看上去乐观的孩子会自杀呢?谁能想到平时看上去朴实的孩子会陷入网络贷款的陷阱呢?所以心理素质的好坏对一个人能否健康成长起决定性作用。

二、逆商培养对航海类大学生的意义

（一）逆商培养能帮助航海类大学生适应半军管制度

"半军事管理是参照军事管理的精神、制度、方法结合培养高等航海人才的需要,逐步创造出的一套适合于培养高级海洋运输干部的制度、方法,以达到学生既有高度的组织性、纪律性,也具有必要的海上防御军事知识的目的。"半军管制度适用于培养航海类大学生,自实施以来受到社会、企业、家长等各界的广泛关注和认可,在培养航海人才方面做出了巨大贡献。大一新生带着对大学的向往来到学校,对半军管制度的了解颇少,时常出现对半军管制度不认同、不服从、不遵从的现象,对集合、军训、走队列等日常活动产生抗拒的心理,还有些学生抱着得过且过的态度,这些心理严重影响个人成长成才。逆商高的学生能更快、更好地适应半军管一日生活制度,并用半军管制度磨砺自己,激发自身潜能,完善自身人格。因此,培养航海类大学生逆商对其适应半军管制度有一定的必要性,它能够帮助大学生更好地适应半军管制度并为以后所从事的工作打下坚实的基础。

（二）逆商培养能够帮助航海类大学生健康成长

从事航海事业的大学生们离开校园,初入社会,面对海上的生活、工作、人际关系等多方面出现的困难和坎坷,加上与亲人、同学、朋友的联系逐渐减少,接收信息的渠道变窄,与社会脱节等影响,可能会出现彷徨、恐慌、抑郁等多种负面情绪,导致他们的世界观、人生观和价值观也随之受到冲击,逆商较低的学生会出现心理疾病。因此,逆商的培养既是大学生具备良好的社会适应能力和心理健康的基础,也是大学生成长成才的关键。

(三)逆商培养能够帮助航海类大学生适应新时代航海工作

随着科技的进步、航海事业的快速发展,液化气船及油船等危险品运输工具应运而生,船上危险的货物、精密的仪器、严格的规则等都要求船员具备扎实的专业技能和极强的个人素质。船员自身失误导致船舶巨大损失甚至船毁的事件历历在目,但靠自身精湛的专业技能从而避免事故发生的事件也不乏其例,船员良好的应变能力和心理素质显得尤为重要。应积极培养航海类大学生的逆商,使其养成良好的反应能力,提高抗打击能力和摆脱困境的能力。

三、提升航海类大学生逆商的途径

逆商的培养非一朝一夕之事,它不是简单的思维定式,也不是一项简单的任务,而是一个工程、一份事业,需要结合"三全育人""五育并举"等理念,需要社会、学校、家庭、个人共同努力。

(一)学校是培养大学生逆商的主阵地

第一,抓好军训这堂入学"第一课"。学校应秉承"厚爱严管"的理念,用心去关爱学生、服务学生,而辅导员在军训中一定要做到严管,对问题学生早发现,用心去和学生讲道理,万不能摆"官架子",一定要做到公平、公正、公开,绝不能搞特殊化。军训中暴晒的场地、严格的教官、团结的方队都在潜移默化地塑造一个人良好的品格,这些因素对于大学生逆商的培养具有极其重要的作用。第二,积极融入半军管文化育人理念。航海类专业严格落实半军管一日生活制度,提高内务整理、队列行进、整队报告等标准,使学生养成"外塑形、内塑魂"的良好品质。第三,加强思想政治教育工作。学校通过开展专题讲座和分享会,树立正面的航海类大学生模范典型,激发大学生思想上的共鸣,引导大学生在思想上自觉认同自立自强的价值观念,从而进一步帮助大学生坚定走出逆境的信念。第四,学校应健全大学生心理健康档案,通过日常观察和多方面了解等方式,对有心理问题的学生开展谈心谈话和健康教育,及时帮助其解决心理问题;若效果不显著,则立即帮助其寻找学校心理老师或心理医生疏导解决问题,以防出现意外。第五,学校应开展逆商管理相关课程,针对航海类专业大学生定期开展常见问题的讲解与交流,如船员心理学、不同国籍间船员如何相处、遇到法律纠纷如何解决等,提前给学生打好预防针,以防从事工作之初出现不适。第六,学校应开展丰富多彩的社团活动,通过开展学生感兴趣的活动,强化学生自觉参与意识,提高学生对心理健康的理解,鼓励学生突破自我,走出舒适圈,形成积极向上的校园文化。第七,通过与高年级优秀学长、学姐面对面交流的方式,解决学生的实际问题,并给予正向引导,使其自觉遵守半军管一日生活制度。第八,学生党员和学生骨干积极发挥力量,在学生中间起到模范带头作用,从而引导大学生树立积极向上的价值观。

(二)网络是培养大学生逆商的新阵地

第一,引导学生正确看待网络新闻和信息,防止学生盲目跟风,甚至被利用。第二,充分利用网络新媒体资源,如"两微一端"等,开展形式新颖的大学生逆商培养主题教育。第三,建立学生心理健康网络档案,进行心理健康测评等。第四,引入名师线上授课的方式,拓宽学生视野。

(三)社会是培养大学生逆商的重要阵地

第一,积极开展社会实践活动。俗话说"读万卷书,不如行万里路",鼓励大学生用脚步丈量世界,用耳朵倾听世界变化,积极融入乡村振兴、红色文化、改革开放等实践活动中,以激发个人斗志。第二,积极联系航运界知名校友开展专题分享,组织学校老师带队前往航运企业等,让学生提前走进企业,了解就业市场及前景,鼓励学生提前定好目标并为之奋斗,从而提升自身竞争力。第三,鼓励学生在假期赴企业开展实习活动,提前适应高强度的工作,对大学生逆商的培养具有重要意义。

如今航海事业的发展既有机遇也面临挑战,这就要求航海类人才具有更高的专业技能和心理健康素质。逆商培养对大学生克服困难、迎接挑战具有重要作用,因此航海类大学生逆商的培养对国家航海事业的发展至关重要。

参考文献

[1] 姜鸿.新时代下大学生逆商培养[J].科教导刊(电子版),2019,(33):29-30.
[2] 侯海艳.当代大学生逆商培养系统的构建[J].濮阳职业技术学院学报,2018,31(6):98-99.

大学生就业逆商培养研究

张悦悦

（大连海事大学　交通运输工程学院）

摘　要：

近几年,大学生就业难这一问题日益严峻,大学生在就业过程中遇到了越来越多的困难和挫折,就业逆商低的问题也暴露了出来。本文从加强大学生就业逆商培养的重要意义入手,探讨大学生就业逆商的培养途径,提出通过建立逆商课程体系、打造逆商教育实训体系等途径,提高当代大学生的就业逆商,从而促进高校毕业生就业工作的顺利开展。

关键词：

大学生;就业逆商;途径

近几年,受国际政治、经济形势动荡、我国整体就业形势变化、高校扩招导致毕业生人数激增等多方面因素影响,大学生就业形势日趋严峻。高校毕业生整体就业率下降,2022届全国高校毕业生中选择考研的人数占比为40.78%,同比增长6.57%;选择就业的比例下降,仅为34.21%,同比下降了7.15%;选择考公务员和事业单位的人数占比为17.57%;而创业、出国深造等的人数总占比不足8%。考研人数增加,"懒就业""慢就业"群体人数增加,大学生在就业过程中遇到了越来越多的困难和挫折。

一、大学生就业困难的原因

大学生群体就业困难是由多方面原因造成的,主要包括:

1. 整体就业形势严峻

随着我国经济体制改革不断深入,改革开放速度加快,社会对人才的评定标准和要求不断提高。与此同时,社会面新增就业岗位数量却呈现下降趋势。高校不断扩招,高等教育由"精英化"向"大众化"转变,毕业生人数持续增加,导致就业市场整体呈现供大于求的态势。

2. 学校就业教育存在偏差

虽然国内大多数高校建立了面向大学生开展就业指导的专门部门,开设了就业指导相关课程,开展了相应的就业指导活动,但普遍存在就业指导课程体系不完善、重知识传授而轻能力培养、缺少就业逆商的专题教育等问题。而且就业指导课程往往教学班型较大、课程学时较短,难以有针对性地提升学生的就业逆商和就业能力。

3. 家庭期望值过高

部分大学生的家庭对国家整体就业形势、行业具体人才需求和企业待遇等情况缺乏了解,往往抱持着望子成龙、望女成凤的观念,对大学生的就业期望值过高,期望大学生出人头地、期望大学生通过就业迅速改善家庭经济状况等。家庭过高的期望给大学生造成了巨大的心理压力,导致毕业生出现逃避就业、畏惧就业或者草率就业的情况。

4. 个人综合素质欠缺

部分大学生在校期间缺乏明确的职业规划,面对择业就业过程中遇到的问题准备不足、知难而退,不能抓住就业机会;适应能力差,缺乏团队意识和合作精神,在择业就业的过程中不能及时地进行身份的转变;专业知识和技能不过关,不能将自己学习到的专业知识和技能与社会需求、企业需求有效结合;择业就业过程中缺少足够的就业准备,存在"等、靠、要"等侥幸心理。

总体来说,大学生就业困难除了就业市场中岗位有限、部分企业人才招聘周期长、部分高校专业设置、教育内容与就业市场需求脱节等客观因素外,更多的是由大学生就业目标不够明确、就业观不端正、就业知识储备不足、就业心理素质有待提高等主观因素造成的。

二、加强就业逆商培养的重要意义

逆商是由美国心理学家保罗·史托兹提出的,它是指面对逆境时承受压力的能力,也可以解释为面对挫折、摆脱困境和超越自我的能力。[1]大学生是国家未来发展的中坚力量,习近平总书记指出:"青年兴则国家兴,青年强则国家强。青年一代有理想、有本领、有担当,国家就有前途,民族就有希望。中国梦是历史的、现实的,也是未来的;是我们这一代的,更是青年一代的。中华民族伟大复兴的中国梦终将在一代代青年的接力奋斗中变为现实。"社会发展对当代大学生的综合素质有了更高的要求,除了智商、情商等素质能力外,逆商也越来越受到高校的重视。

加强就业逆商培养,有助于提升高校人才培养的整体水平。中共中央、国务院印发的《关于进一步加强和改进大学生思想政治教育的意见》中指出"要重视心理健康教育,根据大学生的身心发展特点和教育规律,注重培养大学生良好的心理品质和自尊、自爱、自律、自强的优良品格,增强大学生克服困难、经受考验、承受挫折的能力"[2]。加强就业逆商培养,符合高校素质教育的要求,有助于强化大学生心理素质,激发他们的竞争意识,提升抗挫折能力,从而提升高校人才培养的整体水平。

加强就业逆商培养,有助于引导大学生树立正确的就业观。就业观念滞后,就业期望脱离实际需求,既不利于大学生发挥才能,也为大学生就业增加了难度。加强大学生就业逆商的培养,提升大学生在就业择业过程中的抗挫折能力,有助于帮助大学生转变就业观念,树立科学的就业观,建立合理的就业期待。

加强就业逆商培养,有助于帮助大学生形成积极的就业心态,更加理性地应对失败和挫折,在面对充满挑战的社会竞争时做好充分的准备,培养大学生终身学习的良好习惯,促使他们加强学习、主动提升就业能力;有助于培养大学生的创新创业能力,培养创业必需的意志、勇气和胆识。

总之,高校加强就业逆商教育有助于转变大学生的就业观念,提升大学生的就业能力,增强大学生择业就业过程中的抗挫折能力,强化大学生的就业心理素质和创新创业能力,进而有效地促进大学生就业。

三、高校开展大学生就业逆商培养的有效途径

1.建立就业逆商课程体系

高校应科学设置逆商培养课程,重点提高大学生的就业逆商,使大学生在就业前完成全方位的准备。

大一阶段的就业逆商教育要同理想信念教育有机结合。大一新生虽然生理上趋于成熟,但心理上往往不够成熟,未能形成科学的世界观、人生观、价值观,对大学生活和人生都没有确立合理的目标。因此,要在引导大学生树立远大人生理想的同时,教育他们脚踏实地、立足当下,做好大学生涯的规划、做好职业生涯的规划和人生的规划,引导大学生充分发挥主观能动性,有效利用大学时光锻炼自己、发展自己。

大二阶段的就业逆商教育要同专业教育相结合。这个时期是大学生了解所学专业、夯实专业知识基础、提升专业技能的重要阶段,也是大学生了解行业、建立就业择业观的基础阶段。将就业逆商教育同专业教育相结合,既能够引导学生认识专业学习的重要性,提高他们对专业学习的热情,又能够帮助大学生对就业形成积极正向的认知,不恐慌、不惧怕,对择业形成科学的观念,不盲从、不武断。

大三阶段的就业逆商教育要同创新创业教育相结合。中国经济飞速发展,中国市场蕴藏着巨大商机,国家提出"大众创业,万众创新"的口号就是鼓励有热情、有能力的毕业生"变就业为创业"、积极投身创业的大潮。[3]但创业是既考验学识能力,又考验胆识和经验的一种选择,既要有充足的创业知识储备,又要有充分的创业心理准备,才能够保证创业行动的成功。

大四阶段的就业逆商教育要同求职技巧教育相结合。这个阶段的就业逆商教育要更具体、更有针对性,针对有不同求职意向的大学生讲授不同的内容。比如,针对考研群体讲授如何调整心态科学备考;针对有就业群体讲解如何正视个人优缺点,撰写优秀的简历;针对考公群体讲解如何应对面试失利并有效从中吸取经验等。

2.打造就业逆商教育实训体系

单纯依靠知识传授很难切实提升大学生的就业逆商,因此高校应重点打造逆商教育实训体系,构建校内实训和校外实习两条教育路径,通过学生自身的真实体验增强逆商教育效果。

校内逆商实训的重点是模拟常规挫折情境,如人际关系挫折、学业挫折、情感挫折等,把现实中经常发生的逆境情景模拟到实训活动中。通过参加实训活动,大学生能够增强对逆境的认知,合理调整对逆境的心理预期,培养积极向上的生活态度,提升应对挫折的能力。校内逆商教育实训更能帮助大学生在实训中找到适合自己的应对逆境的方式,从而缩短逆境对大学生产生消极影响的时长。

校外实习的重点是模拟就业挫折情境。比如遇到新的工作内容怎么办、遇到困难怎么办、如何有效地进行时间管理、如何区分重要紧急工作、如何处理上下级关系和同事关系等。校外

实习有助于大学生了解职场、了解企业、了解行业、了解社会,形成对就业客观而全面的认知。大学生通过参与就业实习能够更真实地感受就业环境、了解岗位需求和具体的工作内容,从而提升应对挫折的能力。

3.建立就业挫折社会支持系统

当前部分大学生害怕就业、逃避就业的原因之一是受社会不良风气的影响,认为要想找到好的工作就需要依靠强大的家庭背景,要靠人脉,认为自己缺少强大的家庭背景和人脉就一定找不到好的工作。事实上,大学生的知识水平、个人能力、综合素质等才是影响就业质量的主要因素。因此要帮助大学生战胜就业挫折、提升就业逆商,不仅要教育他们正确认识挫折、提升自己应对挫折的能力,也要帮助他们建立起强大而有效的社会支持系统。

社会关系是人们在共同的物质和精神活动过程中所结成的相互关系的总称,社会关系中的亲属关系、朋友关系、师生关系、同学关系都能够为大学生就业提供有效的指导或帮助。要构建家校合作系统,高校应通过有效途径向学生家庭传递就业的相关知识,帮助学生家长了解国家、行业的就业形势,联合家长一起为学生就业提供正向支持;要畅通校友就业帮扶渠道,充分利用校友在行业企业的话语权、影响力,开展就业信息收集、就业岗位推荐、职业生涯规划教育及就业指导等帮扶活动;要构建师生就业互助系统,通过师生交流、同学交流达到纾解心理困惑、增强就业自信心、互通有无提升就业能力的效果。

大学生就业逆商培养有助于引导大学生树立正确的就业观念,强化大学生的就业意识,提升大学生的就业能力。如何把就业逆商培养作为发力点,通过有效的、可行的方式和方法提高大学生群体的就业逆商,推动大学生更高质量的就业仍将是高校思想政治教育工作的重要研究课题。

参考文献

[1] 唐新华.逆商教育与大学生就业力的和谐成长[J].现代教育管理,2009(5):119-121.

[2] 教育部思想政治工作司.加强和改进大学生思想政治教育重要文献选编(1978—2014)[M].北京:知识产权出版社,2015.

[3] 宋妍.大学生就业挫折及其教育途径研究[J].理论月刊,2011(5):183-185.

高校学生弱势群体逆商教育研究

代天伦

（大连海事大学　交通运输工程学院）

摘　要：

逆商教育作为"三商教育"的重要组成逐渐为各高校所重视。学生逆商的高低直接决定其未来的成长。高校学生中的弱势群体有其特殊性，对其开展逆商教育刻不容缓。高校作为大学生思想政治教育的主要阵地，有责任积极探索逆商教育，帮助学生，尤其是弱势群体处理所面临的逆境，提高他们的抗挫折能力，帮助他们走向成功，从而促进社会的发展。

关键词：

逆商教育；高校；学生弱势群体

一、逆商与逆商教育

中共中央、国务院《关于进一步加强和改进大学生思想政治教育的意见》明确指出，加强和改进大学生思想政治教育要以大学生全面发展为目标。[1] 大学生的全面发展指的是"德智体美劳"五育并举，即要在注重大学生智商和情商发展的同时，还要关注大学生逆商的平衡发展。

逆商，即逆境商数（Adversity Quotient），指当面临逆境时，个人的应对方式多寡与应对能力高低，反映了人们在面临逆境时，将不利情况转为有利情况的意识与能力。[2] 此概念最早于20世纪90年代由美国心理学家保罗·史托兹提出。逆商教育又称挫折教育。

二、开展逆商教育的重要性

智商、情商和逆商是大学生攀登人生高峰不可或缺的三种重要"武器"。智商和情商是大学生开展人生事业的基础能力,帮助他们形成人生前进动力的基础。然而,对于以行稳致远为目标的大学生的人生发展来说,逆商作为战胜逆境的必备素质是不可或缺的。逆商是一个人管理困难并将障碍转化为机遇的能力,往往与个人的表现正相关,是影响个人成功的因素之一。拥有较高的逆商往往有更高的工作绩效,而逆商较低的人会更多地依赖他人,尤其是父母和同龄人。在面对挑战时,低逆商者往往不能占据主动。在当前社会充满竞争的大环境下,逆商在很大程度上将影响到个人的未来成就和人生发展:

1. 高逆商可以帮助大学生走出逆境

步入大学,就意味着大学生即将经过系统训练,步入社会。在这一时期,大学生逐渐锻炼自身脱离原生家庭的庇护,尝试迈入社会。此时,逆境无处不在,学业压力、实习压力等将贯穿于大学生的日常生活之中。逆境容易使人逐渐失去信心,否定个人价值,进而沉沦,一蹶不振。然而,逆境作为一把"双刃剑",在令大学生遭受挫折的同时,也帮助其学会自我反思、自我提升,适应社会发展的需要,更好地投入社会生活,克服个人的缺点,弥补不足之处。高逆商带来的战胜逆境的能力,将对大学生迅速成长裨益良多。

2. 高逆商可以帮助大学生积极应对挑战

当高逆商的大学生遇到逆境、遭受挫折时,会主动从心理层面将其视为一种磨炼或挑战,越过挫折本身,努力思考自我提升,主动出击,扬长避短,发挥个人优势,克服眼前的艰难险阻,从逆境中有所得。反之,低逆商的大学生在遭遇挫折的瞬间,其心理防线便被击破,陷入自怨自艾的厌世状态中,不可自拔。面对人生处处可见的逆境,高逆商带来的是更强的适应力、生命力和战斗力。

3. 高逆商可以帮助大学生适应环境

大学是不同人生阶段的交汇时期,大学生势必要主动去适应不同的社会环境。从大一入学的生活、学习环境突变到大四毕业升学就业压力的激增,大学生面临着波动的精神压力。如不进行及时的调节,大学生极易出现抑郁、厌学等情况,干扰正常的学习和生活。在这种情况之下,高逆商的大学生更易于接受环境变化,在压力变换时期能够有更好的心态去感受变化和适应变化。相应地,逆商较低的同学则需要更多的关心和关爱,调整个人心态,调适压力,以更好地应对环境波动。

三、高校学生弱势群体存在性与逆商教育紧迫性分析

高中学生经过一段时间的刻苦努力,经过高考的激烈角逐,最终考入理想的大学。然而在取得高考的胜利,步入大学校园后,部分学生因为所在地区、家庭条件、学习能力、语言表达能力等方面的差异,在适应新环境、获得好成绩、交到新朋友方面出现了一些问题,由此在心理上产生了一系列的不良变化。[3] 在这样一个新的环境中,这些学生不慎成为"弱势群体",主要包括几类:

1. 家庭条件优越,长期被父母宠溺的学生

这类学生在离开家人呵护,尤其是到了外地就读后,个人生活起居、学业等方面无法独立处理,极易遭受挫折,从而意志消沉,丧失与周边同学打成一片的能动性。

2.学习方式单一，或文理跨修的学生

这类学生在步入大学后发现，以往靠勤奋练习、不断重复的方式无法在学业上取得进步，因而对自己的学习能力产生怀疑，逐渐自我否定，并开始自暴自弃。

3.家庭经济困难，来校后经济拮据的学生

部分家庭经济困难的学生在入校后深感与周边同学相处不畅，自觉由于经济拮据而无法融入集体。自卑的心理令其在日常人际关系交往中陷入负反馈，滋生出更多严重的心理问题。

以上高校学生中的弱势群体较广泛地存在于校园内。对弱势群体学生的教育要格外关注，高校须格外注意此类学生的成长成才，帮助他们成为对社会有用的栋梁之材。当前来看，高校对学生弱势群体开展逆商教育刻不容缓。

四、开展高校学生弱势群体逆商教育的方式分析

为切实帮助高校学生弱势群体实现全面发展，必须加强学生逆商教育：

1.广泛开设逆商教育课程，推进逆商教育实现制度化

要根据学校教育教学特点，立足本校学生基础，开设具有校园特色的逆商教育课程。在无法区分包括弱势群体学生在内的学生的逆商高低与抗挫折能力的前提下，要针对全体学生开展广泛性、通识性的逆商教育，尽全力提高大学生在应对逆境、面临挫折时的抗打击能力和反应能力。课程要以年级为单位，从大一学年至大四学年，按照不同年级特点开设。如，大一学年开设新生入学后大学生活引导课程，促进新生适应学习环境；大三学年设立考研、就业压力疏导课程；等等。

2.深入摸排学生情况，助力逆商教育实现细致化

通过组织包括逆商测试在内的心理测评以及辅导员老师和班主任老师在学生群体内的深入了解，进一步确定大学生的个人生活情况、学业情况和家庭情况等，并登记在册。对于不同学生的问题进行一对一有针对性的教育。对于家庭经济困难的学生，学校在开展经济帮扶的同时，要帮助学生树立信心，努力创造机会，在历练其能力的同时，给予其更多机会表现自己，帮助其克服自卑心理，重塑乐观人生；对于学习方法不得要领的学生，则通过学业帮扶等形式，帮助其找到学习困难的原因，掌握有效的学习方法，切实帮助其提高学习成绩；对于家庭条件优越而生活能力不足、缺乏挫折应对能力的学生，则需要有针对性地组织实践活动，如植树活动、外来务工人员子女学校支教活动等，帮助其锻炼个人能力，使其积极参与劳动，在劳动中提升技能，感受劳动精神。

3.变被动教育为主动教育，实现学生自我逆商提升

组织学生开展心理练习，模拟在遭受挫折时的心理活动和心态变化，开展一对一指导。帮助学生根据个人性格特点，找到其薄弱之处，在应对挫折时，寻求最佳的心态和最理性的应对方式。引导学生在应对挫折时，主动调整心态，如：遇到困难不抱怨，能积极应对，冷静思考不慌张；遇事先思考两分钟，分析努力克服困难后自己会有哪些提升，学习从劣势中寻求优势，冷静处之；时时刻刻保持乐观，在人生道路上多以微笑面对生活；等等。

五、结语

高校学生是新时代中国特色社会主义建设的中坚力量，大学生是当代社会发展的生力军。[4]弱势群体逆商低的现象在影响其自身成长成才的同时，对社会整体的发展进步也造成

阻滞。逆商低,表现为急功近利、心态浮躁、坚持和抗压能力弱,在遇到困难和挫折时,不能以正确、积极的态度妥善应对,这是阻碍高校弱势群体发展的重要因素。高校作为大学生思想政治教育的主阵地,应积极探索大学生逆商教育的途径,提高弱势群体的逆商,为其个人发展提供更多可能,帮助他们成长成才,为社会发展贡献自己的力量。

参考文献

[1] 黄婷婷.基于全面发展目标的大学生逆商教育路径研究[J].兰州教育学院学报,2017,33(12):93-94.

[2] 杨安,董发广.大学生逆商教育浅析[J].教育教学论坛,2012(36):208-209.

[3] 陈梅.如何对大学生弱势群体进行逆商教育[J].群文天地,2012(6):109.

[4] 郑晓燕,刘彪.研究生逆商培养的必要性及途径探索[J].北京教育(德育),2020(11):81-83,87.

浅论新时代大学生逆商培养

裴长盛　张博　郑云桓

（大连海事大学　轮机工程学院）

摘　要：

我国普通高等学校本科生的心理发育尚未成熟，在独立面对学习、生活和情感等众多挑战和挫折时，心理承受能力和应对逆境能力有待提高。因此，对大学生逆商的培养是高校思政教育的必修课，有助于学生人格的完善，有助于大学生提高适应社会的能力，担当起时代赋予青年人的使命。

关键词：

逆商；挫折；培养

一、逆商的源起与内涵

20世纪90年代中期，美国著名学者保罗·史托兹第一次提出了逆商的概念，逆商是指人们面对逆境时的反应方式，即面对挫折、摆脱困境和超越自我的能力。[1]保罗·史托兹将逆商划分为四个构成元素。

（一）掌控感（Control）

掌控感是指人们对周围环境的信念控制能力。面对逆境或者挫折时，掌控感弱的人只会逆来顺受，听天由命，而掌控感强的人会凭借一己之力改变所处的环境，相信人定胜天。

（二）担当力（Ownership）

造成人们陷入逆境的起因大致分成两类：

第一类属于内因：因为自身的疏忽、无能、未尽全力抑或是宿命论导致办事不力，往往表现为过度自责、意志消沉、自怨自艾、自暴自弃。

第二类属于外因:与合作伙伴配合不利、做事时机尚未成熟或者遇到外界不可抗力。

(三)影响力(Reach)

高逆商者,往往能够将在某一范围内陷入逆境所带来的负面影响仅限于这一范围,并能够将其负面影响程度降至最低。

低逆商者则表现得与之相反。

(四)持续性(Endurance)

逆境所带来的负面影响既有影响范围问题,又有影响时间问题,即逆境将持续多久,造成逆境的因素将持续多久。低逆商者往往认为逆境将长时间持续;高逆商者则会认为逆境将很快过去,往往通过自身努力影响态势发生变化。

二、大学生逆商培养的重要性

有心理学家指出,在智商水平相近的情况下,一个人的逆商会决定一个人能否在某一领域取得成功。因为逆商高的人在面对挫折时,会看到其中积极乐观的一面。拥有这样心态的人更善于应对挫折,更容易找到合适的方法处理并解决问题,抓住机遇,迎接挑战。当代大学生需要面对来自家庭、学校和社会的各种压力,这些压力很容易使他们脆弱的心灵受到打击。因此,高校有必要积极开展大学生逆商培养的教育活动,鼓励学生在面对挫折时养成良好的思维方式和掌握良好的行为反应能力。[2]

三、当代大学生面临的困难与挑战

经济在快速发展,时代也在进步,虽然新一代大学生的生活环境、生活条件等有了很大的改善,但是他们承受挫折的能力却越来越弱。在校大学生因心理出现问题而不能按时完成学业的情况时有发生,其面临的困难主要涉及学业压力、恋爱受挫、人际关系压力和就业压力等。

(一)学业压力

高中阶段学生学习任务重、压力大,在老师和家长的严格监督下,学生有足够的时间和精力去学习。到了大学,离开了老师和家长的监督,部分学生不会合理地分配学习和生活的时间,留给学习的时间少之又少,大学的课程又很多,最后学生考试不及格,甚至放弃学业;相较于高中校园,大学校园里都是来自五湖四海的优秀人才,一些人不再是同龄人中的佼佼者,他们逐渐感到失望,沉迷于网络,逃避现实,从而影响毕业。

(二)恋爱受挫

学生在大学谈恋爱是一件很美好的事情,但恋爱中同样潜藏着学生遭遇心理挫折和情感危机的风险。如有些学生在表达爱慕之心后被婉言拒绝,无法面对现实,执着爱慕着对方从而无法解脱;恋爱也可能会引发一些感情纠葛和冲突,使人忧心忡忡、郁郁寡欢;失恋会造成剧烈且深刻的心理创伤,使人处于绝望的消极情绪之中,个别人甚至会由于失恋而形成各种心理障碍,或者从此怀疑和不信任任何人,把自己的感情之门永远封闭起来。

(三)人际关系压力

当前,大多数学生是独生子女,在与人交往方面存在一些不足。有些学生相对自我,不会换位思考,凡事会先考虑自己的利益,集体责任感不强,难以融入集体,同时他们更加依赖通过网络社交软件进行社交,反而忽略了现实世界中的社交,导致人际交往能力欠缺,进而产生社交恐惧。

(四)就业压力

随着高等教育的改革,高校的招生人数不断增多,就业市场供大于求,毕业生的就业机会有限;社会飞速发展,用人单位对毕业生综合素质的要求更高了,然而大部分毕业生的综合素质不高,仍一味地追求高待遇和好地域等就业条件,造成了就业难的现状。[3]此外,大学生的工作经历比较少,所掌握的信息和就业市场并不匹配,对自己的特长和适合的职业判断不清,这些都容易让其产生焦虑不安甚至是自卑的情绪。

四、大学生逆商培养的策略

逆商高的人善于把握问题规律并勇于战胜困难,积极乐观地面对挫折,并充分挖掘自己的潜能。因此,针对大学生面对的挑战,制定相应的引导策略,不断提高他们的逆商,帮助他们树立面对挫折时的正确观念,具有重要意义。

(一)开设合适的教学课程

为在校大学生开设逆商培养课程,需要根据逆商的四个构成元素来设置培养课程的内容和形式,有针对性地解决逆商的培养问题。引导学生了解并重视逆商培养的重要性,使学生具有主动提升逆商的意识。特别是在学业压力、恋爱受挫、人际关系压力和就业压力四个方面,要让学生对其有新的认识和界定,即学习不应止步于课堂和书本,要先学习做人,后学习做事;情感有很多种,不是每种情感的付出都能得到良好的反馈;良好的人际关系是生活和学习的前提;应提前做好职业生涯规划,明确大学生活的目标和前进的方向。在培养过程中,学校应提供相应的心理咨询,引导学生了解自己、认清自己,找到自己的长处和短板,提高自身的综合素质和抗挫折的能力,不断地完善自身人格。

(二)运用沉浸式情景模拟逆商训练法

与其他文化课程不同,逆商训练要求学生结合理论知识和实践方法并在特定情境下实践,以提高自我调节能力与情绪控制能力。因此,有必要提供一个贴近实际学习和生活的情境环境,以激发学生的潜能。安排学习、恋爱、就业、人际交往的情景剧,让学生参与角色扮演,更具感染力和引导性,激发学生发现、分析和解决问题的能力,逐步养成良好的思维方式和行为习惯。同时,在逆商训练时要注重循序渐进,让学生逐步掌握抗挫折的技巧,逐渐提高逆商。

(三)创建帮扶小组

创建帮扶小组,定期组织学生交流分享身边或自己的小故事,可以锻炼学生与人沟通的能力。让学生了解一些弱势群体的故事,引导学生认识到与弱势群体的境遇相比,自己所谓的痛苦显得微不足道。在此过程中,学生将潜移默化地掌握看待困难的态度和方法;面对一件棘手的事情,学生可以与小组成员讨论,分享不同的观点和感受,互相鼓励,共同进步。

五、总结与展望

逆商高的人在遇到挫折时通常会看到事情积极的一面。他们更善于应对挫折,寻找合适的方式处理和解决问题,抓住机遇,迎接挑战。目前,大学生面临学业压力、爱情挫折、人际关系压力和就业压力等诸多困难与挑战,承受挫折的能力却越来越弱。因此,针对大学生面临的挑战,通过开设合适的教学课程、运用沉浸式情景模拟逆商训练法、创建帮扶小组等相应的指导策略来教育引导他们,对于帮助学生正确面对挫折并提高学生逆商具有重要意义。

习近平总书记指出:"青年是整个社会力量中最积极、最有生气的力量,国家的希望在青年,民族的未来在青年。"大学生是青年中最有活力的一个群体,是国家的希望,是民族的未来。助力大学生的全面发展,就是为实现中华民族伟大复兴贡献力量。

参考文献

[1] 保罗·史托兹.AQ 逆境商数[M].姜冀松,译.天津:天津人民出版社,1998.
[2] 邱政.逆商在大学生思想政治教育过程中的培养[J].黑河学刊,2018(2):142-144.
[3] 许惠.当代大学生就业面临的挑战与对策探究[J].经济研究导刊,2011(3):113-114.

逆商培养融入高校资助育人体系实践研究

宋一[1]　孙人杰[2]

(大连海事大学　交通运输工程学院[1]　学生资助管理中心[2])

摘　要:

逆商培养是心理育人范畴中一种行之有效的实践手段,对促进高校资助育人体系服务对象克服客观不利因素、实现劣势向优势转化,具有逻辑契合性和实践可行性。把逆商培养有机融入高校资助育人体系,将更加充分地回应人性期待、突显人文关怀、聚焦人格发展,能更好地促进受助大学生的成长和发展,推动构建有智慧、有温度、有内涵的资助育人体系。逆商培养融入高校资助育人体系的核心目标是巩固定力,削弱影响,提升能力,加强掌控,激发魄力,超越自我。其实践路径是搭建多元化育人平台,打造精品化培训课程,提供精准化个性辅导。

关键词:

逆商培养;高校;心理育人;资助育人;实践路径

逆商培养旨在通过有计划的教育和训练促使培养对象具备更强的承受挫折能力。在大学生中开展逆商培养,属于高校思想政治工作"十大育人"体系中心理育人的范畴。把心理育人的工作内容运用到同属"十大育人"体系的资助育人的框架中,有助于融合不同育人视域的载体、路径和方法,彰显体系化育人优势,达到事半功倍的育人效果。

党的十九大报告指出,要"加强社会心理服务体系建设,培育自尊自信、理性平和、积极向上的社会心态"[1]。高校思想政治教育工作中的心理育人作为社会心理服务体系建设中的重要一环,有其工作重心。它面向青年大学生,以预防为主,着力对象为存在心理问题和较高心理问题风险的大学生群体。而资助育人的主要服务对象是家庭经济困难学生。家庭经济困难学生是心理危机的高发人群,他们既是资助育人的主要帮扶对象,也是心理育人应当给予重点关注和及时干预的受众。

一、逆商培养融入高校资助育人体系的价值意蕴

如前所述,高校资助育人体系的服务对象同时是心理育人工作的重点辐射人群。在资助育人体系构建过程中融入心理育人的载体、路径和方法,具有天然的逻辑契合性。逆商培养是心理育人范畴中一种行之有效的实践手段,对驱动家庭经济困难学生克服客观不利因素、实现劣势向优势转化,具有无可替代的实践可行性。把逆商培养有机融入高校资助育人体系,将更加充分地回应人性期待、突显人文关怀、聚焦人格发展,更好地促进受助大学生的成长和发展,推动构建有智慧、有温度、有内涵的资助育人体系。

(一)回应人性期待,实现有智慧的资助育人

高校开展各项工作的根本任务在于立德树人。围绕学生、关照学生、服务学生是构建资助育人体系的重要遵循。学生的诉求在哪里,资助育人的重心就在哪里。能否回应学生内心深处的真实期待,解决家庭经济困难学生的切实身心困难,是评价资助育人体系质量高低的关键采样点。心理育人具有直面内心、直击情感要害的显著优势,是实现育人主动性与受助能动性相统一的关键突破口。逆商教育工作就是直面受助大学生的逆境经历,有针对性地进行疏导慰藉和引导升华,解决家庭经济困难学生心理层面的核心痛点。受助大学生的经济负担、生活负担可以通过配套政策得到解决,但受助大学生因成长环境、家庭因素等萌生的心理负担和产生的后顾之忧,却唯有探寻心理育人与资助育人契合点这一种途径。不可否认,家庭经济困难学生具有更强的逆境伴随时间。但逆商提升不是逆境本身带来的,而是逆境体验与科学引导综合生成的结果。在心理育人视域下,思想包袱得到深切的关注和充分的回应,驱动家庭经济困难学生克服客观不利因素,促进劣势向优势转化,达到教化与内化相生相长的育人效果。这将为资助育人的效用充沛赋能,实现有智慧的资助育人。

(二)突显人文关怀,实现有温度的资助育人

习近平总书记在全国高校思想政治工作会议上强调:“要培育理性平和的健康心态,加强人文关怀和心理疏导。”[2]这一重要论述揭示了心理育人在思想政治工作中的重要地位,也阐明了心理育人的主要特点。对人文关怀的强调作为心理育人另一显著优势,融入资助育人框架下,将赋予高校资助育人体系丰富的活力。融合心理育人的理念将驱动资助育人体系的构建摒弃冷漠思想和机械思维,更加充分地理解和共情,从而搭建起高校资助工作与受助大学生心灵的桥梁,使资助工作在传递物质帮助的同时也传递温度,做到以情感人、以文化人,达到润物细无声的理想育人效果。逆商培养要引导受助大学生直面、认识自己的逆境经历,心理育人的基本理念要求高校对育人对象的情绪和情感关怀,不仅能最大程度上避免对受助大学生造成新的心理负担,而且会削弱逆境对大学生心理带来的不利影响。把资助育人与心理育人的载体、路径和方法切实融合,将突显心理育人人文关怀价值,提升资助育人主动性,化解学生被动参与、无奈参与的尴尬,实现有温度的资助育人体系构建。

(三)聚焦人格发展,实现有内涵的资助育人

教育部等八部门《关于加快构建高校思想政治工作体系的意见》中明确要求“建设发展型资助体系,加大家庭经济困难学生能力素养培育力度”[3]。新时代赋予资助工作许多新的内涵,资助工作不再仅具有促进教育公平一种职能。资助工作同样要牢记“为党育人、为国育才”的使命,坚守立德树人的初心,不断发挥“育”的功能。融合心理育人框架下聚焦人格发展

的理念,把逆境给受助大学生带来的影响转化为支持和鼓励其成长成才的动力,是逆商培养探索为资助育人体系构建赋能的又一驱动。在逆商培养实践中,引导受助大学生直面、认识逆境经历,削弱情绪影响,只是完成了第一步任务。在关照受助大学生情感、解构心理负担的基础上,还将综合运用心理育人和资助育人的理念和方法,帮助大学生坚定信仰、踏实求学,不断提升其综合素质,切实让其成长成才。这是心理育人聚焦人格发展的特点所要求的,也是资助育人发挥育人功能的预期所要求的。把逆商培养的心理育人优势融合到资助育人体系构建过程中,将充分体现大思政工作格局价值,助力高校思想政治工作质量全面提升,带来有内涵的资助育人。

二、逆商培养融入高校资助育人体系的核心目标

探讨逆商培养融入高校资助育人体系的价值意蕴,本质是探讨"为什么"的问题。为了最大化实现上述价值,还要明确逆商培养融入高校资助育人体系的核心目标,亦即厘清"是什么"的问题。这一核心目标是一个先破后立的过程,首先以巩固定力为目标,削弱逆境对受助大学生心理的影响;其次以提升能力为目标,加强受助大学生对态势的掌控;最后以激发魄力、树立信心为目标,促进受助大学生的成长、发展和超越。

(一)巩固定力,削弱影响

回应人性期待、突显人文关怀,是逆商培养融入高校资助育人体系的重要价值。从根源上解决心理问题及有效防范心理问题风险,是达到最终育人效果的基础。高校资助工作的服务对象多为家庭经济困难学生,这部分大学生体验过贫困或家庭变故,有一定的逆境伴随经历,并可能由此产生思想包袱以及焦虑、自卑等消极情绪。资助育人的智慧和温度体现在治标也治本上,既要解决受助大学生的经济困难、物质困难、实际生活困难等问题,也要解决这些学生的思想问题、心理问题、情绪问题。造成消极心理影响的现实因素是客观存在的,逆商培养的目标不是回避这些客观不利条件,而是在直面和正视的基础上科学地剖析它们、正确地认识它们,与它们达成心理学意义上的和解,使它们成为可接受、能共处、有价值的感受和记忆,而不是情绪垃圾甚至情绪炸弹。这是一个循序渐进的过程,要力求达到"知情意行"的和谐统一,首先应消除对现实学习生活的影响,进而彻底解除思想上的疙瘩。融入逆商培养的资助育人也契合心理育人的基本理念,归根结底是"助人自助"。因此资助育人体系构建的核心目标之一是通过科学培训帮助受助大学生巩固自身定力,建立强大心理防线,引导他们从容化解消极心理情绪的影响。

(二)提升能力,加强掌控

聚焦人格发展,是逆商培养融入高校资助育人体系的又一重要价值。解决思想问题只是第一步,最终还要把育人目标着眼于大学生成长成才上。高校资助工作不仅要"扶贫",也要"扶智""扶志"。要帮助受助大学生建立通过自强改变前途命运的意识,引导他们不断强化自身本领,提升专业知识水平,使其在未来能创造更大的人生价值,并且使家庭经济情况得到有效改观,回报父母的养育之恩。融入逆商培养的资助育人要关注受助大学生综合能力的提升。受助大学生的基础能力越扎实、综合能力越全面,能够解决的现实问题就越多、能够克服的困难就越多,也就越能够从容把握自己的人生走向,实现自己的理想抱负。融入逆商培养的高校资助育人体系,要帮助受助大学生把对经历逆境的深刻理解转化为不断自强的成长动力,鼓励

他们如饥似渴地扩充知识储备和技能储备,为开创更加美好的未来打下坚实基础。高校资助育人体系中也应包含系统的培训内容,为辅助受助大学生接受全面、科学的训练创设条件。

(三)激发魄力,超越自我

激发受助大学生内心潜在的魄力,增强他们的自信心,是帮助他们削弱逆境体验、消极心理影响,提高对逆境客观现状和现实生活掌控感后的必然结果。被激发出的魄力和信心,将有助于受助大学生拓宽眼界,实现人格升华,乃至于形成更为成熟的世界观、人生观、价值观。资助工作同样要牢记立德树人的根本任务,坚持为党育人、为国育才的工作原则。在构筑融入逆商培养的资助育人体系过程中,应主动引入思想引领、理想信念教育、信仰教育、生涯教育等课题,围绕尚德、励志、感恩、济世等关键主线给予积极引导,鼓励受助大学生化苦难为力量,志存高远,立志于服务国家和人民,不再对逆境心存恐惧,并且迎逆境而上,为更多仍然身处逆境的他人传递温暖、创造价值。资助育人的落脚点不只是助力受助大学生个人的成长,还要帮助他们实现人生价值,以培养全面发展的时代新人为标准来审视资助育人和心理育人工作的极大潜力和核心目标。应帮助更多青年大学生不断超越自我,成为兼具志气、骨气、底气和信仰情怀的时代新人。

三、逆商培养融入高校资助育人体系的实践路径

解决了"为什么""是什么",最终落脚点是"怎么办",即规划合理、有效的育人内容,构筑逆商培养融入高校资助育人体系的实践路径。育人好比植树,这一路径可以用培土、浇灌、整枝作喻,即搭建多元化育人平台、打造精品化培训课程、提供精准化个性辅导。

(一)培土:搭建多元化育人平台

树人犹如育苗,要注重培土这一基础环节。在逆商培养融入高校资助育人体系的实践中把资助育人和心理育人的土壤培扎实,是促进大学生稳健成长成才的关键。为了切实达到资助育人中逆商培养的核心目标,搭建多元化的育人平台就是为育人"培土"。逆商培养不能坐而论道,要打造和创设契合育人思路、贴近受众特点的载体,使培养工作有所依托。平台要注重解决实际问题与解决心理问题相结合,做好心理教育引导与做好德育思想教育相结合,引导好受助大学生与辐射更广大学生群体相结合,提升宣贯平台质量与创设实践平台相结合等。要注重与"十大育人"体系其他范畴相融合,形成联动的、大思政格局下的育人体系,形成"启航、助航、领航、导航"为一体的发展型资助育人体系。用好成长训练营、素质拓展基地等资助育人和心理育人的"软基建",用好第二课堂、"党建+"、网络文化阵地等综合工具,使不同类型的大学生都能从适合自己的平台中借力,感受逆商培养所带来的心态变化和价值提升,实现成长和超越。

(二)浇灌:打造精品化培训课程

学生的成长成才离不开"浇灌",融入逆商培养的高校资助育人工作要依托精品化培训课程体系,不断为受助大学生输送与时俱进的水分和养料。课程要能够充分调动起受助大学生的学习热情和积极性,使学生能够在其中获得充实、科学、有效的成长训练,真正认识和理解逆境感受的意义,提升逆商,克服逆境带来的不利影响,成长为有价值的人。培训应包含专业化的心理学课程,以不断提升受助大学生巩固心理防线、化解不利情绪、正确宣泄情绪的能力。注重授课与启发学生自述、自学相结合,用好翻转课堂等教学工具和多媒体教学手段,采用寓

教于乐的教学技巧,帮助学生熟练掌握和灵活运用逆商增长知识。注重学习与实践相结合,让受助大学生在社会实践中体察社会,加深对逆境的理解,增长见闻,克服家庭经济状况可能造成的眼界局限。也要注重其综合能力提升,尤其是就业能力提升,开展如演讲、写作、编程、PPT 制作等培训,帮助受助大学生增强自信,强化对逆境的掌控感。在实践中不断完善课程培训质量,做到体系化、精品化,使之成为资助育人和心理育人实践中的品牌工作。

(三)整枝:提供精准化个性辅导

融入逆商培养的高校资助育人体系所服务的对象是由个体的人组成的。育人工作要致力于为每一名大学生的成长成才助力。这对高校资助育人提出了更高的要求,促使资助体系中的逆商培养工作为受助大学生提供更加精准、差异化、有针对性的个性辅导。建立档案要做到"一生一册",育人规划争取做到"一生一策",要做到因材施教、对症下药。这好比育苗过程中的整枝,要结合不同树苗的长势予以个性化修整。要充分了解不同受助大学生的心理动态,引入心理咨询机制,做好受助大学生心理动态筛查,及时做好督导和反馈,及时发现问题和隐患。要从细微处落手,以有智慧、有温度的"微操作"实现有内涵的资助育人和心理育人。资助育人体系中的逆商培养工作要找准症结,辅导受助大学生摆脱面对逆境自暴自弃的心理、接受资助理所应当的心理、对他人形成依赖的心理、贪图安逸享乐的心理、逃避逆境现状的心理等。用好谈心谈话制度、朋辈传帮带制度等,发挥榜样作用,预防思想偏差和行为偏差,帮助受助大学生树立百折不挠、迎难而上的心态。

参考文献

[1] 习近平.决胜全面建成小康社会 夺取新时代中国特色社会主义伟大胜利:在中国共产党第十九次全国代表大会上的报告[N].人民日报,2017-10-28(001).

[2] 习近平在全国高校思想政治工作会议上强调:把思想政治工作贯穿教育教学全过程 开创我国高等教育事业发展新局面[N].人民日报,2016-12-09.

[3] 教育部等八部门关于加快构建高校思想政治工作体系的意见[J].中华人民共和国教育部公报,2020(4):23-27.

项目资助:大连海事大学 2022 年学生工作创新研究立项,项目名称:高校发展型资助育人体系建设路径研究,编号:dmuxglx2022-17。

浅论影响航海类专业学生在校逆商培养的因素

林川博　王建行

（大连海事大学　轮机工程学院）

摘　要：

作为参与海上运输的关键工作者,海员常面临多种挑战。而在海员心理健康越来越受到关注的今天,各航海类院校越发有必要加强航海类专业学生的逆商培养。本文从海员职业特点出发,浅论影响航海类专业学生在校逆商培养的因素。

关键词：

航海类专业;逆商;教育教学

一、航海类专业学生成为海员后面临的挑战

世界产业链、供应链的畅通离不开海员的参与,2022 年我国共有在册船员 180 余万人,其中国际航行船员,即远洋海员有 62 万余人,国内航行海船船员 23 万余人,其余为内河船员。为积极适应当前航运市场发展的需要,我国船员队伍正不断扩大。

当前,国际海事组织呼吁各国认定海员为"关键工作者",航海亦被我国认定为艰苦行业。2020 年,曾有多达数十万的海员因各种原因被困在船上,不仅不能返回家乡,还要面临缺乏淡水、食物、能源,无人支付薪水,独自面临伤病和被传染风险等极端情况。除此之外,海员仍要面临种种挑战。

（一）外部环境变化多端

船舶是"移动的国土",在船工作不仅伴随着时间、空间的改变,还带有气候、季节、天气的改变,气温、湿度、光照、海况等因素都会作用在人体,带来不同的体验,尤其是恶劣天气、恶劣海况会给人带来巨大的外部压力。船舶处于不同国家、港口、海域,海员面临的严格的外部检

查,或因政治、经济形势突变而导致的战争、劫掠风险,都会作用在海员身上,给海员造成巨大的压力。

（二）人际关系松散又固定

海员在船工作,往往二十余人"同船渡",工作同事、工作对象会因人员调动和休假频繁变化,且同船工作也不见得每天都会见面,船上人际关系相对松散。

但在船舶航行中,极少会出现突然换船员的现象,多数船员每天的人际交流对象不会产生太大变化,人际关系又相对固定,尤其是在多民族、多国籍、多元文化氛围下的"混派"船舶上,人的交往范围更是狭窄,在船工作的海员易缺乏稳定且长期的人际交往。

(三)远离家人亲朋,缺少支持

海船航行时远离陆地,船员在船工作时也远离家人,有时哪怕靠泊国内港口,也不能相见。船员必须面对远离家人亲朋、缺少联系的现实,不能与亲朋相聚、不能陪伴妻子、不能见证儿女成长、不能照料年迈父母。尤其身处不同时区时,海员的孤独感和疏离感进一步加大。同样,远离家乡和亲朋,也会让海员产生缺乏外部支持的感受。

（四）食物、淡水缺乏保障

民以食为天,远洋海员一日三餐都需要在船上进行,包括饮用水质量在内的食品安全、餐食质量都受航线、船舶管理水平、伙食政策等因素的影响,海员较难像在陆地工作时一样偶尔下馆子改善生活,即便自己动手,开小灶也只能偶尔为之。

（五）工作环境艰苦恶劣

随着船舶制造工艺和管理水平的提升,海员的工作环境逐渐改善,船舶生产管理的科学化、规范化会在一定程度上降低安全风险,但风险一直存在。海员工作岗位的客观实际情况是高湿、高热、噪声、油污、废气和浪涌等外部因素一直是在船工作环境中的负面因素。

以上种种负面因素及其造成的影响可以依靠各船舶管理单位和船员管理公司的科学管理,以及船舶领导的有效措施得以缩小甚至消除,但海员这一职业存在着特殊性,如何引导、服务、管理好海员,尤其是鼓励航海类专业学生克服不利因素、战胜挫折,未来在船顺利并安全地工作和生活,是目前越来越多航运企业、航运院校和研究机构关注的议题。越来越多的学者和专家开始在航海心理学这一领域开展研究,但在如何提高海员逆商的这一领域,则并无太多实际成果。

若把提高海员逆商视作海员心理健康领域的议题,前期的教育和培养至关重要,从防微杜渐、教育前置的角度,作为重要的海员供给源,培养航海类专业学生的航海院校有必要将航海类学生心理健康教育,尤其是逆商教育作为航海类学生培养的重要内容。

二、航海类专业学生易面临的挫折

若把航海类专业学生视作"未来的航海家""准海员",则不能忽视其作为在校大学生的属性。同非航海类专业的大学生相比,航海类专业学生较容易出现的心理问题有共性,也有特殊性。

（一）共性

（1）学习动力不足、动机不正、目的不明导致的学业问题；

（2）个人规划不清晰、不实际、不科学导致的学业生涯发展和职业生涯发展问题；

（3）同异性交往的恋爱情感问题及其衍生的性心理问题，同家人、室友、同学和老师相处的人际关系问题等。

（二）特殊性

（1）因管理模式特殊所带来的对自由的渴望与集中统一学习和生活模式的矛盾问题；

（2）因专业特点鲜明而带来的独特教学模式与个体性格及爱好差异所带来的矛盾；

（3）因专业对应特殊就业去向与个体获取资源渠道不畅而导致的信息不对称等；

（4）因行业、专业特殊而导致的就读专业男女性别不均衡所产生的系列矛盾问题；

（5）就业市场竞争激烈同航海类专业就业市场供不应求对比之下，个人的选择犹豫等。

三、影响航海类专业学生逆商培养的因素

对个体而言，逆商是考验一个人抵御逆境、克服挫折的能力；逆商决定一个人会超越潜力还是无抵御能力；逆商决定一个人面对困难是放弃还是坚持到胜利。[1]因此，提高航海类专业学生抵御逆境的能力，不仅能够有效提高学生的综合能力，长远来看，对航海类专业学生的职业生涯健康发展、船舶安全生产、企业高效运转、行业健康发展也会起到重要的作用[2]，因此有的放矢、科学地评估航海类专业学生逆商，并有针对性地提高其应对逆境的能力至关重要。因此笔者针对某院校航海类专业学生及毕业生，通过日常观察、管理实践、座谈调研、档案查阅、问卷分析等多个渠道进行研究分析，得出影响航海类学生逆商培养的因素主要有：

（一）个体差异

个体差异是指航海类专业学生在入学前所具有的个体属性的差异，如性别差异、生源地差异、高中教育差异，以及包括家庭经济情况和父母情况等在内的原生家庭的差异。

（二）教育差异

教育差异是指航海类学生在航海院校教育阶段，在接受专业教育期间，所体现的差异，如在专业、学段、教育层次、专业学习压力、专业竞争力上的差异。

（三）成长差异

成长差异是指航海类专业学生在大学教育过程中，从个体应对逆境事例中获取到的经验，包括个体是否遭遇过挫折，以及遭遇挫折后是否梳理、总结出应对经验；以及在面对逆境过程中外部支持是否良好，能否获取外部资源；还包括是否接受足够的挫折教育，以及能否从他人经历的挫折、逆境的典型事例中汲取经验。

四、总结

对于航海类专业学生开展挫折教育，一方面要关注其本质上的大学生属性、青年属性，另一方面要从"未来航海家""准海员"的定位角度开展教育，要结合学生个体特点，开展针对性教育，加强日常疏导，这样才能有效提高航海类专业学生逆商。

参考文献

[1] 保罗·史托兹. AQ 逆境商数[M]. 姜冀松,译. 天津:天津人民出版社,1998.

[2] 刘元丽. 逆商管理对个体发展和组织创新的影响[J]. 合作经济与科技,2021(9):128-129.

当代大学生的逆商培养

罗慧博

(大连海事大学 公共管理与人文艺术学院)

摘 要：

当今时代,逆商对于我们每个人来说都是至关重要的,一个心理素质足够好、意志品质过硬的优秀人才一定具备较高的逆商。当代大学生是社会发展的主要后备力量,提升他们的逆商是当前全社会的重要任务。只有有了足够高的逆商,大学生才能将潜能与聪明才智发挥得淋漓尽致。培养当代大学生的逆商,需要学校、家庭、个人、社会共同努力。本篇文章主要介绍了培养大学生逆商的必要性,提出了培养大学生逆商的建议。

关键词：

大学生;逆商;培养

随着我国的经济、科技飞速发展,社会对于人才的要求也在不断地变化,更加趋向于综合、全面发展。近年来,就业的压力越来越大,这对当代大学生来说无疑是非常大的挑战。大学生想要在工作、事业上更加顺利与成功,不仅要具备极高的智商与情商,极高的逆商也是不可缺少的。一般来说,一个人的逆商越高,其抗挫折能力就越强,心态就越是积极乐观,不仅不会被困境所打败,反而会在困境之中发挥自身的潜能,勇敢地战胜困难。所以说培养大学生的逆商是至关重要的。

一、当代大学生逆商培养的必要性

社会主义市场经济机制的不断发展,给我们的经济和物质生活都带来了很大的变化,人们的价值观、伦理观、心理、思维方式等都发生了很大的改变,这就会导致一部分的大学生在进行学习和职业活动的时候很容易软弱、紧张、害怕,在问题严重时甚至会出现自杀等一些非常极端的行为。为什么会出现这些情况？我认为很大一部分的原因是这些大学生的逆商比较低。

所以说,培养大学生的逆商是大学教育至关重要的任务。

（一）大学生面临巨大的学习与就业压力

当代的大学生生在互联网快速发展的新时代,大部分的家庭在生活态度、生活方式等方面发生了非常大的改变。在这样的生活环境中,很多大学生追求自由、开放、独立的生活方式,更愿意去展示自我。家长在对子女进行教育时,往往还停留在知识学习的层面,忽视了最重要的心理教育。伴随着经济的快速发展,我们如今的生活越来越富足,当代大学生的自控能力反而越来越低,大学生与父母之间的沟通障碍也越来越严重。

当代大学生接受了九年义务教育,在多次的教育改革中,他们体验了学生减负和素质教育,再加上大部分的家长希望自己的孩子可以成为"龙凤",所以家长从孩子上幼儿园起就给他们创造更多、更好的学习机会。正是因为这样,当代的大学生承受着来自各个方面的压力,比如:学习、交友、家庭、就业等。由于过大的竞争压力带来负面影响,很多大学生从童年起就没有了原本属于他们自己的快乐,如果不按照要求做,就会受到批评,甚至会被说成"不良少年""问题少年"等,这给他们的心理造成了极大的伤害。因此,培养大学生的逆商能力是至关重要的。

（二）大学生的抗挫折能力较弱

对于当代的大学生来说,当他们没有了父母的保护,步入大学校园后,面临着新的环境、新的同学,他们会有很多的不适应,导致他们在心理上会出现一些问题。当代的大学生大部分是独生子女,作为家里唯一的孩子,他们的地位很高,往往处于一个家庭的核心位置。他们不仅会得到父母的宠爱,还会被很多长辈溺爱,这就会导致很多学生无法获得真正的满足感,以至于他们根本就不能体会到生活与工作的困难与艰辛。当遭遇生活、工作等方面的各种挫折与失败的时候,他们根本就没有走出挫折与失败的勇气和解决问题的能力,从而会产生一种挫败感。

由于当代的大学生成长于互联网技术飞速发展的年代。他们更倾向于用网上聊天的形式与人交往,缺乏与人面对面沟通的能力,所以集体感和荣誉感并不强烈,甚至是严重缺乏的。他们在很多时候以自我为中心,对于别人的意见与感受,他们是不在乎的。上述原因使当代的大学生有着比较弱的沟通和人际交往的能力,很难找到可以倾心相交的好朋友。当他们离开家庭的港湾独自一人来到大学以后,会和其他的同学尤其是室友在相处过程中产生各种各样的问题。性格比较内向的学生在大学里如不能很好地处理各种问题,甚至会产生抑郁的情绪,严重时会发展为抑郁症患者。

二、培养当代大学生逆商的建议

想要培养与提升当代大学生的逆商并不是在短时间内就可以完成的事情,是需要经过长时间努力的。它不是一个简单的任务,而是一个复杂、系统的工程,并不是单单有学校的努力就可以完成的,而是需要社会、学校、家庭、个人共同努力。

（一）社会层面

每个人的成长都不能离开社会这个大环境,所以说,社会在培养当代大学生逆商这个使命中扮演着重要的角色。第一,要为当代大学生提供健康、积极的舆论导向。无论是媒体还是政府都要努力为当代大学生营造一种积极、健康的舆论大环境,使当代大学生学会宽容地对待他人的错误与失败。第二,要高度重视社区的文化建设。每个人的生活都不能脱离社区,它是我们接触比较多的地方。社区要更多地了解每个家庭,提高举办活动的频率,使假期在家的大学生可以积极参与社区的一些文化活动,以更好地培养学生的沟通能力。

（二）学校层面

目前,高校是培养大学生逆商最主要的阵地,所以高校在培养当代大学生的逆商时一定要格外地重视,要从多个方面进行管理与培养。第一,对逆商进行大力宣传,让当代大学生更好地认识和了解逆商。要让当代大学生知道,每个人的一生中,都会有各种各样的挫折与困境,这些都是我们在成长的路上必须经历的。面对挫折与困境,大学生要学会去积极面对而不是消极面对,正确认识失败,正确认识自己,始终抱着积极乐观的心态与坚强的意志。第二,高校教师在平时要加强对学生的行为与心理的高度关注,要在平时的生活与学习中给予学生关注与关心,在日常生活中要经常与学生谈话和沟通,要为那些逆商比较低的学生提供更多的心理咨询与健康教育。发现学生有任何的异常情况,要及时提供帮助与心理疏导。第三,对于教学,专业知识的传授固然重要,但教师更要在平时注重对学生进行心理方面的教育。因为每个同学都是独立的个体,每个人都有不同的性格,教师要根据学生的不同情况,去更好地进行个性化的指导与教育,进而提高当代大学生在面对挫折与困境时应对和解决问题的能力。

（三）家庭层面

对一个人的成长影响最大的就是家庭,家庭是人们接触社会的开始,一个人的逆商形成最关键的就是父母的教育。当今社会的飞速发展给我们的生活带来了很多的便利,但也给我们带来了很多的焦虑和不安。在多方面的竞争下,大部分家长把成绩放在第一位,把更多的注意力放在成绩上,而忽视了孩子"德、智、体、美、劳"的全面综合发展,所以孩子们往往在成绩这方面很好,而其他方面就很差。当孩子们结束了高中紧张的学习,步入大学校园后,独自面对全新的环境,他们面对各个方面的压力时会感到无所适从。所以说,父母在教育和培养孩子时,要加强对他们逆商的培养。第一,灌输积极正确的价值观念是必不可少的,这让孩子们面对困难时拥有积极乐观的心态。第二,不要过分苛责孩子,要让孩子知道在每个人成长的旅途中,挫折是不可避免的。父母可以采取合适的方式为孩子设置一些生活上的障碍,让他们去切身感受逆境,学会战胜困难,进而提升他们的逆商。

（四）个人层面

在这个瞬息万变的社会环境中,如果是一个具备高逆商的大学生,他就可以在这个时代做到宠辱不惊与坚定坦然,在生活与工作中游刃有余。可以从以下几个方面去提高自己的逆商:第一,面对挫折时不惧怕,要勇敢地去面对。无论在什么时候遇到挫折,大学生都要积极乐观地去面对挫折,而不是去逃避它。我们每个人面对困境时或多或少都会有一点脆弱,但是我们必须要战胜内心的这份脆弱,遇到事情时要冷静分析而不是慌乱,要采取积极的行动,快速找到解决问题的方法。第二,学会管理自己的情绪。首先是适当转移注意力,可以通过听音乐、看电影等方式去缓解紧张的情绪。当遇到困难时,如果自己解决不了,那就不要一直憋在心里,要找好朋友、家人和老师倾诉,一起寻找解决的办法。第三,要学会控制自己的负面情绪,用理性战胜感性,去遏制那些不好的情绪,尽量避免受到负面情绪带来的消极影响。等情绪稳定时,再去重新分析问题。第四,和积极乐观的人交朋友,如果你的身边都是积极乐观的人,是善于鼓励别人的人,那么你也一定会受到感染而成为积极乐观的人。

三、结语

就当下复杂多变的社会环境而言,逆商对于当代大学生来说是至关重要的,全社会多方面应共同努力去提高当代大学生的逆商。逆商的培养可以帮助大学生更好地完善自身人格的培养,提升他们面对挫折时解决问题的能力,使他们树立积极乐观的心态,为以后的生活和工作创造更好的条件。

参考文献

[1] 姜威,陈健.论大学生逆境商的培养[J].西南石油大学学报(社会科学版),2012,14(6):116-120.

[2] 于志君.逆商教育:大学生思想修养的必修课:以医学大学生为例[J].科技创业月刊,2012,25(11):121-122.

[3] 陈鸿雁,魏亮.当代大学生逆商问题研究:以河北工业大学为例[J].知识经济,2011(21):149-150.

[4] 郭晓晶.浅谈逆商教育对改善大学生挫折承受能力的影响[J].佳木斯教育学院学报,2013,(6):349.

[5] 黄心华."00后"大学生逆商培养的难点与对策分析[J].贵州民族学院学报(哲学社会科学版),2012(3):205-208.

浅谈当代大学生的逆商培养

蒋娇　肖琦

（大连海事大学　外国语学院）

摘　要：

本文简单分析了逆商的定义及重要性，并介绍了当代大学生逆商的现状，主要探讨了如何提高大学生逆商。对大学生进行逆商培养是极其重要的课题，只有社会、学校、家庭、大学生共同努力，才能形成逆商培养的良好机制。

关键词：

逆商；逆商培养；大学生

一、引言

逆商是指人们面对逆境即面对挫折、摆脱困境、超越自我时的处理办法。[1]近年来，人们越来越重视逆商的培养，并将逆商看成是迈向成功所不可缺少的。经研究，逆商高的人往往会在逆境时表现得更积极、更乐观、更能迎难而上，更容易成功，而逆商低的人往往会沉溺于迷途不能自拔、自暴自弃、畏首畏尾，更不容易成功。[2]因此，如何提高大学生逆商应成为社会的重要课题。

大学生想要获得成功，不仅需要具备强烈的学习意识、熟练的专业技能和优越的管理能力，还需要有正视挫折、摆脱困境、克服困难的能力。仅仅有熟练的专业技能是不够的，当今社会不乏高分低能者在激烈的竞争中被淘汰的例子。在此背景下，高校教育工作者要重视大学生的逆商培养，并将逆商培养作为一项日常工作来推进。积极努力地提高大学生逆商不仅能够帮助大学生实现自己的人生目标，也能够完善高校教育体系，为社会人才培养贡献一份力量。因此，作为高校工作者，笔者将从社会、学校、家庭和个人等角度，对如何提升大学生逆商进行探究。

二、当代大学生逆商的现状

当代大学生大多性格坚强,思想开放、活跃,勇于竞争,有强烈的成才意识。然而,如今的大学生在学习、就业、恋爱等方面也面临巨大压力与挑战。绝大多数大学生在面对生活、学习等方面的挑战时,能够坚强以对。尽管在这个过程中,许多大学生会迷茫、失落、彷徨,甚至否定自己,但经过老师的开导、同学的安慰后,他们最终能够正确认识挫折并且成功战胜困难。但是,还有不少的大学生,思想极其不成熟,依赖性强,意志薄弱,甚至出现抑郁、焦虑等多种心理问题和心理疾病,自残、自杀事件时有发生。大学生不仅是家庭的希望,更是祖国的栋梁。及时对大学生的心理问题进行有效的疏导,对学生个人、家庭甚至整个社会都非常重要。所以,针对上述问题,在大学生中开展逆商教育,培养逆商,增强他们直面挫折的能力有着十分现实的意义。

三、提升大学生逆商的途径

逆商这一心理因素并非固定不变,它可通过多种途径得到提升。为此,高校要以大学生逆商培养为重要任务加以推进,将逆商培养日常化和全面化,从而促使大学生逆商水平不断提升,为他们走向成功奠定基础。下面拟从社会、学校、家庭、个人等四个视角,谈谈怎样在全社会范围内形成一种培养逆商的机制。

(一)社会层面:加强逆商宣传,营造良好氛围

社会要加强逆商宣传教育,为逆商培养营造良好的文化氛围。社会媒体应重视正向引导学生,加大正面事件报道力度,使大学生关心国家、民族命运,关心时局,知难而进。认识当代世界政治、经济格局和趋势,认识未来科技发展与人类前途和命运等,这样既能拓宽大学生眼界、开阔学生胸襟,又能使大学生懂得国家为自己提供了广阔舞台和发展空间,也可以使大学生相信,只要持之以恒,脚踏实地,他们会实现理想和目标,虽然成功之路并不必然平坦,甚至会荆棘丛生,但是只要他们心怀信仰,与时俱进,会大有作为。这样,就能唤起他们的爱国情怀、报国信念,激励他们主动投入时代洪流中去,同祖国和人民同呼吸、共命运,努力实现个人目标,在中华民族伟大复兴的历史进程中有所作为。

(二)学校层面:引导学生积极规划,树立正确目标

学校应强化理想信念教育,指导学生积极谋划,帮助他们确立正确的奋斗目标。

有了理想就有了目标,有了目标就有了干劲,有了干劲就能积极进取。试想一下,初、高中时,学生个个埋头苦学,没有浪费一分一秒,不就是为了能够考上一所好高中、好大学吗?但是有些学生在进入大学之后就丧失了不断进取的动力,整天浑浑噩噩,刷视频、玩游戏甚至旷课等,慵懒放纵、游手好闲。没有了理想和目标,大学生的意志也就慢慢被磨灭了。他们在风险挑战面前,就会缺乏克服困难的自信心,以至于自暴自弃。在大学生中开展理想信念教育,让大学生树立远大理想,并为了理想而奋斗,是大学逆商教育中的一个重要组成部分。在目前的大学生群体当中,理想和奋斗目标丧失的情况较为常见,所以对其进行相关教育更具有实际意义。高校应指导大学生主动规划自己的人生,全面激发大学生的学习热情和进取心,把大学生培养成有志气、有作为的青年。另外,高校要采用灵活的教育方式,把逆商教育贯穿于课堂、社会实践和其他各种活动之中。例如,组织大学生观看励志电影并进行讨论,加大校园宣传力度

等。这些方法不死板,使大学生易于接受,也可以避免灌输教育和说教式教育所带来的抵触心理。通过理想信念教育及日常潜移默化式灌输等方式,大学生会充分意识到逆商对其自身学习、生活和成长成才的重要性。

(三)家庭层面:加强与孩子的沟通,及时疏解孩子不良情绪

父母要和孩子进行及时且高效的沟通,疏解孩子不良情绪。调查显示,许多大学生在和父母交流时出现了不同程度的沟通问题。无效沟通及其他阻碍,将加深大学生与家长间的隔阂。当大学生有问题、有烦恼不愿跟家长沟通,且没有其他途径排解不良情绪时,他们的个性会变得更加内向,更有甚者会变得极端,最后有可能造成不可弥补的惨剧。为切实提升大学生的逆商,家庭是必不可少的一环。父母要和孩子进行良性沟通,对他们多一些关爱,并经常通过各种渠道了解他们的学习和生活以便及时发现问题。在孩子有问题的时候,应该和孩子真诚而主动地交流,摒弃埋怨、打骂等负面手段,和孩子建立信任,这有助于培养孩子迎难而上的精神,从而促使孩子提高逆商。

(四)个人层面:增强逆商意识,充分认识其重要性

逆商高的学生更能够直面挫折、摆脱困境、超越自我,同时也具有极强的逆商意识和逆商自我教育能力,因此在激烈的社会竞争中更容易取得成功。而逆商低的学生在遇到问题时总是自我逃避、自我放弃,也更加容易被社会淘汰。增强逆商意识是推动大学生逆商水平提高的重要一环。在以往教育中,父母和老师往往只关注学生的学习成绩,"分数至上"的观念根深蒂固,忽视学生性格、人格培养,凡此种种导致了学生高分低能、逆商意识淡薄,甚至出现高学历犯罪等情况。学生自身应充分理解逆商的含义并自觉增强逆商意识。大学生要充分认识到逆商水平的提高对自己成长的重要作用,只有从心底认同且理解逆商的作用,才能在行为上自觉践行。要树立自觉学习意识,变被动接受为主动改进,不断增强逆商意识,在日常生活中的点滴小事上不断提高能力,以实现自己的远大理想。

总之,对大学生进行逆商培养是极其重要的。如何提高大学生应对挫折的信心和意志力,培养大学生高度的社会责任感与使命感,这是整个社会都应考虑的问题。只有社会、学校、家庭以及个人共同努力,大学生逆商水平才会得到切实提高,逆商培养才会形成较好的机制。

参考文献

[1] 季学军.论大学生创业及其逆商培养[J].江苏高教,2006(2):103-105.
[2] 黄心华."90后"大学生逆商培养的难点与对策分析[J].贵州民族学院学报(哲学社会科学版),2012(3):205-208.

论大学生的逆商培养

徐欣宇

(大连海事大学 公共管理与人文艺术学院)

摘 要:

大学生逆商的培养具有重要意义,一方面可以健全大学生人格和增强教育效果,另一方面可以提升大学生的抗压能力。大学生逆商的培养可以通过开设逆商课程、开展心理咨询和实践活动等方式进行。

关键词:

大学生;逆商;逆境

引言

随着社会的发展,越来越多的学生注重提高自己的学习水平和能力素质,在群体中形成了比较激烈的竞争,而竞争往往没有上限,导致学生要随着竞争的增强不断提高自己,造成"内卷"严重。在这种形势下,学生的逆商直接影响到学习效率和当下所做出的选择。逆商即指人们应对困难、摆脱困境以及超越自我时体现出来的能力,同时也是对人们承受挫折的能力的直接描绘。[1]在现实生活中,有很多的学生出现了心理问题,甚至导致抑郁、自杀等现象出现,这些都是学生的逆商不足以应付生活中的挫折而造成的。因此,当代大学生逆商的培养具有重要的价值意义。

一、逆商培养的价值意义

(一)有利于健全大学生人格

在人才培养的过程中,逆商的培养是不可或缺的,人生中遭遇困难和挫折是在所难免的,而最终是否成功往往取决于人们怎么应对这些困难和挫折。在成长的过程中,大学生们应该学会如何自如地解决心理难题,说服自己要敢于重新再来,提高自我解决困难的能力,努力成为国家栋梁。

对大学生们进行逆商培养,最重要的是使大学生们认识到不能主观地回避自己的心理问题。大部心理问题都是可以通过学习和引导加以改善的,大学生要敢于面对真实的自己。同时,可以使大学生认识到挫折和困难都是人生中必然经历的事情,它们可以使自己的人生变得更加完美。培养大学生的逆商可以健全其人格,增强其责任感和提高其担当意识,使大学生更能适应现代的工作和生活。

(二)有利于增强教育效果

国家大力支持教育,致力于让每一个孩子都能得到良好的教育。教育从来都不是一个人或一个家庭的事情,而是关乎一个国家生存发展的大事。大学生是他们步入社会前的最后一个身份,高校应积极提升大学生的能力。大学生的能力绝不限于成绩等外化的表现,个人应对挫折的能力也非常重要。大学生提高自己的逆商,可以帮助自己在大学里提高学习的效率,在接受教育的过程中,面对挫折可以轻松应对,举一反三,使教育成果在自己的身上得到更好的呈现。

(三)有利于提升大学生的抗压能力

随着大学生的人数越来越多,就业岗位需求和大学生人数供给不平衡,大学生的就业压力与日俱增。逆商在此时发挥着很重要的作用,可以有效帮助大学生提升抗压能力,缓解就业压力。除了就业压力,大学生的学习和生活中存在的各种各样的挑战,都会给大学生们带来不小的心理压力。如果压力没有得到很好的排解,将会给生活和学习带来很多不利的影响。大学生逆商高从一定程度上代表其有很好的抗压能力,可以较好地处理一些困难和挫折,从而减小压力对学习和生活的影响。

二、当代大学生逆商培养的可行方式

(一)开设逆商课程,进行科学逆商培养

越来越多的高校开设有关逆商提升的选修课程,得到了师生的一致好评。教师在开设逆商课程时,可以将模仿真实情景作为课堂教学手段之一。具体可以表现为以某一挫折事件作为示例,让学生作为事件的主人公,感受遭遇挫折时的心理状况,在具备当时的心境条件下,由老师进行引导,共同找到合理的解决措施。探索的过程尤其重要,会给大学生带来较为深刻的印象。这可以帮助大学生在自己面对挫折和困难的情况下,也可以采用正确的解决措施,从而达到逆商课程的教学目的。

同时,教师需要对大学生的心理状况进行总结和分析,更加深入地了解大学生的心理变化,以便在之后的课程设计上可以采取更加科学、有针对性的教学案例以及方式,从而提高教学效率。大学生在这种共同的情景模拟下,自身的心理状况也会随着改变,对逆境的适应能力也会越来越强。

(二)开展心理咨询活动,定期为学生进行心理辅导

大学生的心理状况是各种各样的,有不少大学生存在着心理问题。各高校设立专门的心理咨询处是非常必要的,这为存在心理问题的大学生提供了一个解决问题的途径,可以有效防

止学生求助无门,做出错误的选择。

在心理咨询辅导过程中,教师要采取温和的辅导方法,深入分析大学生的心理活动。在分析的过程中,教师要和大学生成为共同解决困难的"战友",给予大学生心理方面的支持,使大学生增强解决困难的信心,共同应对心理问题,缓解大学生焦虑。

在心理咨询过程中,教师要对大学生的心理问题进行多方面的分析,使内在的问题得到展现,再采取措施对这些问题进行逐一解决。心理问题的出现不是没有根源的,必定存在着某种原因使得学生不能及时解决自身问题,找到心理问题产生的原因是很关键的一步。

在心理咨询辅导的过程中,最关键的一步是使学生明白挫折和困难的出现是很正常的,都是人生中必然经历的考验,自信地通过考验才是对自己的人生最好的答卷。

(三)开展实践活动,提升逆商

实践是检验真理的唯一标准,当代大学生在教室内接受教育,很少进行实践,然而大学生走出校园是成长的必经之路,只有现在做好校园和社会之间的衔接,才能使学生的心理更加成熟。高校要积极开展关于心理的实践活动,例如,高校可以组织进行户外生活实践,开展各种关于挫折的小活动。这些活动能够使大学生在真实的情景下暴露自己的心理状况,从而使大学生更加清楚自己的逆商,然后根据自身的心理状况采取一些解决措施,例如,阅读书籍或者咨询心理老师来提升逆商。大学生在实践的过程中,不仅对自我的心理状况有了深入的了解,而且提高了自己的实践能力,了解了逆境,从而能更加轻松地应对逆境。高校应积极鼓励大学生参与户外实践,将在课堂上学到的逆境解决措施应用到实践中。一方面可以检验自己是否有效地接收到了老师传授的知识,另一方面可以考察自己是否能够灵活应对逆境,最终在这个过程中提高自己的逆商。

三、结语

社会的发展速度之快,在无形中给在校大学生们增加了不小的压力。逆境是人生中必不可少的,大学生需要提高自己的逆商,以应对自己人生中出现的逆境。各高校应积极开设逆商课程和开展相关实践活动,大学生应积极参与,提高自己的逆商,为以后的学习和工作做好充分的准备。

参考文献

[1] 刘昕. 论当代大学生逆商培养[J]. 前沿,2014(ZA):209-210.

大学生逆商教育探析

杜雨珊 张志娜

(大连海事大学 人工智能学院)

摘 要：

大学生的全面发展是高校思想政治教育的根本目标,逆商是人们面临困境时的反应和解决困难的能力。本文分析了大学生逆商教育的必要性,提出了培养大学生逆商的路径。

关键词：

逆商教育;大学生;路径

逆商指的是人们面对困境时的反应和解决困难的能力。美国心理学家保罗·史托兹首次提出逆商这一说法,并将其分为控制感、起因和责任归属、影响范围、持续时间。[1]逆商高的人对于生活中遇到的困难有较强的"控场能力",能够通过自身努力摆脱困境。赤壁之战,曹操败走却仍能仰天大笑,败于马超却能忍受"割须弃袍"之辱,正是他的高逆商使之冲破困境终成大业。逆商低的人处于逆境时往往持悲观态度,会产生厌烦、焦虑、失眠、抑郁等问题,从而深陷负面情绪之中而无法自拔。因此,逆商教育在大学生的生活、学习中尤为重要,培养大学生的逆商,能够较好地帮助他们转换思维模式,更好地应对大学生活。

一、开展逆商教育的必要性

(一)生活中的逆境

大学阶段是人生中最朝气蓬勃的时期,但也是各种问题频发、最不稳定的时期。大学生有一定的阅历和一定的认知能力,但大学生仍处于校园环境中,社会经验较少,对一些问题的认知过于浅薄。有的人在高中生与大学生的角色转换过程中出难以适应的状况,面对周围环境的变化,学业压力的突然减小,没有了父母无微不至的起居照顾,会产生心理和生理的落差,而自理能力差的大学生更是在生活和学习中乱了阵脚,导致很多大学生产生了"我真差劲""好多事没做""心累""别人都比我好""只想躺着""不知从哪里开始"等想法。一部分大学生在日常交往中缺乏人际交往经验,无法在合适的场合以适当的方式表达自己,缺乏与他人交往的能力,久而久之便开始回避人际交往。在网络上有一个新兴词汇叫"社恐","社恐人群"不愿与人交往,与人交流时会有一定障碍,这不利于大学生的健康发展。

大学宿舍是一个微观社群,室友之间的人际关系已成为大学生是否能够幸福度过大学生活的关键因素之一。然而,在大学宿舍的日常生活中,经常会因为一些奇怪的小事导致室友之间产生冲突与矛盾,令有些"社恐"的同学感到失去了疗伤休憩之地。面对一些同学的冷暴力,那些难以形成和谐、融洽的宿舍生活环境会使大学生对大学生活产生恐惧,陷入所谓的"沼泽"不能抽身。

(二)学业中的逆境

有些大学生因高考成绩不理想而进入了一个与期待相去甚远的学校,由于所选专业的学习难度较大,专业课程学习过程中面临的困难较多,导致对学习提不起兴趣,积极性、主动性低,成绩自然不好。有些大学生由于缺乏学习动机,学习时长较少,对学习十分倦怠。

大学相对宽松的学习环境致使有些缺乏独立自主学习能力的大学生"失学",久而久之出现成绩严重下滑、挂科。大学成绩与评奖评优挂钩,这些奖项对于增强自信、建立社交圈以及今后就业尤为重要。成绩差,又不能很好地投入学习,又无法通过自身找到突破口,越差越缺少动力,越缺少动力就越想做"咸鱼",这致使部分学生陷入恶性循环,最后无法毕业。

(三)对于逆商的无知

逆商与情商和智商并称"三商",人们较为熟知的是用情商和智商来评价和衡量一个人,逆商却很少被提起。在这个飞速发展的时代,挫折教育尤为重要,孩子被父母保护在羽翼之下,没有经历过挫折打击,生活太过平顺,遇到点问题就无所适从。调查表明,从小接受逆商培养的孩子长大后会更容易成功,因为有坚忍不拔的精神和从头再来的毅力,这类人勇于挑战、不惧失败。

高逆商也是心理学家认为成功者需要必备的重要素质,逆商理论中的攀登者理论描述了不同层面的成功人士面对挑战和风险时的反应和选择。笔者为自己的孩子购买了一套逆商培养绘本,共五本,分别是《不是第一名也没关系》《哭出来也没关系》《受批评也没关系》《害怕也没关系》《生气也没关系》,这套绘本教给孩子面对困难时解决问题的方法,帮助孩子学会自我调节情绪,逐渐形成自信努力、坚强乐观、积极勇敢的人格特点,这也从另一个侧面反映出,逆商是可以经后天培养的。

二、开展逆商教育的路径

(一)进行逆商测试

大学生的逆商是可提高的,许多教师和家长将逆商低归因于学生个人,殊不知,逆商可以通过后天的锻炼不断得到提升。[2]高校在进行逆商教育之前需要对大学生的逆商进行测试,了解大学生的逆商水平,对一些家庭情况特殊的学生多加关注,把握这些学生的学习情况和家庭情况,对一些逆商低、应对困境能力差的同学进行专业的心理辅导。

(二)设置逆商课程

课堂是学生教育的主阵地。逆商课程的设置,有利于促进大学生个人的成长和心理健康。

在课程设置方面,应将内容的侧重点放在逆商知识的理论学习层面,同时以思想政治教育和心理咨询为主。学校应适当增加专业的心理辅导教师,也可聘请相关领域的专家学者开展系列专题讲座,提高学生对逆商的认知和理解。在逆商教育中,相关教师也需要不断参加课程培训、学业论坛,为更好地引导学生做充足的准备,最终帮助学生学会如何应对来自生活、学业的压力,受挫时如何解决。

(三)开展实践活动

理论付诸实践才是提高逆商的最佳途径,高校应当多开展课外教学,鼓励社团活动蓬勃发展,并制定相应的奖励政策,激励学生参与进来。社团活动能够激发学生的自觉参与意识,激发他们自主解决问题、应对困难的热情。社团活动通常有组织、有领导,社团活动的开展也有利于增强学生们的团队意识。不少学生的业余生活局限于网络,社交能力不断下降,社团活动的顺利开展也有利于鼓励学生开展人际交往,提升学生的社交能力。

(四)树立逆商典型

打造典型、树立榜样是大学生逆商教育的重要途径之一。同龄人之间往往能够产生共鸣,同龄人自立自强的事迹是鼓励大学生应对困难的动力源泉。当前,国家和各高校设置了"国家励志奖学金"等奖项,并在设置这类奖项的同时,开展了自立自强事迹访谈会,一方面能够锻炼获奖学生的个人表达能力,另一方面能够将这些克服种种困难取得进步的典型事迹在学生中传播。学生们在倾听这些事迹的同时,也能增强自信,激发敢于直面困难、勇于攀登的内驱力。

(五)注重家庭教育

父母是孩子的第一任老师,家庭对孩子个人的影响是潜移默化的,家庭教育对帮助孩子逐渐形成自己认知、探索解决问题的意识是极为重要的。中国式家长认为"父母之爱子,则为之计深远",但是在逆商培养实践中,父母应当注意不可溺爱,不可过分干涉,因为这样会使得孩子失去自主性,遇到困难停滞不前,逐渐成长为一个盲目、没有主见的人。在锻炼孩子自理能力的过程中,父母应当把孩子看作一个独立的个体,让他们自己去历练、去感受生活,并适当给予孩子主动权,让孩子在一些事情的抉择上学会自己做主,尊重并支持孩子的选择。

逆境无处不在,挫折处处可见。每个人都会处于困境,重要的是如何将逆境转换为顺境。《回村三天,二舅治好了我的精神内耗》在某视频平台上大火,播放量超过 3 000 万,转发量超过 200 万。视频以记述的方式讲述了二舅平凡的一生:从小时候的成绩优异到发高烧被乡村医生连打 4 针导致失去一条腿,虽然经历了人生的大起大落,但是二舅并没有因此消沉下去,反而做起了木工活,并凭借这个手艺在镇上小有名气。这条视频引起了社会大众的共鸣,很多人从不同角度抛出了自己的观点,比如当下社会压力如此之大下应该如何慰藉心灵。从逆商教育这个角度来看,二舅坚韧不拔、乐观豁达、善于学习、不断进步,这些支撑着他从云端跌落谷底后仍不放弃,换种方式追求诗和远方。他坚强地站起来,接受了自己并升华了自己。

在当下这个充满变化、挑战和不确定性的时代,每个人都会遇到很多问题和挫败,我们能否在困境中逆流而上,在逆境中向上而生,逆商尤为重要。作家余华说,中国的年轻人里面,优秀者很多,但扛得住事儿的太少。逆境之中我们究竟该何去何从?逆商教育任重道远。

参考文献

[1] 保罗·史托兹.逆商:我们该如何应对坏事件[M]石盼盼,译.北京:中国人民大学出版社,2019.

[2] 黄婷婷.基于全面发展目标的大学生逆商教育路径研究[J].兰州教育学院学报,2017,33(12):93-94.

关于当代大学生逆商培养的几点思考

张嘉桐
(大连海事大学　党委宣传部)

摘　要：
于安稳环境中长大成人的当代大学生即将步入社会，但面对未来生活中的逆境该如何自处、如何摆脱，广大学子们并未完全了解。对学生进行适时、科学的逆商培养，是高等教育落实立德树人根本任务所必须完成的任务和目标。

关键词：
逆商；大学生；高校；教育

一、逆商培养的重要意义

逆商(Adversity Quotient)，全称逆境商数，这一概念在20世纪90年代中期由美国心理学家保罗·史托兹首次提出。它指的是当我们面对种种逆境、困境时所产生的不同反应方式，即人们身处困境时，能够正确面对挫折、努力摆脱困境和真正解决困难的能力。根据目前学术界普遍认可的研究观点来看，逆商主要包括四个部分，即掌控感、担当力、影响力、持续性。本文所指的逆商，与学术界的普遍观点相同。

当人类面对困境、挫折、逆境时，其自身的主观意识将对当前所遇困境产生判断能力，而人们对所遇困难的接受程度，从困境完全摆脱出来的耗时长短，以及个人对逆境所进行的客观分析判断、提出解决方法的效率，能够充分体现出人们不同的心理韧性水平。诚然，困难与挫折是普遍存在的，因而逆商所反映出的心理韧性既可以起到积极作用，也有可能起到消极作用。

当前，大学生的就业压力逐渐增大，就业竞争日益激烈。大批大学生毕业后离开“象牙塔”，步入社会中干事创业，能否取得成功，不仅取决于其学历水平、认知能力、性格习惯等，很大程度上还取决于其能否正确运用其自身的开阔思维、过硬心理素质与强大行动力，尽快摆脱逆境、解决困难的综合能力。因此,加强对大学生的逆商培养教育自然而然地成为帮助大学生从校园生活过渡到社会生活的重要举措,如何培养大学生逆商、正确引导大学生健康成长是高等教育工作者的重点研究课题。全面培育提高学生逆商,可以使学子们养成良好的逻辑思维能力、顽强奋斗的意志力和坚忍不拔的忍耐力,在面对逆境时处变不惊、沉着冷静、自我突破、越挫越勇,并学会自我疏导、冷静分析、善于总结,从而全面落实高校立德树人的根本任务,提高大学生实现社会价值的成功率。

二、影响大学生逆商的因素

(一)社会环境因素影响

改革开放四十余年间,我国社会飞速发展,经济水平取得了前所未有的长足进步,国民物质生活条件获得了极大改善。我国当代大学生特别是"00后"等青年人,从出生起即生长在丰衣足食的良好环境中,享受着祖辈们历经艰辛争取到的和平与幸福生活。因此,其成长过程中大多缺少独立自主面对困难和克服困难的经验,在从高中生向大学生转型乃至走向社会的过渡期,他们大概率会遇到以前从未想过、从未遇到的挫折。

(二)家庭教育因素影响

当代大学生的父母对子女的培养重心几乎都放到了学业上,缺少了对于子女随和自然的性格培养与独立思考的人格塑造,父母辅助解决甚至全权代理子女处理除学习以外的其他生活问题。以这种溺爱的教育方式来保护和培养子女,是当代大学生所普遍经历的家庭教育,更是造成学生低逆商的重要因素之一。当学生走出顺遂、温暖的安乐环境,独自来到大学,再独自走向社会,无论多么丰富的学识和过硬的专业知识技能,也无法弥补他们相对缺乏自主生活能力和面对困难坚韧不拔、越挫越勇的坚定信念的缺陷。

(三)学生自身性格因素影响

普遍来看,学生们从高中走向大学,身份由高中生转变为大学生,部分学生在人际交往方面出现性格障碍,"社恐"甚至一度成为网络流行词语,受到广大学生的认同和追捧。有很多学生直至大学毕业都没有找到一位可以倾诉烦恼、排解压力的知心朋友。同时,学习压力、考试压力、就业压力甚至对未来职业生涯规划的困惑迷茫,都是大学生的心理压力来源。因此,亟须在大学期间加强对学生的逆商培养,练就其强大的心理素质和提高其心理承受能力。

三、高校如何加强大学生逆商培养

抗打击、抗挫折,拥有较高的逆商水平,不仅是青少年所面对的人生必修课,也是大学生心理健康教育的重要课题,更是落实心理育人的有效途径。进一步培养大学生抗打击、抗挫折能力,全面提升大学生积极心理品质可谓意义重大。在实际的大学生逆商培养过程中,各高校应结合本校与学生工作的具体情况,多层次、多领域、多维度地促进大学生逆商的提升,保证一系列提升大学生逆商的举措有效落实。

（一）深化逆商培养顶层制度设计

学校要进一步完善学生逆商教育管理，持续探索完善逆商教育专项课程、融合课程途径，针对不同专业学生特点因材施教，从教学管理、课程设计、评价考核等方面完善学校逆商教育制度，营造良好的大学生逆商教育校园文化氛围，健全大学生心理咨询体系，为有关教师、学生提供系统培训及专业服务。不同学院可根据专业领域特点制定有针对性的学生逆商培养制度，围绕不同参与对象、不同培育方向等方面常态化开展多种类型的活动，通过深度结合社会热点、校园时事，让逆商教育接地气、有人情味，以学生喜闻乐见、贴近实际的形式，把逆商教育融入学生日常生活，寓教于乐、真切共情。这样才能切实发挥逆商培养实效，培养出德智体美劳全面发展的时代新人。

（二）加强理想信念教育

"志不立，天下无可成之事。"回顾中华上下五千年历史，志士仁人层出不穷。而唯有从小志存高远，拥有坚定的理想信念的人，才能真正成为民族的脊梁、国家的栋梁。加强当代大学生的理想信念教育，将个人前途命运融入祖国发展大局，培育他们为了理想信念攻坚克难、百折不挠、奋斗到底的顽强意志和品格。除了传统的专业课程学习，高校还应深入开展思想政治课，加强专业课程和思政课程双向融合，开展多种形式的活动，因材施教，帮助学生们设定符合自身知识结构、发展需求和兴趣爱好的学习计划、职业规划和人生目标，使学生们自觉保持清醒头脑，树立远大理想，为建设中国特色社会主义伟大事业而努力奋斗。充分激发学生自主学习的热忱和拼搏奋斗的进取心，进而提高其抗打击、抗挫折能力，培育拥有强大的心理素质和富有人格魅力的中国特色社会主义事业的建设者。

（三）构建逆商培育网格化管理体系

深入贯彻落实全员育人、全程育人、全方位育人要求，探索构建逆商培育网格化管理制度。例如，建设校长—院长—导师—指导员—班长的纵深化、网格化的逆商培育管理体系。每一层级网格设置一名网格长，层层传递、层层管理、层层落实，在逆商培养过程中抓大放小，从学生在大学校园的学习、生活、就业等各个方面引入逆商。将逆商教育做到春风化雨、细致入微，落实到每一位学生，确保时时在学习、处处在培养。老师们要更进一步了解学生，做学生最贴心的朋友、最可靠的同志、最可敬的师长，这样能够增强逆商培育的针对性和有效性，针对不同学生的不同情况采取不同的教育方式方法，"对症下药"，从而最大范围、最全面、最深程度地开展全员、全程、全方位逆商教育。

（四）开展多维度逆商教育

采取灵活的逆商教育方式，不但要从学习方面增强逆商培养，更要强化学生身体素质拓展，加强德智体美劳教育，全面提高大学生综合素质。除了利用班会等形式常态化开展逆商教育，还可以不拘一格，与时俱进，开展形式多样的逆商教育。如开展心理讲座培训、展演主题话剧、举办主题辩论、线上播放电影和讲解励志书籍、组织户外活动和素质能力拓展等，以培养学生不怕吃苦、坚忍不拔的精神和独自分析解决问题的能力。充分利用校园媒介开展广泛宣传，紧贴时事政治和校园生活，从学生们关心、关注的热点切入，加强与学生的沟通交流和情感构建，及时跟进教育引导，促进学生将所学知识自觉应用于自我心理建设，引导大学生树立正确的价值观。

参考文献

[1] 侯海艳.当代大学生逆商培养系统的构建[J].濮阳职业技术学院学报,2018,31(6):98-99

[2] 黄婷婷.基于全面发展目标的大学生逆商教育路径研究[J].兰州教育学院学报,2017,33(12):93-94.

[3] 林启修.基于心理韧性理论的大学生逆商培养研究[J].教育探索,2020(5):67-72.

[4] 刘存华,莫宗赵,周莹.我国学生逆商研究的回顾、反思与展望:基于179篇CNKI文献的统计与分析[J].现代教育科学,2019(11):145-150.